颐明遗文集

池野蜜

顾明远文集

第二卷

基础教育

顾明远 著

綦春霞 整理

北京师范大学出版集团
BEIJING NORMAL UNIVERSITY PUBLISHING GROUP
北京师范大学出版社

目　录

谈谈纪律教育中的严格要求问题[*]

我们的纪律教育与旧时学校的教育是有根本区别的。只有社会主义社会才有自觉的纪律。因此，启发学生的自觉性和积极性就是我们教育工作的重要原则。

培养自觉纪律是一个长期的、艰巨的教育过程。在这个过程中，对学生提出严格要求是问题的关键所在。而且在自觉纪律还没有形成的时候，这种要求就带有一定的强制性。说到强制，有人会提出疑问：自觉和强制不是矛盾的吗？是的，自觉和强制是矛盾的，但又是统一的，是教育方法中对立和统一的两个方面。因为教育过程本身就包括矛盾的对立和统一两个方面：一方面要发展和培养学生的共产主义道德品质；另一方面又要抑制和克服学生已经受到的不良影响，或者防止学生受到这些影响。当然，在这两者之间，自觉是主要的，强制是辅助的；而强制的目的又正是为了培养学生的自觉，为了帮助学生更顺利地培养和发展优良品质。

对学生提出严格要求，正是包含着自觉和强制两方面的意思。严格要求应当始终贯穿在整个教育过程中，当自觉纪律还没有形成的时候固

---

* 原载《北京日报》，1962年10月21日。

然要严格要求，就是等到自觉纪律已经形成以后，也不能放松要求。只有这样一贯地去做，使严格要求成为传统，学校才能始终保持良好的纪律。

培养学生自觉纪律的方法，除了说服教育之外，就是要提出具体的要求，使学生在执行要求的过程中，不仅明白了道理，而且养成了遵守纪律的习惯。

提出要求的时候，需要注意什么问题呢?

第一，要有明确的目的性。不仅教师本人要清楚地了解每一个要求所要达到什么目的，而且学生也要了解要求的目的和意义。只有这样才能启发学生的自觉性，才能形成正确的公众舆论。

第二，要有明确的规章制度。严格要求不是一句空话，必须要有具体的措施——学校的规章制度。学校不可一日无制度，没有制度就不可能有学校的正常秩序。孟子说的"大匠诲人必以规矩，学者亦必以规矩"就是这个意思。

第三，提出的要求要适当。也就是说要考虑到这些要求学生确实能够做到，是合情合理的，符合学生年龄特点的。

第四，严格要求要有坚持性和一贯性。有了规章制度，并不等于已经做到严格要求了。要使规章制度成为严格要求，就要有贯彻执行规章制度的决心和恒心。只有十分齐全的规章制度而不去认真执行，或是执行得很少，这就不能收到好的效果。

第五，严格要求要有统一性，即全体教师统一行动。如果有些教师这样要求，有些教师那样要求;或者有些教师要求严格，有些教师要求不严格，这都不能达到严格要求的目的。

严格要求包括积极的诱导和消极的限制。积极和消极、诱导和限制也是矛盾但又统一的。有些同志过于强调积极诱导的意义，而多少忽视了消极限制的作用，这是不对的。我认为，"导"是绝对必要的、首要的，但适当的"堵"也是不可少的。

个别学生如果坚决不执行教师的要求，严重违反纪律，教师用尽一切努力也不见效，那么适当的处分也是需要的。处分与自觉纪律也是矛盾又统一的。处分是强制的一种方式，是教育的一种手段，它的目的是为了使被处分的学生意识到自己的行为是错误的，从而开始自觉地遵守纪律。我们都知道：只有有了正确的公众舆论，同时当被处分的学生认识到自己的错误的时候，处分才会有效。一般来说，这是正确的。但是这也并不是说当大多数学生和受处分的学生本人还没有认识到错误的时候就不能采取处分，因为通过处分可以给大家指出问题，强调错误的严重性；同时，公众舆论也不是不变的，说服教育以及处分的过程，可以教育大家树立正确的公众舆论。这种处分和惩办主义是不同的。惩办主义的错误就在于它不明确自觉纪律的教育目的，不讲究教育效率，企图用恫吓来压服学生。

处分并不是体罚。所谓体罚，顾名思义就是有伤肉体的惩罚。体罚是我们应该坚决反对的。体罚不仅有伤少年儿童的身体，而且有伤他们的心灵，它是以恫吓压服为基础的，它不相信少年儿童有自觉性。体罚使教育者和被教育者站在敌对的立场上，使被体罚的儿童失去自尊心，失去对别人的信任，甚至使他认为，人们之间的关系是残酷的、对立的。因此，体罚不是我们社会主义教育的方法。

在我们的教育工作中，还常常听到"变相体罚"一说。什么是变相体罚？什么是真正的处分？往往不容易搞清楚。但是我想如果根据上述体罚的特征来看，一切符合那些特征的就是体罚或变相体罚。如果是以启发自觉为目的，而且不伤害学生身体的就是正当的处分。

确实，有很多问题的界限是不容易划清楚的，具体的问题有待具体研究和分析。我们教育工作者的一切方法和措施都要从教育效果出发。

这里说的教育效果，不是暂时的、表面的效果，而要看到长远的、深刻的效果——培养学生遵守纪律的良好品德。培养自觉纪律的途径是多方面的，方法是多种多样的。我们这里没有来得及一一加以探讨，以上只就严格要求学生这一问题的某些思想认识问题，发表了自己粗浅的意见，还希望大家指正。

中学的学习年限应该适当延长[*]

中小学教育属于基础教育，它的任务是为高等学校培养高质量的新生和为社会培养具有一定科学文化及生产技能的劳动后备力量。中小学教育关系到一个国家的管理人才和科学技术人才的培养问题，同时也关系到劳动力的质量问题。现在世界各国中小学学制的情况，有以下几个特点。

第一，义务教育的年限逐渐延长。发达的工业国家一般是9～10年，发展中国家大致是5～6年。这是因为，实行义务教育需要有一定的经济力量。

第二，小学阶段的学习年限以6年为多数，最少为3年，最长的8年。有些国家把小学阶段和初中阶段合起来为基础学校，其实基础学校的高年级已经是初中的程度。如瑞典，基础学校9年为普及义务教育阶段，分低年级、中年级、高年级三个等级，高年级已是中学教育阶段。南斯拉夫也是把8年的义务教育称为初等教育，中学则实行4年一贯。

第三，中学阶段的学习年限绝大多数是6～7年；少数国家是4～5年，但它们的小学学习年限都比较长。中学都分两个阶段，少数年限较短的不分阶段，但实际上是把初中阶段合并到小学去了，中学阶段属于

---

* 原载《文汇报》，1979年12月12日。

高中教育的水平，如上面谈到的南斯拉夫的中学以及美国八四制的4年制综合中学。

第四，世界各国现行中小学学制年限大部分是12～13年，少数国家是10～11年。

从上面的比较中我们能发现一个问题，为什么各国普及义务教育的年限那样参差不齐，而中小学学习年限的长短却大体相同？这是因为，普及义务教育的年限的长短主要取决于一个国家经济发展的状况；而决定中小学学习年限的长短的因素却很多，主要取决于中小学的任务和当代文化科学（学科）的水平；在制定学制的时候还要考虑学生的年龄特点和各国的文化传统及其他具体情况。

参照外国的经验，我国的学制应该怎样改善呢？我认为，中学的学习年限应该适当延长。中小学的学习年限主要是由中小学教育的任务和现代文化科学水平决定的。中小学教育的任务是为高等学校培养合格的新生和为社会培养具有文化科学知识及生产技能的劳动后备力量。学制太短了就不能完成这个任务，就会影响高等学校的质量。不能认为学制越短越革命。在"文化大革命"中，没有经过广泛的实验就把原来中小学12年制一下子全部缩短为10年，有些地方甚至缩短到9年，这也是中等教育的质量严重下降的一个原因，使得我国的教育水平和世界先进水平的差距拉大了。从世界各国的中小学学制来看，绝大多数国家是12年制，我国中小学的学习年限缩短到10年，显然是太短了。

中小学学习年限的长短与当代文化科学发展水平有关。现代科学技术的不断发展使得学科的内容越来越丰富。例如，物理学在30年前只讲力、热、声、光、电，现在增加了电子学、核子学等内容。所以，世界各国中小学的学制有延长的趋势。但是我国的学制反而缩短了，这就势必要砍掉一些课程和课时。本来生物学是六大基础科学之一，可是这10年来在我国的中学里被砍削殆尽。历史、地理也砍删太多，使得我们的中学生知识贫乏，眼光短浅。有些主要课程如数学、物理、化学内容增加了，课时却减少了，这就增加了学生的负担。以化学为例，教育部新编大纲比旧大纲提高了一大步，原来是338学时，现在只有308学时，学校普遍反映中学5年内不可能完成这份大纲，北京、天津等地中学每周普遍增加了1学时。所以，参照国外的情况，总结我们以往的经验，如果不适当延长学制，不但会影响教育水平，而且还会因过重的学习负担而影响学生的身体健康，不利于学生德、智、体的全面发展。

当然，学制的长短并不是影响教育质量的唯一因素。提高我国中学教育的质量，主要是提高师资水平和改进教学方法，采取现代化的手段等。但是，就我国目前的状况来看，师资水平不大可能一下子提高，而且我国的汉字学习又比较困难，时间总是一个常数，因此与世界各国相比，我国中小学学习年限就更显得短了。如果不积极采取有效措施，就会继续影响质量。

延长学制会不会增加国家的经济负担？会的。但是，如果把延长学制和中学的结构改革联系起来考虑，取消普及中学教育的空想，办好一批普通高中，把大部分中学改为职业中学（学制根据职业的实际需要可长可短），就不一定会增加国家的经济负担。同时，普通高中提高了质量，打好了基础，高等教育的学习时间相应地会缩短一点，两者相抵是很划得来的，因为培养一名大学生一年所花的钱，比培养一名中学生一年所花的钱要多得多（据1978年统计，一名大学生一年要花1 853元，而一名中学生只花40元）。

普及教育、学制长短和中学结构是三件不同的事情，但它们之间又有着密切的联系。过去我们把普及教育和学制长短混淆起来，以为学制缩短了便于普及教育，这是很错误的。普及教育决定于国家的财力、物力，而学制长短决定于学校的任务和文化科学水平，有一定的客观标准。学制的长短又和中学结构有关，不改革中学结构，把所有的中学结构都延长，是不可能的，也是不能适应国民经济发展的需要的。

学制延长到几年合适，这需要经过周密的调查研究，并且要经过试验，然后再确定下来。我的意见是小学5年可以不变，中学再延长1~2年（初中3年、高中3~4年）。

全面发展与因材施教[*]

贯彻党的全面发展的方针，就是要让学生在德、智、体几方面都得到发展，成为有社会主义觉悟的有文化的身体健康的劳动者。几个方面都不可偏废。但是，现在教育工作中忽视德育、体育，以及在智育方面不按教学规律办事的情况仍然相当普遍。当前在贯彻全面发展的方针上存在两个主要问题。

第一个问题是片面追求升学率。社会上有一种错误的舆论，似乎毕业生升学率高的学校就是好学校，谁教出来的学生能考入重点学校或考上高等学校谁就是好教师。如果一个小学的毕业生考上重点中学的很少，一个中学没有毕业生考上大学，这个学校就会受到社会舆论的指责、家长的非难、上级领导部门的批评，甚至影响到这个学校教师的提级提薪。在这重重的压力下，当前片面追求升学率已经成为阻碍贯彻全面发展的教育方针的最大绊脚石，严重地影响到学生身心的正常发展，其后果是十分严重的。有了片面追求升学率的思想，就有以下一些表现。

（1）忽视思想政治教育，甚至用腐朽的个人主义去刺激学生。例如，有的教师经常对学生讲："你们现在不用功，将来考不上大学，只

---

* 原载《江苏教育》，1982年第1期。

好去卖酱油醋。"他们不是用为人民服务的思想教育学生，而是把劳动分成等级，似乎只有大学毕业生才是高贵的。这不是剥削阶级思想又是什么呢？某地学校在毕业班中成立了一个尖子班，给予各种特殊的照顾，教室门口贴上一副对联，上联写着"谁是英雄好汉，谁是懦夫懒汉，两个月中见高低"，下联写着"谁将名列前茅，谁将名落孙山，六十天内看分晓"，横批是"背水一战"。这样的气氛给学生身心造成多大的压力！这种气氛中能培养出全面发展的人才来吗？

（2）注意了小部分学生的学习，放弃了大部分学生的学习。许多学校把学生按程度分成快慢班，目的是为了确保少数学生能够升大学，而把大多数学生撇开不顾。他们给少数尖子学生配备最好的教师——"吃偏饭"，而大多数学生得不到有经验教师的讲授和辅导。这种不平等的教育，给学生心理发展也造成极不正常的影响，对于培养社会主义新人有百害而无一利。

（3）搞死记硬背，题海战术，加重学生的负担，影响学生的健康。到了毕业班，为了提前复习，把讲授新课的时间压缩，教师不管学生懂不懂，只管往学生的脑子里灌，学生不管懂不懂，只好囫囵吞枣地往脑子里装。每天要做几十道甚至上百道题，作业的时间无限制地延长，睡眠的时间越来越少。因此，学生的健康状况越来越差。现在追求升学率的影响已经波及小学、幼儿园。家长拼命地让自己的孩子上"名牌幼儿园"，然后上"名牌小学"，考重点中学，到最后考入大学，竞争才算告一段落。许多地方，一年级的小学生作业要做到晚上10点钟，每天睡眠时间不足8小时。

特别值得引起大家重视的是，中小学生视力下降的问题。据卫生部抽查，近年来中小学生近视患病情况十分严重。城市中学生视力低下患病率平均达29.4%，城市小学生患病率平均达19.68%，农村中学生患病率平均为16.26%。学生的健康关系到四化建设、民族的未来，不能不引起我们的高度重视。要克服这种状况，除了改善学习条件外，就是要改变片面追求升学率的思想，改善教学方法，减轻学生的负担，让学生有足够的休息和睡眠时间。

（4）偏重知识教学，忽视学生能力的培养。为了追求升学率，只强调学生对书本知识的掌握，不要求学生发展智力和实际应用知识的能力，这就影响了人才的成长和发展。

对于片面追求升学率，许多学校的领导和教师也都非常反感，也觉得苦恼，似乎是人人不满意，但又很难改变这种状况。确实，片面追求升学率有着深刻的社会原因，要改变这种状况需要全社会来努力。但是我认为，学校教育思想是否端正是关键所在。我们办教育的目的是要为社会主义、为四化培养人才。如果我们的教育教学工作坚持从这一点出发，我们就一定能够冲破片面追求升学率的重重压力，把学校办得生动活泼，培养出国家需要的合格人才来。问题是在我们的工作中，实际上存在着两种教育思想：一种是社会主义教育思想，首先从国家的需要来办教育；另一种是口头上也讲国家需要，实际上只考虑个人得失，个人第一，国家第二，因而就不按教育规律办事，甚至搞一些歪门邪道。所以，要贯彻全面发展的教育方针，克服片面追求升学率的错误倾向，必须不断端正我们的教育思想。

当前教育工作中存在的第二个问题是，把全面发展理解为平均发展，忽视因材施教，忽视发现和培养学生的特殊的才能。

我们在教学计划、教学内容等方面强调了统一性，不重视灵活性。教学计划是一套，课程是一套，教材是一套，考试也只有一个模式。具体到一个学校里，更要求学生门门考一百分。全面发展变成了平均发展。

实际上，每个人的兴趣、爱好、才能都不相同。有的人喜欢文艺，有的人喜欢科学，有的人富于形象思维，有的人富于逻辑思维。如果不顾人的素质的不同，都用一种模式去套，就势必会压制一些人的特殊才能的发展。

总结以往的历史经验，要正确理解和处理好全面发展与因材施教的关系，就要把统一性和灵活性结合起来。全面发展是总的要求，是共性。但是共性总是体现在每一个个性中，对各个不同的学生必须因材施教，才能够把每一个人的才能真正发挥出来，达到全面发展。要做到这一点，还必须采取一些具体的措施。

（1）教育部门在学校制度、教学计划上要有一定的灵活性。例如，现在中小学的学制如何为好，不妨由各地进行一些试验。教学计划除规定几门基础课为必修课外，可以增设一些选修课。教材在统一的大纲的要求下也可以有几套。允许和鼓励各地编写乡土教材，补充教材。

（2）改革考试制度，改变一次考试定终身的办法，注意学生平时的学习成绩。在学生的一些基本课程达到一定标准以后，可以按专业提出不同的要求，这样就可以使一些有特殊才能的学生得到充分的发展。

（3）学校教育要在课堂教学为主的前提下，开展丰富多彩的课外活动，从小培养学生对学习的兴趣，在活动中及早发现学生的特殊才能，并加以认真培养。课外活动没有大纲的束缚，没有分数的压力，是学生发挥自己才能的广阔天地。可以这样断言，没有丰富的课外生活，就不能培养出生动活泼的主动发展的人才。苏联著名教育家苏霍姆林斯基特别重视学生的课外活动。他领导的帕夫雷什中学，只在每天上午安排课堂教学，下午都安排各种各样的课外小组活动，这些课外小组达到100多个，在这些小组中，学生们学到各种课堂上学不到的知识，不仅增长了他们的才能，而且也丰富了他们的精神生活。

（4）教师要改进教学方法，注意发展学生的能力。学生的兴趣、爱好与才能像花朵一样，需要精心地培育和浇灌。如果教师不去注意培育它，它就会枯萎。有的教师不懂得学生的心理，在课堂上伤了学生的自尊心；有的教师布置过多的作业，使学生视学习为畏途，他对学习的兴趣就会被扑灭。一旦这种求知的火花被熄灭，要想重新点燃起来就非常非常困难了。所以，从学生入学第一天起，我们的教师应该常常扪心自问，我的一举一动会给学生带来什么影响？是压制了他们才能的发展，还是促进了他们才能的发展？特别是小学教师，他们是启蒙老师，他的教育工作将影响学生一辈子。所以，我们的教师，应该时刻想一想，我们如何把孩子培养成人才，不要只考虑自己教的那门功课的分数高低，也就是把眼光放得远一点，不要只看到鼻子底下的一点东西。

总结起来就是说，全面发展与因材施教相结合是办好教育、培养人才的客观规律。遵守了这条规律，教育就会有成效；违反了它，就不可能培养出我们社会主义所需要的人才。

要重视对家庭教育的研究[*]

　　人们常常有这样一种错觉，一说起教育，总以为这是学校和老师的事情。有的孩子不听话，学习不努力，就认为这是学校的责任，是老师没有教好。其实，一个人在他的成长过程中，总要接受来自三方面的教育，这就是家庭教育、学校教育和社会教育。它们互相联系、互相影响。而家庭教育在人的成长过程中起着重要的作用。

　　家庭教育是最早期的教育，它是一切教育的基础。俗话说："先入为主"，家庭教育给儿童的印象最深刻、最牢固。儿童从出生的第一天起就开始接受家庭教育，父母就是他的第一任老师，他首先从父母那里学习语言，学习认识周围的事物，学习生活习惯。如果儿童从小在家庭里受到良好的教育，以后学校教育就能顺利地继续下去。如果儿童从小在家庭里受到了不良的教育，从小养成了不好的思想和习惯，那么进入学校以后，学校就要对他进行再教育，矫正他的错误和缺点。生活的经验告诉我们，从幼年时期起，教育儿童是不那么困难的，但是，再教育就要困难得多，就要付出更大的力量、更大的耐心。另外，家庭教育的影响是潜移默化的。我们不可能用统一的计划和内容要求父母，但是，父母的一言一行、一举一动时时刻刻影响着儿童的思想和行为习惯。父

*　原载《山西教育》，1982年第2期。

母是儿童的亲人，他们共同生活在一个家庭里，他们接触的时间最多。特别是儿童总是把父母当作最可信赖的人，父母的教育往往在儿童心灵上起着决定的作用。

以上几个方面都说明，家庭教育是培育人的一个不可缺少的重要环节。因此，我们应该把家庭教育作为一门科学来研究。每个父母都要学习这门科学，懂得家庭教育的规律、内容和方法，使每个儿童都能在家庭中受到科学的、良好的教育，为儿童入学打好基础。在儿童入学以后，家长要配合学校做好工作，使他茁壮成长，成为建设社会主义的人才。

家庭教育有着丰富的内容。首先，父母对子女的营养都比较重视，营养是儿童身体发育最重要的物质基础。但是，为了使儿童健康地成长，光注意营养还不够，还要注意对儿童进行卫生教育，养成卫生习惯，预防疾病的发生。节假日带孩子到公园或者郊外游玩。这样做既可以锻炼身体，又可以通过郊游活动使孩子增长知识；稍大一些，要教孩子游泳，增强孩子的体质，为他的学习和工作打下基础。但是，我们也往往看到，有些父母缺乏儿童生理、卫生、心理和教育方面的知识，使儿童养成不卫生的习惯，饮食无规律，挑食，甚至弄得孩子体弱多病，影响了健康，耽误了学习。

其次，父母对儿童的智力发展起着重要的作用。据现代生理学家和心理学家的研究，人的大脑的生理发展的关键时期是出生后第5个月到第10个月。到2周岁的时候，大脑就基本上完成了它的成长过程。许多研究说明，在生命头4年时间内，营养不良使儿童到入学年龄时表现出智力平庸。但是，营养不是唯一的条件，缺乏教育或者受到不良的教育，即使儿童的生活条件很优越，也会使他的大脑受到损害。这些研究都说明，对儿童进行早期教育不仅是可能的，而且是必要的。所谓早期教育，不是让幼小的儿童认识许多字，学会算几十以内的算术题，而是要发展儿童的智力。父母应该有意识地引导儿童观察周围世界，培养他们思考的能力和学习的兴趣。儿童幼年时，父母可以购买或者制作一些有启发性的玩具，给儿童讲解一些有教育意义的故事。儿童到四五岁的时候，知识丰富起来，疑问也多起来，常常喜欢问长问短，这说明他有旺盛的求知欲，父母要注意保持和发扬他的这种求知欲，耐心地回答他提出的问题。有的父母对孩子提出的问题表示不耐烦，甚至有时候还因为提得不恰当而呵责他，这样儿童的求知欲就会被扑灭，儿童智力发展的道路就会被截断，这是十分危险的事。

儿童的智力早期得到了发展，就给入学打下了良好的基础，他去学校学习就不会遇到什么困难。儿童入学以后，学校会有计划、有目的地向他传授知识，发展他的能力，但父母仍然有责任关心他的学习。父母要经常和学校取得联系，配合学校，对孩子提出合理的、严格的要求，定期地督促、检查孩子的学习情况。

最后，培养儿童的共产主义道德品质是家庭教育的重要内容，父母要有意识地培养儿童对待祖国、对待集体、对待劳动、对待长者、对待同伴的正确态度，使儿童从小养成爱祖国、爱人民、爱劳动、爱科学和爱护公共财产的优秀品质。有的父母认为儿童的年龄还小，不注意对他进行思想品德的教育。有时候，儿童做了一些不诚实的事情，父母不是及时教育，反而夸他聪明、机灵。这样，儿童就会渐渐养成不良的思想和习惯，甚至误入歧途，长大以后成为社会的罪人。由此可见，家庭教育和学校教育一样，都要按照党的教育方针，把孩子培养成为有社会主义觉悟的、有文化的、身体健康的社会主义的建设者。如果家庭教育和学校教育目标一致、要求一致，互相配合、互相促进，孩子就会苗壮成长；如果家庭教育和学校教育要求不一致，不能互相配合，就会造成教育上的矛盾，互相抵消力量，给孩子的成长带来严重的后果。

家庭教育要符合孩子的特点[*]

当前，家庭教育的重要意义已逐渐地被社会各方面重视起来。我们知道，家庭教育是不同于学校教育的，它有自己的规律。要探讨家庭教育的规律，还需要教育工作者和广大家长共同努力，进行系统的研究和总结，做出科学的概括。

首先，家庭教育要符合儿童、青少年年龄发展的特点。教育的目的是促进青少年儿童体力和智力的发展，但它只是发展的不可缺少的外部条件，只有符合儿童、青少年内部发展的规律才能起作用。例如，儿童的思维是由具体思维发展到抽象思维的。三四岁的儿童，只知道一个苹果、两个苹果，一只兔子、两只兔子。他没有抽象的数字概念。因此，对幼儿进行教育要具体，用讲故事、做游戏的形式来对他们进行教育，切忌用抽象的概念向他们说教。又例如，儿童的注意力是不稳定的、不持久的，我们进行教育就要注意形式生动活泼，引起他的兴趣。有些家长急于求成，不注意儿童的年龄特点，除了学校布置的作业以外，还增加许多家庭作业，结果适得其反，既加重了儿童的负担，又影响了儿童的健康，这就叫作拔苗助长。

十四五岁的少年和幼年不同。他们的基本心理特点是：独立生活的

---

[*] 原载《山西教育》，1982年第3期。

要求很强烈，不愿意依附家长和老师，而愿意单独行动；他们好奇心很强，许多事情都想试一试。但是他们认识能力又有限，不能正确地判断是非，处在愿望和能力不相适应的矛盾状态中。这个时期的教育特别要注意诱导，把他们的好奇心引导到正确的方面去。有的父母不了解少年的这个特点，采取简单粗暴的教育方法，这样不仅会压制少年的好奇心和求知欲，还会产生严重的后果。总之，每个年龄都有不同的特点，家庭教育只有根据这些特点进行教育，才能收到良好的效果。

其次，父母还要把热爱孩子与严格要求结合起来。我们常常遇到两种错误的教育方法：一种是对孩子溺爱。父母只知道想方设法满足孩子的吃和穿，对他们的错误思想和行为姑息迁就，任其发展，使孩子轻则养成任性、固执等坏脾气，重则因为追求享乐而好逸恶劳，直至误入歧途。这种父母名为爱子，实为害子。另一种是对孩子简单粗暴，动不动就打骂，使孩子变得谨小慎微、胆小怕事、性情怪僻。也有的表面顺从，背地里干坏事，家长还以为他听话老实，等到坏事被揭露，才吓了一跳。这两种方法都很难把孩子教育成为社会主义的新人。正确的方法应该是把热爱孩子与严格要求结合起来。为此，就要按照党的教育方针，在德、智、体几方面对他提出严格要求，把热爱孩子体现在严格要求上。当然，这些要求应符合孩子的年龄特点，是孩子能够做到的。

对孩子要严格要求，但不能简单粗暴，更不能体罚孩子，要培养他们的自尊心和自信心，如果粗暴地对待孩子、体罚孩子，就会损害孩子的自尊心和自信心。孩子得不到父母的温暖，认为周围的人都看不起他，从而产生憎恶一切人的错误的思想感情。我们在青少年管教所遇到过不少孩子，都是从小失去母爱，受到父亲的虐待，由于在家里、学校里找不到温暖，他就到社会上去找，遇到坏人的引诱，就把坏人视为知己，走上犯罪的道路。有的人会说，"棒头上出孝子""不打不成器"，这是指封建社会培养奴隶的办法。我们现在是要培养社会主义的新人，他们应该有社会主义觉悟，用棒子是打不出社会主义觉悟来的。

家庭教育和学校教育最大的区别是家庭教育没有教材，没有课堂，它的教育力量就在于父母的榜样作用。儿童的天性是模仿，从牙牙学语开始，就模仿父母的语言和动作。以后父母的一言一行，无不深刻地印入儿童的脑海里，父母的好思想、好品德、好习惯会潜移默化地传给孩子；父母的坏思想、坏品德、坏习惯也会不知不觉地影响到子女。家庭教育是一门科学，要使儿童在家庭里打好德、智、体全面发展的基础，父母就要有生理学、心理学、教育学、卫生学、营养学等方面的知识。

家庭教育还包括如何合理地安排孩子的学习和生活。一个人每天的生活都有一定的节奏，什么时候起床，什么时候学习和工作，什么时候休息，这就叫生物钟。如果生活有规律性，那么他的神经系统运转正常，精神愉快，学习工作都很顺利；如果违反了生物钟的节奏，生活没有秩序，那就会使神经系统的运转混乱，使人表现出心情烦躁，总觉得学习和工作不顺利。大人如此，小孩子更是如此。因此，父母就要从小合理地安排孩子的生活，按时起床，按时吃饭，按规定时间做家庭作业。让小孩子从小养成按时作息的生活习惯。有些父母以为这是生活小事，让孩子自由作息，这不仅影响了正常作息，还损害了健康。当父母的，切不可对孩子的生活小事等闲视之。

谈谈小学语文教学的几个问题[*]

语文是小学的一门重要课程，它是学生进一步学习文化科学知识的基础工具。学生掌握了这个工具，才能顺利地学习数、理、化、史、地等其他学科。因此，提高小学语文教学的质量，对于提高整个教育质量有着十分重要的意义。我国许多优秀教师，如斯霞、袁瑢、霍懋征等积累了很多宝贵的经验，许多专家做了大量的研究工作，发表了很好的意见。这些都是值得我们认真学习的。我这里只想就几个通常遇到的问题，谈点个人的意见，和老师们商讨。

一、小学语文教学的任务问题

小学语文教学的目的要求在小学语文教学大纲中有明确的规定。但是我想从教学过程的普遍规律来谈谈小学语文教学的任务。

教学过程有三大任务，这就是：传授知识、发展能力、形成观点。这三项任务是相辅相成、互相促进的。小学语文教学也不例外。

第一个任务是传授知识。这就是大纲里讲的，培养学生识字、看

---

* 原载中国教育学会内部刊物，1982年5月。本文是作者在全国小学语文教学研究会上的发言。

书、作文的能力，初步培养准确、鲜明、生动的文风。通常说起来，就是以识字为重点，进行听、说、读、写的全面训练。关于识字教学，现在已有两个学派，一是集中识字，二是分散识字。两个学派都有长处，都应该继续试验，同时也可以取各派之长，创造新的学派。

在识字教学中有一个汉语拼音的教学阶段。通常把汉语拼音只作为帮助识字和学习普通话的拐棍。我认为这是不够的。中国汉字不符合现代化的要求，必须走拉丁化的道路。当然，拉丁化的道路是漫长的，绝不是一年二年、十年八年就能做到的，但是我们应该向这个方向努力，促进这个改革的早日到来。有的同志反对汉字的改革，把它看作中国的"国粹"，以至于引用日本朋友的话"你们要废除汉字，我们还要保存它"，说明中国的"国粹"有被日本人抢去的危险。这种顾虑是完全多余的。日本的文字早已改革，早已是拼音化，汉字不过是作为辅助在文字中运用。中国文字拉丁化以后，汉字可以作为一门学问来研究，它是中国文化的一部分，绝不会被别人抢了去。这些当然都是以后的事情。目前，我认为应把汉语拼音作为语文教学的重要内容来抓，要经常使用它，使它促进普通话的普及，为将来汉语拉丁化铺平道路。

传授知识的任务中还应该包括培养学生听、说、读、写的能力。叶老（叶圣陶）曾讲到语文有两个方面，一是语，二是文，即口头语言和书面语言两个方面。听、说、读、写就是培养这两个方面的能力。这四种能力同样重要，并且是互相促进的。但是，在小学实际教学中，教师往往重视学生的读和写，对听和说重视不够。有的学校四年级的学生还不会说一句比较完整的句子。语言是人们交际的工具，不会说话，不能用口头语言表达自己的思想，就不能达到交流的目的。文字是从语言发展起来的，有了口头语言才有书面文字。不会说话，就不可能会写作。因此，训练学生的听和说是非常重要的。作文教学就要从写话开始，逐步培养。从这个意义上讲，大纲中的教学目的只讲到培养学生识字、看书、作文的能力是不够全面的，应该加强培养学生的口语能力。

语文教学的第二个任务就是发展学生的智力。通常说："加强双基，发展能力。"双基就是前面讲的基础知识和基本训练。发展能力实际上指的是发展学生的智力，这个能力不是指的一般的技能。现在大家对发展学生的能力已经谈得很多了。但是能力指的是什么，应该发展学生哪些能力则众说纷纭。我认为，发展能力应该是指发展学生的脑力和体力。也就是马克思讲的要使人的脑力和体力得到充分的发展。这就不是一门课能做到的，要通过各科教学，通过学校的整个工作来充分发展学生的脑力和体力。就语文教学来讲，主要是发展学生的智力，可以从以下三个方面来考察。

（1）感受知识的能力，包括注意力、观察力等。

（2）理解和巩固知识的能力，包括思维、记忆等。思维又包括比较、分析、综合、推理、判断等能力。

（3）创造和应用知识的能力，包括想象力、创造力、实际操作的能力。

以上列举得不一定很全面，但语文教学要从这几方面来培养学生的智力。过去语文教学中往往只注意对课文的理解和记忆。也就是说，只注意了培养理解力和记忆力，对观察力、想象力和创造力注意得很不够。不会观察就不能对课文有深刻的理解，也不可能写出生动的作文。因此，培养学生的注意力和观察力是学好语文很重要的能力。最近一个时期，人们对观察力的培养较为重视了，但对想象力和创造力的培养还注意得不够。想象力和创造力是学生重要的心理品质，不仅对语文教学很重要，对学生将来的学习和工作都很重要。很难设想，一个缺乏想象力和创造力的人将来在工作中会有很大的成就。而语文教学是培养学生想象力和创造力的最好的活动。

语文教学的第三个任务是使学生形成观点，即通过语文教学培养学生正确的世界观和道德品质。思想教育在语文教学中的地位是历来争论不休的问题。有一段时期受"左"的思想的影响，语文课变成了政治课，教材的选择不是按照语文教学的规律，而是根据当时政治形势需要。这是完全错误的。语文教学有思想教育的任务，但这个任务的完成不是附加的，而是在语文教学过程中自然而然地进行的。所谓"文以载道"，思想内容是寓于课文之中的，要在语文教学过程中挖掘教材的思想性。例如，北京市第八册《陶罐和铁罐》这篇课文就可以进行"骄傲使人落后，谦虚使人进步"的教育；又如统编教材第五册上《周总理的睡衣》一文告诉学生，革命领袖是如何坚持艰苦朴素的生活作风的，培养学生热爱领袖和向领袖学习的决心。通过课文进行思想教育，又自然，又生动活泼。

语文教学这三个任务是互相促进的，而传授知识是基础。没有语文的知识，发展智力也好，进行思想教育也好，都是空谈。但是传授知识又不能代替发展智力和思想教育。教师还是应该在传授知识的基础上，采取措施来促进学生的智力的发展和进行思想教育。同时，学生的智力不发展，他对课文就不能理解透彻，就不能很好地掌握语文的基本知识。

二、要把课堂教学和课外阅读结合起来

我们常常遇到这样的情况，小学低年级学生对语文很感兴趣，但到了高年级，在学生掌握了常用的基本词汇以后，反而对语文的兴趣减少了。这是什么原因呢？我认为最关键的问题是课堂教学已经不能满足学生的要求。学生已经掌握了常用词汇，一般的书已能看懂。新学期开始，新的语文课本一发下来，学生一两天就迫不及待地把整个课本看完

了。他虽然不能完全理解课文的深刻内容，但已经一知半解地了解课文讲了些什么，因此，上课时他就感到兴趣不大。加上我们有的教师教学不得法，细嚼慢咽，翻来覆去，使学生的兴趣越来越少。那么，如何提高学生学习语文的兴趣呢？我认为必须改进课堂教学的方法，并把课堂教学与课外阅读结合起来。

要想让学生学习得好，首先学生要有学习的愿望和要求，心理学上叫作学习的动机。在语文教学中培养学生的学习动机是十分重要的。学习动机可以分为外部动机和内部动机。家长对学生的要求、教师的奖励和惩罚，都是引起学生学习动机的外部因素。这些因素引起的学习动机称之为外部动机。学生为振兴中华、实现四化而树立的学习目的，客观刺激和学生知识水平之间的矛盾而引起的求知欲，学生对某一科目和活动的兴趣和爱好等，都是引起学习动机的内部因素，由此而引起的动机称之为内部动机。外部动机带有某种强制性，不能启发学生的自觉性。内部动机则出于学生的内部需要，具有高度的自觉性。当然，外部动机和内部动机对学生来说都很重要，它们是互相促进、可以转化的。外部动机也会转化为内部动机。例如，学生本来对语文不感兴趣，但是经过教师的鼓励和教育，他逐渐地感兴趣了，就转化为内部动机了。有时学生本来对语文很感兴趣，但由于教师的教学不得法，他的兴趣逐渐减少，内部动机就逐步消失了。要培养学生学习语文的兴趣，当然首先要把课堂教学搞好，还要加强对学生的课外阅读指导，把课内课外结合起来。

课外阅读不仅可以提高学生学习语文的兴趣，而且可以增加学生的语文知识。词汇丰富了，又可以促进学生的作文水平。

课外阅读的范围要广泛一些，不要只限于文艺作品，要引导学生阅读各种文体、作品，包括科技作品、历史题材的作品等，使学生体会到语文知识是获取其他科学文化知识的工具，而且乐于常常应用它。

课外阅读要加以指导，指导学生了解作品的真实内容和意义，让他们摘录成语和优美的句子，写读书笔记等。当然，不要篇篇都写笔记，教师的要求要适当，否则弄巧成拙，反而会影响学生的自觉性。教师的指导作用还在于向学生推荐有意义的读物，组织对某一读物的讨论会、辩论会等，方式可以是多种多样的。

三、国外语言教学的一些理论发展

我国的汉语和外国各种语系有很大的不同。但是，国外语言教学的理论对于我们改进语文教学是有许多可以借鉴的地方的，下面简要介绍一下近几十年来国外语言教学，主要是指英语作为外国语教学的一些理论发展情况。

英语教学中历来有两派意见：一派主张以阅读教学为核心；另一派主张以阅读为辅助手段。

20世纪二三十年代，"阅读中心教学法"盛行。阅读课成了"教学唯一的或基本的手段"，语法、口语、翻译、写作等教学活动都围绕着阅读课文进行。

20世纪40年代，出于战争的需要，在美国兴起一种新的学派。它以布卢姆菲尔德的结构主义语言学和斯金纳的行为主义心理学为基础，主张"听说领先"，阅读只能作为辅助手段。这一派认为，语言学习的程序是先听，再说，然后读，最后才是写。

这种"口语法"在英语教学中流行了20多年。但从20世纪60年代起，"口语法"受到语言学、心理学界的严厉批评和责难，他们指出，"能流利地背诵一个论断（灵敏度强）不等于理解这个论断""语言不能同与之凝结在一起的文化截然分开"。在这种思想影响下，很多学者和教师又开始注意阅读教学和研究。

对于阅读，不同的学派也有不同的意见。20世纪40年代，结构主义语言学派认为，文字是口语的符号，阅读只是识别和领会这些符号的程序，它本质上不是一种与语言相关联的听说行为。

另一派反对把阅读狭隘地看作识字和理解的程序，主张阅读是"一种识字、悟意、联想、结合四位一体的复杂活动"。但也有人认为前两项"识字"与"悟意"是阅读的要素，至于后两项"联想"与"结合"则是语言的应用问题，已超出阅读的范畴。

近年国外有一种流行的说法：阅读是领会书面语言意义，从中获取思想的程序。

关于阅读教材的选材也有几种不同意见：一种主张从词汇出发选材，这是20世纪二三十年代盛行的传统选材法；一种主张从语言的结构出发选材，注意语音和句型；最近10多年，功能学派主张从情景出发选材，按生活的情景编成课文，培养学生运用语言的能力。

阅读的选材过去一直集中在语言标准上，近年来人们的注意力开始转向社会、文化等非语言标准问题。例如，美国学者索尼斯主张把选材标准分为3类：语言、思维内容和文化影响。

阅读教材中重要的问题是文学题材问题。20世纪50年代文学选材曾一度受到冷落，近年来有人主张"语言教学也必须把文学列为自己的最基本的教材"。（以上内容均摘引自钱兆明同志的文章《国外英语阅读教学》，载《外国教育动态》1981年第2期）

从以上简单介绍的国外外语教学的情况，我们可以得到几点启发。

第一，语文教学中语言和文字是不能分开的。汉语教学也必须重视听、说、读、写的全面训练。当然，外语教学是排斥母语的，与我们作为母语的汉语教学不同。外语教学更重视口语的训练。但是母语教学也必须重视口语教学，因为语言是思维的外壳，语言的发展影响思维的发展。培养学生的口语能力，实际上是培养学生的思维能力，把它和阅读教学、作文教学结合起来，可以互相促进。

第二，语文是基础工具，但语文教学不能单纯地把语言当作符号，应把语言的形式和内容结合起来，通过语文教学完成掌握知识、发展智力、形成观点三项任务。

第三，语言教学要注重语言的特点和规律。国外各个学派对语言教学众说纷纭，但各派都注意语言的规律，各有特点。我觉得可以根据我国实际，采纳各派之长。例如，阅读选材问题，我认为上述三派都有一定的道理，如能把三者结合起来，即既注意词汇、语言结构，又注意情景和内容，就会编出合乎理想的教材。

以上很肤浅地谈到语文教学的几个问题，由于缺乏系统的研究，这些意见有些可能是错误的，以此求教于同行诸君。

论中等教育的任务和结构[*]

中等教育是整个教育体系中最重要也是最复杂的阶段。近几十年来，世界各国对中等教育，无论在办学形式上还是在课程内容上，都进行过多次改革。中等教育既关系到高等学校新生的质量，又关系到劳动者的水平。为了使我国的教育事业更好地适应社会主义现代化建设的需要，中等教育也必须进行调整和改革。为此，就要对中等教育做全面的、历史的考察和总结，借鉴世界各国中等教育改革的有益经验，提出改革的意见。本文试图就我国中等教育的任务和结构，谈点肤浅的看法。

一、中等教育发展的历史演变

中等教育的任务和结构不是永恒不变的，而是随着社会政治经济的发展而变化的。即使在同一种社会政治制度下，由于各国经济发展水平不同，文化历史传统不同，中等教育的任务和结构也不尽相同。因此，要研究中等教育的任务和结构，有必要对中等教育的发展做简要的历史考察。

古代学校教育中，没有初等教育、中等教育和高等教育的严格区分。只有到文艺复兴时期，随着工商业的繁荣和城市的发展，才出现中

---

* 原载《北京师范大学学报（社会科学版）》，1982年第5期。

等学校。从中等教育的任务和结构来看，发展到今天，大致经历了四个时期。

第一个时期是文艺复兴和宗教改革时期，这是中等教育发展的初期。在中世纪，教会垄断着教育，只有封建贵族和高级僧侣的子弟才能入学。资本主义生产的萌发，工商业的兴起，城市资产阶级随着财富和势力的不断扩张，就要求自己的子弟有受教育的权利，于是出现了以传授知识和发展儿童个性为主的新学校。如德国在宗教改革时期成立的"拉丁学校"和"文法学校"，法国的"专门学校"，英国的"公学"和"文法学校"等。这些就是世界上最早的一批中学。

这类中学的一端并不和小学衔接，而是和预备学校或预备班衔接，另一端则和大学衔接。中学只接受贵族和大资产阶级的子弟入学，学习年限较长，目的是培养国家官吏或直接送入大学深造。当时，劳动人民子弟只有极少数能进入初等学校，而且不能进入中学学习。这个时期的中学，任务很单纯，实际上是大学的预备学校，学习内容都是古典人文学科，不重视自然科学的教学。

第二个时期是工业革命以后，从1640年英国资产阶级革命开始，资本主义工商业迅速发展。18世纪中叶，首先在英国爆发的工业革命标志着现代工业化的开始，大机器生产代替了工场手工业，社会关系也发生了重大的变化。这种经济、政治的变革，引起了教育制度、内容、方法的变化。中等教育的变化尤为显著，它主要表现在以下几个方面。

（1）教育范围扩大，学校类型增多。这个时期，除了过去的古典中学外，出现了为资产阶级子弟开设的多种类型的学校。例如，英国、法国、德国的中学都分为3种：一种是为大资产阶级子弟设立的古典中学，注重古典学科，学习年限较长，为升大学做准备；一种是为中产阶级子弟设立的实科中学，注重现代学科及自然学科，培养医学、法律等职业和技术人才；再一种是为中下层平民子弟设立的中学，注重计算和书写能力，培养下级职员。

实科中学的出现是中等教育史上一个重要的发展。它把学校教育和经济部门联系起来了。这类实科中学，已经具备了准备就业和升学的双重任务。但当时，它们无论在程度上，还是在升学的资格上，都被认为低于文科中学，它们的毕业生只能升入低于大学的技术学院。

（2）在欧洲大陆，双轨制的教育制度得以确立和巩固。前一阶段，中等教育基本上是有产阶级的特权。工业革命后，大机器生产需要工人掌握一定的科学文化知识。到19世纪中叶，资本主义国家逐步实施普及义务教育，并为劳动人民子女在初等教育的基础上设立高等小学（High School），毕业后可以升入职业学校或师范学校。这就构成了两条并行不悖的教育轨道：一条轨道担负培养高等学校新生或工商业管理人员的任务；另一条轨道担负培养体力劳动者和小职员的任务。

由此可以看到，这个时期的中等教育，已经具备了为升学和就业做准备的双重任务，学校也由单一型发展到多种型。

第三个时期是19世纪下半叶至第二次世界大战前。19世纪中叶，资本主义开始由自由竞争发展到垄断资本主义，生产规模不断扩大，生产效率不断提高。这就需要更多具有一定科学文化知识的熟练工人和各种各样的技术人才。因此，各国都大力普及义务教育，积极发展中等教育和高等教育。这个时期的特点如下。

（1）由于初等教育的普及和义务教育年限的延长，中等教育和初等教育衔接起来了。初等教育建立起统一的学校（小学）。除了极少数古典中学仍然只招收预备班学生外，大多数中学都接受小学毕业生，但需经考试，按儿童的成绩和能力，分别升入不同的中学。这就是说，小学阶段的阶级区分开始被打破了。

（2）中等职业技术教育有了很大的发展。这种学校既能满足资本主义大工业生产需要的低级技术人才，又能解决劳动人民子女的就业问题，以缓和社会的矛盾。

（3）在普通中学内开设职业科，设置选修的职业课程，使普通中学兼备为学生升学和就业的两种职能。

第四个时期是第二次世界大战后到现在。世界政治经济发生了巨大的变化。国际竞争的主要形式转入经济实力和科技力量的竞争。"人力资源的开发"在20世纪60年代被作为高速发展经济的条件提了出来。影响战后各国教育发展的还有一个极重要的因素，就是科学技术的迅猛发展。20世纪60年代，世界各国教育都经历了重大改革。中等教育处在改革旋涡的中心。战后中等教育有如下几方面的变化。

（1）中等教育在发达资本主义国家得到普及。资本主义国家普及义务教育走过了漫长的道路，几乎用了一个世纪，高中教育的发展更为缓慢。直到第二次世界大战前，初中毕业生升入高中的入学率，除美国外，都还很低。大部分劳动人民子女，学完义务教育后就去工作。但是战后由于生产和技术的发展，以及工人阶级争取受教育权的斗争，高中阶段的教育也逐渐普及。到20世纪70年代后期，几个发达的资本主义国家，高中的入学率几乎都超过80%。

（2）高中的普及，使教育上的阶级区分推迟到高中阶段。初中成为一个过渡期。初中加强了职业方向的指导。到高中，学生根据自己的志愿和能力，分别进入各种类型的学校。因此，所谓高中阶段的普及，不是初中毕业生都升入普通高中，而是升入不同类型的高中。例如日本，高中分普通高中、职业高中以及综合高中3类，职业高中又分工、商、农、水产、家政、护理等科；法国高中分为8个组，其中5个组属普通科，3个组属职业科。此外，各国都建立起职业教育体系，一部分初中毕业生进入职业学校。因此，目前世界各国高中阶段的学校类型是极其多样的。

（3）确立定向教育阶段，加强职业方向的指导。许多教育家认为，初中学生是成长中的少年，他们的才能、天赋和兴趣是多种多样的，找到一条适合他们自身情况的培养途径十分重要。这同时也需适应社会上各种不同职业对学校提出的要求。例如，西德把中学的头两年称为促进阶段，有的州叫定向阶段；法国的初中四年分两段，头两年为"观察期"，后两年为"方向指导期"。有的国家虽然不设定向阶段，但主张在初中阶段加强对学生的指导，通过不同课程，为学生以后的升学和择业做准备。

（4）20世纪60年代以来普遍进行了教学内容改革，根据现代科学的发展编写新教材。在知识结构方面，强调加强基础理论知识和职业技术教育。在当今科技知识爆炸、陈旧周期缩短的情况下，只有基本理论知识才是最稳定、不易老化的。掌握了它就能以不变应万变。与此同时，只有加强职业技术教育，使学生获得一定的职业技能，才能适应劳动力市场的需要。有人把这种现象叫作"普通教育的职业化，职业教育的普通化"，这是当前中等教育发展的重要趋向。

二、从中等教育发展的历史中得出的几点结论

上面简要回顾了西方国家中等教育发展的历史和当前的现状。有以下几点值得我们认真思考。

（1）中等教育的产生是社会历史发展的产物，中等教育的发展受政治经济和生产力发展水平的制约。中等教育作为现代教育体系的重要一环，是近代资本主义社会的产物。在此之前，中学不过是大学的预备学校，有的甚至和大学直接连在一起（如法国大学的文学院就是为其他学院打基础的）。现代教育体系（初等教育—中等教育—高等教育）的建立是在资本主义发达的后期，即19世纪中后叶。而中等教育的普及仅仅是近几十年来，在科技广泛应用于生产、生产力空前提高的情况下发生的。

（2）中等教育的任务是随着教育发展水平的提高而变化的。最初的中学的任务很单纯，虽然也培养少数国家官吏，但主要是为升大学做准备。以后，随着中等教育范围的扩大，它就具备了为升学和就业做准备的双重任务。而且中等教育越发达，为就业做准备的任务就越突出。这里又可分两个阶段：当高中阶段的教育还没有普及以前，初中的任务是准备就业大于升学（如图1）；当高中阶段的教育得到普及后，初中的任务就变为单一地为升高中做准备，高中的任务就变为准备就业大于升学了（如图2）。

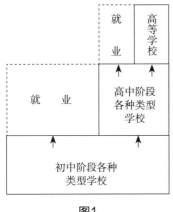

图1

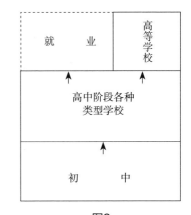

图2

（3）中等教育任务的变化，必然引起结构的变化。当任务是单一地为升学做准备时，学校类型也是单一的。例如，最初只有拉丁学校、文法学校这种传授古典人文学科的学校。当社会要求中等教育培养工商业技术和管理人员时，就出现了实科中学、职业学校等多种类型的学校。同时，受教育机会的阶级区分随着教育发展水平的提高，不断推迟。当教育发展水平还不太高时，学生受完初等教育后就要升入不同类型的学校，劳动人民子女只能受职业训练。等到生产力发达以后，普及义务教育年限延长，高中阶段的教育已经普及，初中的任务变成单一的为升学做准备，学校类型也趋于一致。此时，受教育的阶级区分就推迟到高中阶段，高中阶段的学校类型也变得多样化。这些年来，几个最发达的资本主义国家，由于高等教育的大众化，教育的多样化有向中学后教育推移的趋势。但是，还只能说是一种趋势，并未成为现实。只有到生产力发展到更高阶段，高等教育基本普及时，高中的任务才能变为单一地为升学做准备。目前连高等教育最发达的美国，也还不能做到这点。而且当前大学毕业生过剩，已经成为西方国家严重的社会问题，高校入学率近年来普遍下降。人们对大学的期望越来越小，许多家庭愿意子女进入职业技术学校，获得一技之长，以便就业较有保证。因此，当前高中阶段仍然是准备升学和就业双重任务，学校类型也必须多样化。

（4）中等教育的结构，不仅指学校的类型结构，而且包括知识结构。最初中学的课程主要是拉丁文和人文学科，因为当时主要为升大学做准备，期望学生成为政治家和宗教家。随着资本主义的发展，社会需要处理工商业事务的人才，中学才开始重视自然学科教学。第一个从理论上奠定科学教育体系的是19世纪英国哲学家、教育家斯宾塞。他在《教育论》一书中，以第一个醒目的标题提出"什么知识最有价值"。他批评当时的教育，只注重表面装饰，不求知识的实际价值。他从资本主义个人主义的观点出发，对人类的知识做了比较评价，设计了中学教育的课程结构，其中数学和自然科学占最大的比重，反映了当时自由资产阶级的利益。他设计的课程体系，至今仍有重大影响。

当然，不同类型的学校有不同的课程结构。但中等教育既然有准备升学和就业的双重任务，再加上科技的发展要求毕业生有获取新知识的能力，因此，把普通教育课程和职业技术教育课程结合起来，就是当前中等教育课程发展的趋势。

三、我国中等教育的发展和现状

我国现代中等教育产生于清朝末年。鸦片战争后，一批外国传教士在沿海城市办起了中学，是为我国现代中等教育之始。光绪三十一年（1905）清政府废科举、兴学堂，建立新教育制度，中等教育才逐渐发展。但是，直到中华人民共和国成立前，能够接受中等教育的绝大多数是小资产阶级以上社会阶层的子女。中学的任务单一，结构简单。除了少数职业学校和师范学校外，大多数中学都是普通中学，任务就是为高一级学校准备新生。以中华人民共和国成立前最高年份统计，共有中等学校5 992所，学生1 878 000余人。其中，普通中学4 266所，学生1 495 000余人，占中学生总数的79.6%。在普通中学学生中，初中生又占绝大多数，约1 178 000余人，占普通中学生总数的78.8%。他们大部分不能升入高中，但学校并不为他们做就业准备。毕业以后只能去当学徒，或者回农村当农民，在劳动中学习一点技术，少数高中则成为大学的预备学校。

中华人民共和国成立后，劳动人民成了国家的主人，获得了受教育权，中等教育同整个教育事业一起有了空前的发展。在中华人民共和国成立后的头几年，由于要为建设准备人才，高等教育的发展速度超过中等教育，高中毕业生不能满足高等学校招生的需要。高等学校甚至需从社会青年和在职青年中招生。因此，那个时期，中学的任务很单一，就是为高等学校输送高质量的新生。但到1957年，高中毕业生人数已超过高等学校的招生额。1961年后，超过数越来越大，就产生了高中毕业生的出路问题（见表1）。1957年4月8日，《人民日报》曾发表题为《关于中小学毕业生参加农业生产问题》的社论，就是试图解决中小学学生升学和就业的矛盾。20世纪60年代初期，刘少奇同志根据我国的实际情况倡导两种教育制度、两种劳动制度，以便在不加重国家负担的情况下，既满足青年求学的愿望，又能为国家培养更多的具有社会主义觉悟的、有文化的劳动者。实行两种教育制度，对于多快好省地发展教育事业，使教育同生产劳动相结合，更好地为社会主义建设服务有着重大意义。在刘少奇同志的倡导下，当时的教育部、高教部等相继召开了教育会议和半工半读座谈会，研究推广两种教育制度。经过短短两年时间，全日制学校得到进一步的巩固和发展，半工（农）半读学校遍地开花，农村小学普及率有很大提高，农村中学得到很大发展。

表1　中华人民共和国成立以来高中毕业生数和高校招生数（1950—1980）

年份	高中毕业生数A（千人）	高校招生数B（千人）	入学率B/A（%）
1950	62	58	93.54
1951	59	52	88.13
1952	36	79	219.44
1953	56	82	146.43
1954	68	92	135.29
1955	99	98	98.99
1956	154	185	120.13
1957	187	106	56.68
1958	197	266	135.03
1959	299	274	91.64
1960	288	323	112.15
1961	379	109	28.76
1962	441	107	24.26
1963	433	133	30.72
1964	367	147	40.05
1965	360	164	45.56
1976	4 470	217	4.85
1977	5 172	273	5.28
1978	5 858	402	6.86
1979	6 827	275	4.03
1980	6 699	281	4.19

在"文化大革命"前，对中等教育应有双重任务的思想比较明确，教育结构比较合理。高中生和中专生的比例一般为2.5∶1，初中毕业生的升学率稳定在30%～40%（见表2），此外还有农业中学及其他职业中学（各类中学在校学生的比例见表3）。但是，在"文化大革命"中，大部分中等专业学校被撤销，农业中学和职业中学被停办，盲目发展高中，打破了普通中学和技术职业学校的应有比例关系，给中等教育造成了严重后果。

表2　20世纪60年代初期各类型中等学校的学生数

年份	普通高中学生数（A）（万人）	中等专业学校学生数（B）（万人）	A∶B	初中毕业生数（C）（万人）	普通高中招生数（D）（万人）	中等专业学校招生数（E）（万人）	入学率（D+E）/C（%）
1960	167.49	221.59	0.76∶1	142.2	67.8	62.7	91.8
1961	153.30	120.30	1.27∶1	189.2	44.7	16.8	32.5
1962	133.90	53.49	2.50∶1	158.4	41.7	3.9	28.8
1963	123.52	45.14	2.74∶1	152.3	43.4	15.4	38.6
1964	124.67	53.16	2.35∶1	138.6	43.8	24.7	49.4
1965	130.80	54.74	2.39∶1	173.8	45.9	20.0	37.9

注：B项包括初级专业学校学生数，E项只指中级专业学校学生数。

表3　20世纪60年代初期各类中学在校生数及其所占比例

年份	初中		高中		中专		农中及职业中学	
	在校生数（万人）	所占比例（%）	在校生数（万人）	所占比例（%）	在校生数（万人）	所占比例（%）	在校生数（万人）	所占比例（%）
1960	858.46	58.0	167.49	11.3	221.59	15.0	230.20	15.6
1961	698.40	67.6	153.30	14.8	120.30	11.6	61.17	5.9
1962	618.83	74.3	133.90	16.1	53.49	6.4	26.66	3.2
1963	638.03	76.2	123.52	14.7	45.14	5.4	30.78	3.7
1964	729.28	71.5	124.67	12.2	53.16	5.2	112.34	11.0
1965	802.89	56.1	130.80	9.1	54.74	3.8	443.34	31.0

第一，破坏了中等教育的双重职能，把中等学校，特别是初中变为单一为升高中的预备学校。这既不符合我国办教育的经济能力，又不适应工农业发展的需要。高中毕业生除极少数照顾家庭外，全部到农村插队，既不为高等学校准备新生而学好文化科学知识，又不培养学生劳动就业的技能。

第二，降低了师资水平，教育质量严重下降。据统计，1978年，全国普通中学在校学生为1965年的7倍，专任教师为1965年的6.7倍。这些教师从哪里来？靠从下面层层拔，即从小学教师中拔好一点的教初中，初中教师拔上去教高中。不少人在小学、初中是好教师，提到初中、高中却难以胜任，结果不仅高中的教育质量降低，初中、小学的教育质量也未能提高。其严重后果至今尚未消除。据一些地区统计，高中教师具有高等学校本科毕业学历的仅占30%~50%，初中教师具有高等专科学校毕业学历的只有10%左右。从实际业务能力看，教师中胜任教学工作的约20%，基本胜任的约40%，有较大困难的约30%，根本不能担任教学的约10%。

第三，课程遭到严重破坏。有些课程在"文化大革命"中被取消（如历史、地理、生物、英语、音乐、美术等），现在这些课程恢复了，但原任教师有的改行，有的业务荒疏，困难很大。有些课程虽然没有取消，但内容被合并，大删大砍，严重地影响了教学质量。

粉碎"四人帮"后，教育战线拨乱反正，中等教育结构进行调整和改革。近几年普通中学有所压缩，中等专业学校、农业中学和职业中学逐步得到恢复和发展。据国家统计局公布，普通中学1979年在校学生5 905万人，比上年减少643.3万人；1980年5 508.1万人，比上年减少396.9万人；1981年4 859.6万人，又比上年减少648.5万人。中等专业学校1979年在校学生119.9万人，比上年增加31万人；1980年124.3万人，比上年增加4.4万人；1981年106.9万人，比上年减少17.4万人。农业中学和职业中学1980年在校学生45.4万人，技工学校68万人；1981年分别为48.1万人和67万人。中等教育的结构有了变化，但变化不大，还不能适应国民经济调整和改革的需要。

四、中等教育在整个国民教育中的地位和任务

开头我们就讲到，中等教育是整个国民教育体系中最重要也是最复杂的阶段。说它重要，是因为：①它在国民教育体系中起着承上启下的作用，中等教育基本上是基础教育阶段，它的质量直接影响到高等学校学生的质量。由于中等教育在"文化大革命"中遭到的破坏，高等学校至今还在用相当大的力气补基础知识，特别是语文和外语。这是极不经济的做法。同时给提高大学的教学质量增加了困难。②中等教育关系到我国广大劳动者的文化和技术水平，亦即劳动者的质量。如果中等教育办不好，就不能培养出工农业生产所需要的掌握科学文化技术知识的工人、农民，就不可能提高劳动生产率。目前，我国职工队伍文化水平太低，大部分青年职工虽然名义上都是中学毕业生，但实际上没有达到应有的水平。据1979年年底对全国2 000万职工的调查，80%没有达到初中文化程度，其中文盲、半文盲占7.8%。工人实际的技术等级多数在三级以下，管理人员多数缺乏管理现代化企业的知识，工业部门的技术人员只占职工总数的2.8%，其中相当多的人未受过高等教育（见1981年4月1日《人民日报》社论）。这种状况严重地影响他们掌握新技术、使用先进设备，使先进设备不能发挥出应有的作用。③中等学校的学生都是青少年，他们正处于长知识、长身体的最重要的时期，也是逐步形成世界观的时期。将来能否成材，同这个时期的教育质量关系极大。

中等教育不仅重要，而且复杂。它的复杂性在于：①中等教育既要为高校培养高质量的新生，又要为大部分学生的就业做准备。这两项任

务，无论在思想教育方面，还是在业务学习的安排上，都存在矛盾。如何把培养具有扎实的文化科学知识的劳动者和高质量的大学新生巧妙地结合起来，需要有强有力的思想工作和合理的学校结构与课程结构。②中等教育受社会各方面的影响比较直接。高校招生和劳动就业的政策稍有变化，就会很快地影响到中等教育。当前，中等教育正承受着两个"冲击波"：一个是片面追求升学率，学校围着少数有希望考上大学的学生转，家长也围着子女的升学目标转，造成学生思想和学习负担过重，实际上使一部分学生的智力和体力都受到一定的摧残。大多数学生被弃置不顾，得不到应有的培养和关怀，其中一部分人可能因此而自暴自弃，有人甚至走入歧途，对社会造成危害。这当然不能怪学校和老师，他们也受到社会的、家长的压力。第二个"冲击波"是"顶替"和不考核文化程度的招工办法。由于就业与学习成绩不存在直接联系，"读书无用"的思想再次抬头，一些学生无心学习，只等父母退休后顶替。因此，中等教育的调整和改革，必须和高校招生制度的改革、劳动招工制度的改革结合起来，才能收到实效。③中等教育时间比较长，学生跨越了少年和青年两个时期，高中毕业班的十七八岁的青年和初中一年级的十一二岁少年同处在一个学校里，他们的生理、心理各异，思想、认识能力和知识水平都有很大差别。要把中等教育办好，就要充分考虑到各种复杂的因素。

中等教育既是这样重要和复杂，所以世界各国对中等教育的改革极为重视，近几十年来进行过多次改革，特别是20世纪60年代的改革，影响到全世界。

要改革中等教育，首先要对中等教育的任务有一个透彻理解。简言之，中等教育的任务就是为升学和就业做准备这两项。但是，如何完成这双重任务，两者何轻何重，在指导思想上稍有偏差，就会给中等教育带来严重的后果。苏联20世纪50年代末到70年代初的几次反复，很值得引以为戒。1958年，赫鲁晓夫试图解决升学和就业的矛盾，对中等教育实行了重大改革。他把普通中学改为"兼施生产教学的劳动综合技术普通中学"，学制延长一年，学生要受职业训练，毕业时须掌握一门专业，学校的生产教学依照工厂艺徒学校的形式组织，教学计划的1/3时间用于理论的和实践的生产教学和生产劳动。但是，实行几年以后，人们发现学生参加生产劳动的时间过多，学业负担过重，教学质量严重下降。特别是学生在普通中学不可能真正受到职业训练，掌握一种专业。即使获得了一种专业技能，毕业后并不一定能和就业对口，仍然不适应国民经济的实际需要。于是，1964年，随着赫鲁晓夫的下台，这次教育改革也宣告破产。苏联又重新提出加强基础知识的教学，取消在普通中学进行职业训练，对普通教育的内容做了全面的改革。他们用了10年时间编写新的教学大纲和教材，并进行了相应的试验，完成了普通教育内容的现代化。但是，到了20世纪70年代，他们又发现过去10年在强调基础知识教学的时候，又忽视了职业技术教育和生产劳动。1977年12月，苏联又通过了《关于进一步改进普通学校学生的教学、教育和劳动训练》的决议，指出普通学校工作中存在着重大缺点："对学生的劳动教学、教育和职业指导的安排，不符合已经提高了的社会生产和科技进步的要求。许多中学毕业生在走向生活时，缺乏应有的劳动训练，对基本的普通职业没有足够的认识。因此在调到国民经济部门工作时感到困难。"（苏联《真理报》，1977年12月29日）决议要求："中学毕业生在学习期间，应当掌握深刻的科学基础知识和在国民经济中工作的劳动技能，要认真掌握一定的职业技能。"苏联普通教育20多年所走的"S"形道路，证明了中等教育的复杂性（详见拙文《苏联普通教育的几次改革》，载《外国教育动态》1982年第2期）。中等教育的双重任务要求中等学校，特别是普通中学，在加强文化科学知识的教学、为学生进一步学习打下坚实基础的同时，要加强教育同生产劳动的结合，对学生进行适当的职业技术教育，为他们将来就业做准备。忽视哪一方面，偏重哪一方面，都会走弯路。正确地、全面地完成这个双重任务，就是中等教育调整和改革的关键。

五、对我国实行中等教育结构改革的几点意见

中等教育的任务应该说是明确的。怎样进行改革？我认为需要从国情出发，借鉴外国的经验。这里提出几点不成熟的意见。

第一，根据当前我国经济发展水平和财力、人力，在发展教育事业的规划上，要大力压缩高中的比例*，同时认真普及小学，努力提高初中的质量，为升高中打好基础，使高中的教学水平恢复到"文化大革命"前的水平并有所提高。这样才能为高校提供高质量的"原材料"，经过高等学校的"加工"，成为社会主义建设的栋梁之材，同时也为学生转入就业后进一步掌握科技打好文化基础。有人说："现在国民经济正在调整，就业困难，与其学生初中毕业在家待业，不如多上几年学。"这种说法貌似有理，但仔细分析，利少弊多。延长学习年限是不可能解决待业问题的。要解决待业问题唯一的出路只有发展生产，组织多种经营。苏州地区和常州市的经验说明，生产发展以后，不是待业青年找不到工作，而是感到劳动力不足。我国国民经济的调整是暂时的，将来必将有较大的发展，教育要走在前头，为经济发展做准备，使现在在校的学生做好就业准备。而发展高中要根据国家的人力和财力。当前在师资设备等条件不足的情况下，即使办起了比较多的高中，也是徒有虚名，不仅不能取得实效，反而会浪费有限的教育经费。不如把这有限的经费

---

* 由于"文化大革命"中实行四年一贯制中学，因此"文化大革命"后高中过多，且水平很低，所以应该调整。——作者注

放到普及小学和办好初中上去。为了使学生在初中毕业时有比较完整的学科知识，初中学习的年限可以适当延长。

第二，从初中开始就要实行教育结构的多样化。从资本主义国家教育发展的历史可以看到，高中没有普及以前，初中就出现了阶级区分，这种区分，在资本主义社会里，固然有阶级偏见的因素，但同时也是社会经济客观需要的反映。我国目前的实际情况是，小学还没有完全普及，小学毕业生大部分要走上农业第一线，初中毕业生的升学率只达到30%~40%，经过高中的调整还会下降。初中毕业生大部分要去工作，因此，在初中阶段就应该举办多种类型的学校。农村中要大力提倡农业中学，城镇可办学习一种手艺的职业学校。农业中学是1958年的创举，它对改变农村的生产和文化的落后面貌曾起过积极作用。许多农村中的毕业生回到生产队担任了队长、会计、保管员、拖拉机手、电工、兽医、卫生员等领导和技术职务，成为建设新农村的骨干。今天办农村中学的条件比1958年强多了，大办农村中学一定会对科学种田、农业现代化起很大的促进作用。

高中也要实行多样化，要大力恢复和创办中等专业学校和职业学校。"文化大革命"以前普通高中生和中专生2.5：1的比例是恰当的。

第三，实行两种教育制度和两种劳动制度。刘少奇同志在1964年提出：我们应该有两种主要的学校教育制度，一种是全日制的学校，一种是半工半读、业余学校。他说：小学毕业生希望上初中，初中毕业生又想上高中，高中毕业生则想升大学，这是青年们正当的合理要求。但是，所有的学生都上全日制学校，国家负担不起，家庭也负担不起。因此，要发挥群众办学的积极性，大办半农半读、半工半读的学校，一面读书一面劳动。这么一个形式，就可以满足很多人读书的要求，国家负担不大，家庭也负担不大。这样就可以普及小学教育、中学教育。刘少奇同志指出的社会主义办学的方向，今天仍有其现实意义。实现这个方针，就要把教育部门办学和工矿企业、公社办学结合起来，调动社会力量办学的广泛积极性，把两种教育制度和两种劳动制度结合起来。

第四，中等教育的结构改革应该包括课程结构（亦即知识结构）改革。总的来说，各类学校都要遵循教育与生产劳动相结合这一条现代教育的客观规律，并按各类学校的性质和任务制订出符合实际的教学计划。在课程结构上，要注意以下几个方面。

（1）加强现代科学教育，努力提高学生的文化科学水平。不论哪一类学校都要加强文化科学基础教育，使学生掌握牢固的基础知识，这对升学和就业都是必要的。科学文化基础知识是现代教育与生产劳动相结合的结合点，没有这种基础就谈不上两者的结合。列宁曾经说过："没有年轻一代的教育和生产劳动的结合，未来社会的理想是不能想象的：无论是脱离生产劳动的教学和教育，或是没有同时进行教学和教育的生产劳动，都不能达到现代技术水平和科学知识现状所要求的高度。"[1]

（2）加强生产技术教育，让学生了解现代工农业生产的基本过程，了解他们将来从事劳动的性质。现在的普通中学很缺乏生产技术教育的思想。这个问题不解决，就不可能培养适应现代生产技术的劳动者。学校应该把生产技术课列入教学计划，并制定出教学大纲和要求，也可以开设职业技术选修课。有人担心我国生产力低、设备条件差，实施生产技术教育有困难。其实，最先进的生产过程也是由最简单的技术原理作为基础的。学生掌握最基本的生产技术原理，完全是可能的。例如，能源问题、动力问题、机械传动、机器操作、机械化和自动化等内容都可以在一般城镇的技术设施中找到例证，现在进行生产技术教育，已经不像20世纪50年代那样困难了。

（3）适当组织学生参加力所能及的生产劳动，培养他们的劳动观点

---

① 《列宁全集》第2卷，413页，北京，人民出版社，1963。

和初步的劳动技能，使学生学会使用最简单的生产工具。不亲身参加生产劳动就谈不上真正的结合。但是，鉴于过去的经验教训，生产劳动的时间要适当，不宜过多，以免影响教学。至于多少时间才适当，需要根据不同类型学校的任务和不同的年级具体规定。

第五，中等教育的结构改革需要和劳动制度的改革结合起来。首先要废除招工顶替的规定，招工用人必须真正做到择优录用。这样，中等职业技术学校毕业生才有出路。还要改变过去那种毕业生统一分配，只分配到全民所有制企事业单位的做法。我国目前存在着全民所有制、集体所有制和个体所有制。这三种所有制的企事业单位都需要各种人才。应该因地制宜地安排职业技术学校和普通中学的毕业生的就业，特别是组织城镇中学毕业生开办合作企业，发展人民生活迫切需要而且日益发展的第三产业。现在许多城镇都感到服务业不足，吃饭、穿衣、修修补补样样难。用中学毕业生来填补第三产业的不足，既满足了人民生活的需要，又解决了学生的就业问题。对于这种合作企业，各地政府应当予以充分的支持和加强组织领导。总之，中学的结构改革光靠教育部门是不能解决的，需要劳动部门、人事部门以及企事业单位联合起来共同研究解决。

中等教育的改革关系到我国整个教育制度的改革，也将对国民经济建设各部门产生长远的影响。这既是一个理论问题，又是一个实际问题。因此，需要经过周密的调查研究，遵循教育发展的规律，制订出切实可行的方案。

阅读教学是小学语文教学的中心[*]

    1981年小学语文教学研究会理事会（长沙会议），1982年小学语文教学研究会第二届年会（太原会议），都把阅读教学列为今后研究的重点。为什么这样重视阅读教学呢？这有两个方面的原因：第一，阅读教学是语文教学的中心环节，这个环节抓不好，小学语文教学的任务就难以完成；第二，阅读教学是当前小学语文教学中的薄弱环节。识字教学，我们已经有了比较成熟的经验，而且有了不同的流派，如集中识字、分散识字等；作文教学也积累了不少经验。唯独阅读教学至今尚无成熟的经验。有不少教师还不很重视阅读教学，有些青年教师还把握不住如何进行阅读教学，因此有着重研究的必要。

一、阅读教育是语文教学的中心环节

    语言是思想交流的工具，它的表达形式是口头语言和书面语言。为了掌握这个工具，除了会听、会说以外，就是要会读、会写。因此，听、说、读、写都是语文教学的任务。但是在小学阶段，语文教学包括识字教学、阅读教学和作文教学三个环节。这三个环节互相依存、互相

---

[*]　原载《上海教育》，1983年第12期。

促进。其中，阅读教学又是中心环节，原因有以下两点。

（1）阅读是识字的目的，又是巩固识字的手段。小学首先要把识字这一环节抓好，但是识字的目的是为了能阅读、会写作。同时，阅读又是巩固识字的重要手段。小学语文教学大纲中要求学生在5年内学会常用汉字3 000个左右，在前3年就要学会2 500个，大概占识字总数的83.3%。那么多单字，如果不伴之以大量的阅读是很难巩固的。汉字还有一个特点，就是一字多义。小学生不仅要学会3 000来个字，而且要掌握用这些字组成的约6 000个词语。不通过阅读就不可能掌握字和词的意义和用法。因此，阅读对于识字认词来讲，既是目的，又是理解和巩固的手段。

（2）阅读是作文的基础。作文是语言的书面表达形式，是字、词、句、篇的综合运用。没有这方面的知识就不可能作文。阅读是获得这些知识的主要途径。要写出好的文章来固然不是靠字、词、句的堆积，主要要有生活实践，要有内容。但是对小学生来讲，首先要有一定的写作知识和技能。阅读既为儿童提供了运用字、词、句、篇的知识，同时也为作文提供了范例。

二、阅读教学是儿童获得知识的重要源泉

人对客观世界的认识要通过直接经验和间接经验两种途径。小学生的知识还很贫乏，小学里不可能设置各门类学科。小学生的间接经验主要是通过语文、数学等学科获得的。特别是语文课，包括了文艺、历史、地理、社会、自然科学各方面的知识。因此，小学语文教学的任务不仅是让学生掌握语言这个工具，而且要使学生通过阅读课文掌握各方面的知识。而在语文教学的几个环节中，当然主要又是由阅读教学来完成的。一个人一生中要从阅读书本中获取大量知识，而阅读的能力就是

在小学阅读教学中培养起来的。因此，阅读教学的质量如何，关系到他今后会不会读书的问题。

三、阅读教学是培养学生能力的重要手段

阅读教学的基本任务是指导学生理解书面语言，激发他们的阅读兴趣，培养他们的阅读能力和良好的阅读习惯。语言是思维的物质外壳，语言能力的发展，阅读能力的提高，会促进思维的发展和提高。

在阅读教学中，教师要引导学生观察，低年级主要是让学生看图片，通过观察图片来理解课文。到高年级不仅要观察图片，而且要让学生观察社会现象、自然现象。有了观察的基础，学生才能对课文有深入的了解。例如，《科学的大门》中讲到大量自然现象，学生只有在平时观察自然的基础上才能理解。这样，学生不仅懂得了科学的道理，而且能从达尔文热爱科学、认真观察大自然的精神中得到启发。

在阅读教学中通过对课文的分段、语词的分析解释，可以培养学生分析、比较、综合、抽象、推理、概括等思维能力。例如，《我的战友邱少云》一课，有位老师在学生预习的基础上问学生："这篇课文写邱少云什么事？"学生回答：写邱少云为了战斗胜利牺牲了自己的生命。这就是高度的概括。这种能力如果平时不训练的话是不可能有的。儿童的思维是具体形象的，他们在回答问题时往往把具体的经过、细节讲出来，却概括不出总的中心思想来。这时候教师就要从具体入手，对一件件事情由分析、比较、抽象引导到中心思想。

四、阅读教学是对学生进行思想品德教育的重要途径

古人云："文以载道。"语文是工具，是一种形式，它的内容总是

反映着一定的思想。特别是我国社会主义学校的语文课本，把"正确反映思想教育和语文教学的辩证关系"作为一条编写原则，因此我国小学语文课文中有许多内容丰富、形象生动、情感充沛的富有教育意义的课文。在阅读教学中分析讨论这些课文，就必然会使学生受到思想品德教育。

过去一段时间把语文课上成政治课是不对的。但是如果把语文课上成词语课，只讲课文的字词句篇，不讲课文的思想内容，不利用丰富的课文进行思想教育也是错误的。在语文课上进行思想教育不是另搞一套，首先是要把课文的内容讲透，同时注意挖掘课文内容中的思想教育因素，使学生在阅读课文中自然而然地受到教育。

这里顺便说及"以作文教学为中心"的问题。我认为这种提法不妥当。作文教学在小学阶段固然也很重要，但是，第一，在小学阶段，对作文的要求是"以学写记叙文为主，也要会写常用的应用文"（大纲）。如果以作文教学为中心，在阅读教学中就会排斥或者不重视其他文体的教学，就达不到培养学生阅读能力的目的，完不成语文教学的总任务。第二，用"以作文教学为中心"的思想指导教学，就会只着眼于字、词、句、篇的分析，忽视阅读教学的其他任务。相反，如果把阅读教学作为语文教学的中心环节来抓，就可以把整个语文教学带动起来，使学生既深刻理解和巩固学过的知识，又发展了各方面的能力。对于提高整个语文教学质量无疑是有益的。

当然，要搞好阅读教学是有一定难度的。希望广大教师认真研究、积极实践、不断总结，在阅读教学方面开创一个新的局面。

实施义务教育　提高民族素质[*]

　　实施九年制义务教育是中央教育体制改革中做出的一项重大决策，它关系到提高我国民族素质、四化建设的实现，是事关我国人民的一件大事。那么，什么叫义务教育，我们每个公民如何来保证义务教育的实施呢？

　　义务教育是国家根据法律规定，对一定年龄的儿童所实施一定范围的教育，具有强制性质，所以又称强迫义务教育，通常规定一定的年限和内容。

　　实施普遍的、免费的义务教育是几百年来人民群众民主要求的基本内容。早在文艺复兴时期，英国空想社会主义者托马斯·莫尔就曾经提出过一切儿童都应受初等教育的思想。以后，夸美纽斯和18世纪的法国资产阶级启蒙学者都曾提出普及义务教育的问题。但是真正实施义务教育还是在18世纪工业革命以后的事。以大工业机器生产为标志的现代工业需要工人具有一定的科学文化知识，再加上工人阶级要求教育机会均等的斗争，迫使资产阶级不得不实施义务教育，于是在19世纪中期，一些资本主义国家开始立法实施义务教育。20世纪以来，由于科学技术的进步和生产力的发展，在普及初等教育的基础上，各国又延长义务教育的年限。特别是第二次世界大战以后，由于经济高速度的发展，教育的

---

* 　原载《人民教育》，1986年第4期。

普及程度大大超过了法定的义务教育年限，工业发达国家现在已经基本上普及了高中教育。

实行义务教育需有一定的经济力量，发达的工业化国家的义务教育也是随该国的经济发展而不断延长年限的。当然，除了经济因素以外，也与该国的社会环境和文化传统，特别是政府采取的教育政策有关系。我国属于发展中国家，经济基础比较薄弱，所以尽管中华人民共和国成立以后党和政府就重视教育事业，提出过普及教育的要求，但初等教育至今尚未普及。这与长期以来，不重视知识、不重视教育的"左"的思想影响有关，没有把普及教育用法律形式规定下来。去年（1985年），《中共中央关于教育体制改革的决定》明确指出要在20世纪末普及九年制义务教育，这是伟大决策。最近国务院已将《中华人民共和国义务教育法（草案）》（以下简称《义务教育法》）正式提请人大常委会审议，在全国人大会议审议通过后，它就将成为我国人民必须人人遵守的法律，就能够保证九年义务教育按质、按量、按时地实现，它对我国社会主义物质文明和精神文明建设将具有不可估量的重要意义。

《义务教育法》对国家、社会、人民都提出了各自必须履行的义务。从国家来说，国家要从财力、物力、人力（师资）方面加以保证，要根据适龄儿童的多少和分布情况合理地设置小学和初级中学或初级中等职业技术学校，方便儿童、少年就近入学。义务教育应当是免费的，只有免费，才能强迫所有的适龄儿童受教育。否则，有人就会借口交不起学费而不接受义务教育。因为实行免费，所以国家就要筹集义务教育的经费。筹集的办法当然可以采取多种形式，除了国家从财政预算中拨款外，还可以由地方筹集。社会有支持和资助实施义务教育的义务，特别是不得侵占或破坏学校的场地、房舍和设备；不得妨碍义务教育的实施；社会上任何单位和个人不得录用未受完义务教育的适龄儿童；等等。每个公民所应履行的义务就是必须按法律规定，使自己的适龄子女或被监护人按时就学。

实行义务教育要保质保量。所谓保量，就是要使适龄儿童和少年都能按时入学，学完法律规定的年限。所谓保质，就是不仅学完一定年限，而且根据我国的教育方针，使儿童和少年在德、智、体诸方面都得到发展，达到一定的水平。因此，在制定《义务教育法》的同时，要制订九年制义务教育的具体教育计划和教学大纲，使全国实施义务教育的学校可以遵循一个统一标准。当然，我国幅员辽阔，各地经济发展不平衡，在实施义务教育上不能齐步走，一刀切。因此，中央决定采取因地制宜、分阶段、有步骤地实施的方针。

为了保证义务教育的实施，最好建立督学制度。上一级的督学可以监督检查下一级人民政府实施《义务教育法》的情况，帮助政府和学校动员家长送子女入学，最后是对普及的情况按质按量地验收。

建立一支有足够数量的、相对稳定的合格教师队伍是实行义务教育的根本保证。教师队伍的数量和质量问题是当前我国实施义务教育遇到的最大困难。要采取措施提高中小学教师的社会地位和生活待遇，鼓励在职的教师终身从事教育事业，同时吸引优秀青年加入教师队伍。与此同时，要大力发展师范教育，对现有的教师进行认真的培训和考核，把建设教师队伍作为实行义务教育的战略措施。不久前，国家教委召开了全国中小学师资工作会议，在这方面采取了积极的措施。希望社会各方面都来关心教师、尊重教师，使尊师重教成为我国人民的美德。

综上所述，普及义务教育，人人有责。特别是我们从事教育工作的人员，应当把实行义务教育作为我们神圣的职责。实行义务教育，对教育工作者提出了一系列理论问题和实际问题，我们要研究实行义务教育中的问题和解决的办法，研究教育内容和方法的改革，特别要端正我们的教育思想，按照《中共中央关于教育体制改革的决定》中所要求的，通过义务教育把学生培养成"四有"人才。

《教育学》（中师用）节录：
第一、二、十四、十七、十九章*

第一章　教育的产生和发展

第一节　教育的产生

什么是教育？ 这是每一个教育工作者必须首先弄清楚的问题。教育是一种社会现象，是培养人的活动。凡是有意识、有目的地对受教育者施加一种影响，以便在受教育者的身心上养成教育者所希望的品质，都是教育。教育这个概念有广义和狭义两种解释。广义的教育是指学校、家庭、社会各方面对一个人的思想品质、智力和体力诸方面的有意识的影响。这种教育有的是有组织的，有的是没有组织的。人们经常说，看了一个有意义的电影，受到了教育；或者在和别人的交往中，看到别人的高尚行为，受到了教育。这里指的就是广义的教育。狭义的教育是指教育者通过学校对年青一代进行的有目的、有计划、有组织的影响活动，使他们的智力和体力得到发展，获得一定的知识和技能，形成一定的思想品德。这种教育首先是有目的、有计划、有组织的，其次是有固定的教师，第三是通过学校的组织形式，对受教育者的身心施加有

———————————

*　见《教育学》，北京，人民教育出版社，1987年1月第2版。

意识的影响，使他们成为教育者所希望的人。

教育是怎样产生的？ 教育是社会现象，它是和人类社会同时产生的。恩格斯在《劳动在从猿到人转变过程中的作用》一文中科学地指出："劳动创造了人本身。""人类社会区别于猿群的特征又是什么呢？是劳动。"[1]教育就是在人类的物质生产劳动过程中产生的。

劳动是人类社会存在和发展的第一个基本条件。由于劳动，猿的机体才进化为人的机体，作为劳动器官的手、作为思维器官的大脑和作为交际工具的语言，都是在劳动过程中产生和发展的，这些都是作为社会现象的教育产生的必不可少的前提条件。

人类依靠生产来维持生存。恩格斯指出："劳动是从制造工具开始的。"[2]原始的人类在生产劳动过程中积累了制造工具和使用工具的经验。这些劳动经验，需要传授给下一代。生产劳动，从来就是社会劳动，人们在物质资料生产的过程中，不仅同大自然发生关系，而且人与人之间结成一定的关系，形成一定的社会。人们在这种社会中生活，养成了一定的生活习惯和行为规则，这些社会生活的经验也需要传授给下一代。传授生产经验和社会生活经验的活动就是教育。由此可见，没有教育，新一代就不能继承老一代的生产经验和社会生活经验，人类社会不仅不能发展，而且不可能存在下去。因此，教育是年青一代的成长和社会生活继续发展的不可缺少的手段。从这个意义上说，教育是人类社会的永恒的范畴，是和人类社会同生存的。

第二节 教育的发展

教育是随着人类社会的发展而发展的，它和社会的生产发展水平和社会经济、政治制度有着密切的联系。其发展经过了几个阶段。

---

① 恩格斯：《自然辩证法》，见《马克思恩格斯选集》第3卷，513页，北京，人民出版社，1972。

② 同上书，508页。

原始形态的教育 原始社会是人从动物界分离出来的第一个人类社会，它经过了大约100万年的漫长的历史时期。原始社会的生产力水平很低，人类借以生活的工具，仅仅是石器以及后来出现的用树木制成的弓箭，吃的是连毛带血的禽兽肉，饮的是血和水。他们后来才制造陶器和布帛，学会种植。因此，当时生产力极为低下，生产品极为贫乏，仅足以维持人们的最低限度的生活，没有剩余的生产品。人们为了免于饥饿、死亡和抵御猛兽的侵害，就不能不共同生产、共同生活。所以，原始公社制度的生产关系是生产资料的公有制。人们进行共同劳动，产品实行平均分配。因为没有私有财产，所以没有剥削，没有阶级。

与当时的生产水平相适应，文化水平极低，教育水平也很低。教育工作还没有成为专门的事业，教育活动是在共同劳动和社会生活中进行的，主要是由年长者向年青一代传授生产经验和社会生活的经验。因此，这个时期的教育还只能说是原始形态的教育，它有下列一些特点。

（一）教育同生产劳动紧密结合。在原始社会中，青少年儿童跟随着有经验的长者一起制造工具，共同捕鱼、狩猎；一起喂赶牛羊，寻找牧草；一起制造器皿，缝制衣服；等等。在共同的劳动中，年长者便是教师，青少年儿童便是学生。青少年儿童在和年长者共同劳动中学习制造工具、捕鱼、狩猎、放牧、种植等知识和技能。所以，原始形态的教育是和劳动相结合的。

（二）教育和社会生活紧密结合。人类在共同的劳动和社会生活中，形成了一定的道德观念、风俗习惯和行为准则，如劳动纪律、婚姻关系、尊敬长者、民主选举等，年长者需要把这些道德观念、风俗习惯、行为准则教给下一代。由于原始人对大自然的变化还不能理解，他们把神看作自然的主宰，神是庇护人类免受灾害的保护者。因此，就有敬神拜祇的仪式。到了原始社会的后期，由于部落之间的军事冲突，出现了军事教育的萌芽。儿童自幼要学习搏斗、赛跑、射箭等技能，年长者要向儿童讲述部落英雄的传奇等。这一切的教育活动都是和社会生活紧密联系的。

（三）内容十分贫乏，形式也极为简单。既没有专门学校，也没有专门教师；当时还没有文字，因此也没有书籍，一切都是用口头表达的形式在实际生活中进行的。

（四）教育是共同的、平等的。这个时期还没有出现阶级，儿童属于全氏族和部落，所有儿童都受一样的教育，只在男女儿童中间有一些差别。例如，男孩子学习打猎和进行军事训练，女孩子则学习种植、缝衣、做饭等家务劳动。

以上是原始形态教育的一些特点。所谓原始形态的教育，主要是指出现学校以前的教育，在人类的原始社会中存在着。它在漫长的近100万年的历史过程中也是从低级到高级发展着的。到原始社会后期，已经出现了由年长者专门从事教育儿童的工作了。由于没有文字，所以就不可能把这一时期的教育情况记载下来。对当时的教育的情况，只是从一些历史传说中和旅行者对原始民族的考察以及考古学者从出土的古代遗迹中推断出来的。

古代教育　随着生产力的发展和剩余产品的出现，就有可能使一部分人不再从事生产劳动，社会上出现了脑力劳动和体力劳动的分工。只有到这个时候，才开始出现专门从事教育工作的教师，产生了专门的教育机构——学校。从此，学校就成了年青一代学习的主要场所。

根据古代经籍所记载的传说，我国最早的学校有"庠""序""校"等名称，国学称之为"学"。《学记》中记有"古之教者，家有塾，党有庠，术（遂）有序，国有学"的教育制度。

文字的产生促进了学校的产生和发展。有了文字，人类的生产劳动和社会生活的经验就被记录和巩固下来。人类的文化有了书面的记载，学校就有了文字记载的教材。在我国，最早的文字是刻在龟壳和兽骨上的，考古学家称它为甲骨文，后来又刻在竹简和木简上，书写在布帛上。大约到了西汉时期，我国就出现了最早的植物纤维纸，东汉蔡伦总结、推广了前人的造纸经验，纸就可以大量生产了。纸的发明对人类文化的继承和发展起到了巨大的推动作用。它不仅便于书写，而且便于保存和传播。

印刷术的发明是中国人民对人类文化又一个伟大的贡献。它对于文化的广泛传播有着极为重要的意义。过去一个人一年只能抄几本书，因此，当时的书只能是上层统治阶级少数人的奢侈品。自从有了印刷术，每个工人每年可以印出千百本书，这就使书从少数人手里解放出来，成为推动科学文化大发展、大提高的重要工具。纸和印刷术的发明，方便了教与学的进行，促进了学校教育的发展。

这个时期，社会进入了阶级社会。首先是奴隶社会，统治阶级是奴隶主；然后是封建社会，统治阶级是封建地主。他们把持了国家的政治经济的大权，同时也就垄断了受教育的权利（所谓"学在官府"），并使学校教育为他们统治劳动人民服务，这就使阶级社会中的教育具有阶级性。

奴隶社会的教育具有明显的阶级性，只有奴隶主子弟能入学校学习。教育内容主要是学习统治的礼仪、兵法等治人之术。我国古代奴隶社会的教育内容是"礼、乐、射、御、书、数"，所谓"六艺"，反映了奴隶制国家尚礼尚武的需要。

西方国家奴隶社会的教育有两个典型：一个典型是斯巴达教育，以军事教育为主，目的是把奴隶主贵族子弟培养训练成为体格强壮、受过严酷的军事体育锻炼的武士。学习内容有赛跑、跳跃、掷铁饼、投标枪、角力（即所谓五项竞技）以及肉搏、骑马等。另一个典型是雅典教育，注意和谐发展，以培养上层统治阶级、有文化教养的商人和政治家为目的。学习内容除上述五项竞技外，准备将来担任国家要职的人还要进一步学习哲学（辩证法）、文法、修辞三门学科（即所谓"三艺"）。

封建社会的教育不仅具有鲜明的阶级性，而且还有严格的等级性。在中国，主要表现在中央官学按官吏的品级招收学生。唐代的中央官学设有"二馆六学"，规定：弘文馆、崇文馆招收皇帝、大臣的子孙；国子学收三品以上文武官员的子孙；太学收五品以上文武官员的子孙；四门学收七品以上文武官员的子孙；书学、算学、律学则收"八品以下子孙及庶人通其学者"。隋唐以后，封建国家采用科举制度选拔官吏。我国封建社会的教育就和科举制度有密切的联系。取士的标准和科考的内容，决定着学校的教育内容，主要是反映儒家思想的"四书""五经"，向学生灌输封建伦理道德思想，培养封建社会的统治人才。

在欧洲，封建社会的统治阶级有僧侣封建主和世俗封建主两个阶层。学校就有教会学校和骑士学校，培养教士和骑士。教育内容是传授宗教教义和"七艺"［即文法学、修辞学、辩证法（逻辑学）、算术、几何学、天文学和音乐］。教育方法则是烦琐地解释经典，称为经院式的教学方法。

古代教育跨越了奴隶社会和封建社会。这两个社会的教育虽然在目的、内容、方法上都有所不同，但它们有着许多共同的特点，所以同属于古代教育的范畴。这些特点如下。

（一）学校教育取代了原始形态的教育，成了教育和学习的主要形式。学校教育具有巨大的优越性，它可以按照社会的要求，有专门的教师，使用最有效的方式，对年青一代集中进行教育，使他们具备一定的知识和能力，成为教育者所期望的人才。但是与此同时，原始形态的教育仍然在劳动人民中存在着。即以父传子、师带徒的方式，传递着生产劳动的经验和本阶级的思想意识。

（二）教育具有了阶级性。原始社会教育的统一性和共同性被破坏了，学校为统治阶级所独占，知识为统治阶级所垄断，劳动人民得不到受教育的权利。教育的阶级性还表现在教育的目的和内容都是为统治阶级服务的，是传播统治阶级的思想意识的。它一方面培养统治阶级子女统治劳动人民的思想意识和能力；另一方面用天命论、宗教迷信等愚昧的思想毒害劳动人民，使劳动人民永远做他们的奴隶。

（三）学校教育严重脱离劳动生产。奴隶社会和封建社会是建立在统治阶级不劳而获的基础上的。因此，为统治阶级所垄断的学校教育是严重脱离生产劳动的。统治阶级极端轻视劳动和劳动人民。孔子办学校的时候，他的学生樊迟向他请教如何耕田，他就说："我不知道，我不如农民。"又问他如何种菜，他又说："我不知道，我不如种菜的。"等到樊迟走出以后，他说樊迟是"小人"。可见，当时的学校是不传授生产劳动的知识的。学校里崇尚书本，呆读死记，强迫纪律，把学生培养成照章办事的官吏。

（四）这个时期的教育主要采取个别教育的形式。一个教师教几个学生，学生不分年级，教材各不相同。例如，我国古代的孔子，他一生收了3 000个学生，没有严格固定的时间、地点和教材，他走到哪里，就在哪里讲学，学生的年龄、程度各不相同。

综上所述，学校教育是社会发展到一定历史阶段的产物。学校教育的产生使教育作为一种独立的社会现象而存在，对人类文化传播和社会发展起着比以前更为重要的作用。

现代教育 社会生产力的发展，逐渐引起封建自然经济的解体。到十二三世纪时，欧洲一些工商业比较发达的地方出现了资本主义生产的萌芽。资本主义生产的发展，产生了新的生产关系，出现了新兴的资产阶级。资产阶级为了迅速发展资本主义经济，必须反对封建制度，创立自己的思想体系。在中世纪，人被看作生来就是有罪的，人要想进"天堂"，就必须"禁欲"。资产阶级则要求个性解放。于是，14—16世纪在欧洲发生了文艺复兴运动。从字面上看，"文艺复兴"这一名词反映了这一时期对古代文化、科学和艺术的复兴和继承，但实际上是新兴的资产阶级为建立自己的思想体系和发展新文化、科学、艺术而掀起的一场运动。

资产阶级要发展生产就需要科学技术，同时也就对教育提出了新的要求。教育的范围扩大了，学校形式多样化了。在中世纪，只有封建地主和高级僧侣的子弟才能受教育，所以资产阶级办起了各种各样的学校，逐渐出现了"拉丁学校""文科中学""公学"等。随着生产发展的加快，教育内容也扩大了。自然科学的内容，如数学、力学、天文、地理等都成为学校教育的重要学科。

随着受教育人数的增加，产生了新的教学组织形式，这就是捷克教育家夸美纽斯（1592—1670）创立的班级授课制。由于把相同程度的学生编在一个班里，由教师用上课的形式对全班学生进行集体教学，这就大大地提高了教学的效率。它成了现代学校教育的雏形。

社会生产力的发展促进了科学技术的发展，科学技术的成果逐渐被应用到生产中去。科学技术和生产结合，终于在18世纪最先在英国爆发了产业革命，从此开始了现代生产的新纪元。现代生产的标志就是大工业的机器生产，机器代替了人力。现代生产要求工人具有一定的科学文化知识，再加上工人阶级争取受教育权利的斗争，迫使资产阶级国家为劳动人民子女设立初级学校，并实行普及义务教育。从此，现代学校教育体系逐步地确立起来。所以说，现代教育是现代生产发展的产物。

现代教育包括了资本主义教育和与之性质完全不同的社会主义教育。

在资本主义社会，学校只是资本家牟取利润的工具。资产阶级的子女和劳动人民的子女受教育是不平等的。英国、法国、德国等设立了两种不同的学校：一种是为资产阶级子女设立的学校，不需要进小学，可以从预备班直接升入中学，然后进入大学；另一种是为劳动人民子女设立的国民小学，读完义务教育以后就只能就业或进入职业学校，不能进入大学。这两种不同的学校是互不沟通的，这就叫作资产阶级的双轨制。美国虽然实行单轨制，但实际上仍然存在着阶级歧视和种族歧视。但是，随着生产力的发展，特别是20世纪以来科学技术的飞速发展，科学技术和生产的结合越来越紧密，要求工人的文化程度越来越高。再加上第二次世界大战以后民主化运动的发展，普及义务教育的年限延长了，中等教育在发达的工业化国家中已经普及，上大学的人数越来越多，教育制度也在发生变化。但是从教育的本质来说，资本主义的学校总是渗透着资产阶级的阶级精神，也就是为资产阶级训练称心如意的工人，既能替主人创造利润，又不会惊扰主人的安宁。近年来，由于教育的发展和普及，资产阶级吹嘘他们的教育的民主化和受教育的"机会均等"，实际上只是一种表面现象。由于质量高的私立学校学费昂贵，大学毕业生找工作困难，因此劳动人民子女中的大多数仍然只能接受低水平的教育和进入职业技术学院或短期大学等。据日本文部省编的《日本的经济发展和教育》一书所载，西方资本主义国家中高等学校学生的家长职业，属于企业、商业和其他脑力劳动者的占到60%～91%。而属于工、农、运输、邮电工人的只占9%～40%。教育的不平等还表现在少数民族没有受教育的平等权利上。在美国，黑人和印第安人的学校设备简陋，教师质量低下，他们不可能受到和白人一样水平的教育。

社会主义教育也属于现代教育的范畴，但是它和资本主义教育的性质是根本不同的。社会主义革命是人类历史的根本转变，社会主义教育的历史使命就是要为最终实现共产主义社会服务。社会主义建立在生产资料公有制的基础上，没有阶级压迫和剥削。因此，人民群众才真正是教育的主人。

社会主义教育是为广大人民群众谋利益的。历来的学校教育都是为少数剥削阶级的利益服务的，而社会主义的学校教育是为全体人民服务的，这是教育性质的根本改变。

教育为广大人民谋利益，就是说，教育必须为社会主义的政治、经济服务，也就是必须为人民民主专政服务。在我国当前的历史发展的新时期，中国人民的总任务是团结全国各族人民，自力更生、艰苦奋斗，逐步实现工业、农业、国防和科学技术现代化，把我国建设成为高度文明、高度民主的社会主义国家。社会主义教育的任务就是为达到这个总目标培养德才兼备的人才。

我国全体人民不分政治地位，不分民族和性别，都接受统一的、共同的教育；教育的目的是相同的，教育内容是统一的，各级各类学校是相互沟通的。

在旧中国，广大劳动人民的子女得不到受教育的权利，全国80%以上的人是文盲，农村文盲达95%以上。全国学龄儿童入学率只有20%左右，而且绝大多数是有钱人的子弟。各级学校很少，分布又极不平衡，边远省份和少数民族地区教育更加落后。全国各级学校在校学生在新中国成立前夕只有2 500多万人。新中国成立以后，人民教育事业在中国共产党和人民政府的领导下有了巨大的发展，人民政府从国民党手里接管了旧学校，又从帝国主义者手里收回了教育主权，并且有步骤地、谨慎地对这些学校进行了改革，使它们成为真正的人民的学校。新中国成立30多年来，高等学校和中等专业学校为社会主义建设培养了近1 000万高级和中级的专业技术人才。其中，大学毕业生300余万人，中学和职业学校培养的劳动后备力量有1亿7 000余万人。据教育部1981—1982年的统计资料显示，大中小学在校学生近2亿人。

当然，由于我国社会主义社会是从半殖民地半封建社会过来的，旧社会遗留给我们的是落后的经济和文化，现在我们的生产力水平还很低，与发达的资本主义国家相比，差距还很大；再加上我国人口众多，幅员辽阔，各地的经济文化发展水平不平衡，我国目前的文化教育事业还很落后。但是这是暂时现象。社会主义制度比资本主义制度不知优越多少倍，我们必将在比资本主义发展短得多的时间内发展我国的经济，建成现代化的社会主义强国，教育事业也必将会有极大的发展。

社会主义教育从性质上来讲是和资本主义教育截然不同的。但是，教育不仅有阶级性，而且还有继承性。作为现代教育来说，社会主义教育和资本主义教育又有许多共同的特点，这些特点如下。

（一）有一套比过去完善的教育制度。自工业革命以来的200多年，各个国家都根据各自不同的社会政治经济的发展和文化传统，建立起了各具特色的教育体系。虽然各国的教育体系不同，但在这个体系里都分初等教育、中等教育、高等教育三个层次，相应地有小学、中学和大学之分。中等教育又分普通教育和职业教育，高等教育又分短期高等教育（专科）、长期高等教育（大学本科）和研究生教育。随着社会生产力的发展，各国还建立了成人教育体系，建立了校外教育的文化机构和设施，把学校教育和家庭教育、社会教育结合起来。

（二）具有现代化的教育内容。古代教育的内容偏重于人文古典学科，内容比较贫乏。现代社会科学技术的发展给现代教育带来了崭新的内容。各门学科建立起了科学的体系，各级学校都有包括人文科学和自然科学的完整的课程。这些课程保证学生能够得到和谐的全面的发展。

现代教育注重发展学生的智力，教育方法与古代教育的引经据典、呆读死记不同，注意启发式；注意根据学生的兴趣和爱好，发挥每个学生的特长。近些年来，随着科学技术的发展，学校采用现代教育技术手段进行教育，教育质量有显著的提高。

（三）学校教育同生产劳动从分离到逐步结合。现代生产需要既有科学文化知识，又懂生产的管理人员和工人，因此就必然要把教育同生产劳动结合起来。当然，在资本主义国家，资本家是不劳而获的寄生者，他们总是轻视体力劳动。因此，资本主义教育不可能彻底做到教育同生产劳动相结合。教育同生产劳动相结合这条现代教育的规律只是自发地在起作用。教育同生产劳动相结合在社会主义社会不仅是由于现代生产的需要，而且是作为消灭脑力劳动和体力劳动的差别、培养新人的手段被提出的。

综上所述，教育是随着人类社会的发展和进步而发展和完善起来的。不同的社会有不同的教育制度，但是，教育又有自身的规律，有相对的独立性。所以，我们把教育分成原始形态的教育、古代教育、现代教育三个阶段。

第三节 教育的继承

教育不仅随着社会的发展而发展、社会的变革而变革，而且有着相对的继承性。后来的社会，由于经济基础的变革和统治阶级的变换，总是要改变前一个社会的教育性质。但是，由于教育有自身的规律，又会把许多有用的东西继承下来。因此，一个社会的教育不是从天上掉下来的，总是在批判和继承前一社会的教育基础上建立起来的。社会主义教育也不例外。那么，有哪些东西可以继承呢？大致有下列几个方面。

（一）一部分教育内容有继承性和共同性，特别是不属于上层建筑的自然科学的知识和语言文字，世代相传，不断发展。自然科学的内容不分国家和阶级，是现代学校教育都采用的。属于上层建筑领域内的一部分内容，如著名的文学艺术作品也已成为世界各国学校教育的共同内容，不过不同的阶级都用各自不同的观点对它进行分析和评价。

（二）教育的组织形式有继承性和共同性。现代学校的班级授课制是从夸美纽斯提倡发展起来的，至今已有300多年的历史。现代教育的模式，包括学校制度也是资本主义大工业生产发展以后逐步确立起来的，不过经过了发展和完善的过程。

（三）教育的方法有继承性和共同性。虽然不同的教育目的要求采用不同的方法，但是无论是传授知识、发展能力，还是德育，都有许多基本相同的方法。这些方法都必须以青少年和儿童身心发展的规律和认识的规律为基础，违背了这些规律，就得不到预期的效果。随着科学技术的发展，教育方法也在不断发展，这种发展带有世界范围的普遍意义。

（四）教育理论和原则都是以一定的立场、观点和方法总结出来的，它具有鲜明的阶级性。但是，某些理论和原则仍可以借鉴，吸取其合理的内核。例如，关于教学过程的理论，马克思主义是从唯物辩证法的观点来研究和认识的，资产阶级教育家也在研究教学过程，他们往往从唯心主义或者机械唯物论出发去认识，但在科学实验的基础上对某个具体问题也许会得到相同的结果。这就说明，资产阶级教育理论从总体来讲是唯心主义的、反科学的，但从局部问题来讲，有些理论也许是符合唯物辩证法的，是科学的，是可以为我们借鉴的。由此可以得出结论，我们对古代的、外国的教育理论不加分析地照搬过来是错误的，但全盘否定也是错误的。

第二章　教育和社会的关系

上一章讲到教育随着社会的发展而发展。这一章要分别就教育与社会生产力的关系、教育与社会政治经济制度的关系、教育与文化的关系加以说明，具体地探索作为一种社会现象的教育和它的发展的规律。

第一节　教育与社会生产力的关系

我们在第一章中讲过，教育起源于人类的生产劳动，并随着社会的发展而发展。在各个历史时期，社会生活归根到底是由社会所拥有的生产力来决定的，而生产力不能离开生产关系而存在。教育是一种社会现象，它同时受到生产力和生产关系的作用和影响。但是，为了探索教育发展的规律，我们可以先分解地来研究，然后再综合起来，以形成完整的概念。

生产力的发展推动着教育的发展　马克思主义认为，生产力是生产中最活跃、最革命的因素。生产力主要包括生产工具和有一定劳动技能、会使用生产工具的人。生产力所以具有革命性和活跃性，是因为人们为了提高物质生活水平，便去不断地改善生产工具，提高生产力。生产力的不断提高促进了社会政治经济各方面的发展，同时也就推动了教育的发展。那么，是怎样反映出来的呢？

（一）社会生产力的发展为教育提供了物质条件。我们在第一章中就讲到在生产力最低的原始社会，教育的水平也是极低的，那时只有原始形态的教育。当生产力发展到一定的水平，社会上有了剩余产品以后才出现了学校教育，学校教育制度的不断完善也是建立在生产力高度发展的基础上的。现代化的学校教育，只有在现代化的生产力的基础上才有可能，当前随着科学技术的发展而高度发展起来的生产力促使教育不断发生变革，它表现在以下方面。

1. 生产力的高度发展、生产的高度自动化，使物质资料生产的必要劳动时间逐渐减少，可以为人们提供更多的学习时间。再加上科学技术的不断变革，人们要求学习的积极性越来越高。只为青少年儿童预备的学校教育已经不能满足人们的学习要求。人们要求学校也为成年人开放。所以在20世纪60年代，西方国家提出了"终身教育"的主张。有些教育家认为，过去把人的一生分为学习时期和就业时期两个阶段是不合理的，人的一生要不断学习，才能适应当代生产和社会生活的需要。

2. 由于科学技术的发展，教育手段越来越现代化。现代学校已经不是接受教育的唯一场所了。教育已经不能只局限在固定的课堂上，而是要把课堂教学和课外教育结合起来。课堂教学也在起变化，电影、录像、计算机教学等都逐渐被应用到课堂教学中，使教学的组织形式越来越多样化。因此我们看到，生产力的不断发展，正在推动着教育不断变化和发展。

（二）社会生产力的发展对培养目标、人才的规格提出新的要求。培养什么样的人当然首先是由一定的社会的政治经济决定的。但是，社会生产的发展也对它提出了新的要求，这种要求虽然是通过一定的社会政治经济制度来实现的，但是这种要求是客观的。不论在什么社会制度下，只有符合这些要求，教育才能适应当时社会生产力的发展，否则就会妨碍生产力的发展。例如，在古代，学校主要培养有文化教养的统治人才。大工业机器生产的产生和发展，要求培养有文化的、懂得机器生产的工人。正如斯大林所说的："新的生产力要求生产工作者比闭塞无知的农奴更有文化，更加伶俐，能够懂得机器和正确使用机器。"[①]又如过去的大学重文法、轻理工，随着现代生产的发展，逐渐重视培养理工科人才；20世纪50年代之前，对工程技术专家的要求，只要具有狭窄的专业知识，熟练工人只需要有初中文化程度，但到20世纪60年代后期，因为科学技术的发展，生产技术不断革新，工程技术专家就需要有比较宽广的专业知识，熟练工人就需要有高中的文化程度了。

（三）社会生产力的发展决定着教育发展的规模和速度。生产力的发展不仅为教育的发展提供了物质前提，而且扩大了教育的范围。大工业机器生产之前，学校教育只被少数人所享受。大工业机器生产以后，各资本主义国家就开始实行普及义务教育。普及义务教育的年限也随着生产力的发展逐渐延长。例如，日本从1886年明治维新以后开始实施义务教育，年限为4年，1907年延长到6年，1947年又延长到了9年，到

---

① 斯大林：《联共（布）党史简明教程》，139页，北京，人民出版社，1975。

1978年实际上已经普及了12年的高级中学的教育了。在这不到100年的时间内，日本的政治经济制度没有变化，因此，义务教育年限的延长和受教育规模的扩大完全是由于生产力的发展而促进整个国民经济发展的结果。特别是第二次世界大战以后，由于科学技术的高速发展带来的生产力的迅速提高，也就促进了教育的普及化。从20世纪60年代到70年代的20年时间是资本主义经济高速发展的时期，也是教育发展最快的年代，特别是高等教育在这20年中发展最快，中等教育的普及率也从20世纪50年代的60%~70%，发展到20世纪70年代的90%以上。

（四）社会生产力的发展影响到学校教育的内容和方法。在古代社会中，学校教育的内容是很贫乏的，主要内容是哲学、法律、宗教、语文等人文学科以及统治阶级所需要的军事训练等，与生产力直接联系的自然科学和技术方面的课程很少。随着生产力的发展，人对客观世界的认识日益丰富，科学知识积累的进程大大地加快了。各门自然科学逐渐从自然哲学中分化出来，成为独立的科学体系，学校所设置的课程也就随之发生变化。以西欧的学校为例，在14世纪，自然科学方面的课程只有算术、几何和天文学。文艺复兴以后，增加了地理和力学。到18世纪工业革命以后，社会生产力有了很大的提高，科学技术也有了很大发展，学校的课程中又增加了代数、三角、植物、动物、物理、化学等。英国资产阶级教育家斯宾塞在1861年出版了一本著名著作《教育论》，提出学校课程应设数学、力学、化学、天文学、地质学、生物学和历史、语言、文学、艺术等，这就是根据当时资本主义生产和资本主义的社会生活的要求提出来的。我国古代社会的教育内容主要是"四书""五经"等宣扬封建伦理道德的东西，虽然我国古代在自然科学方面已有许多发明，但一般没有列入学校教育的内容，直到清末开始学习西方的教育制度，办起"洋学堂"，才开始把自然科学列为学校教育的主要内容。我们应当看到，教育内容，特别是社会科学的内容是受一定社会的政治经济制度所制约的。但是，属于自然科学的教育内容则具有相对的稳定性，它不是随着政治经济制度的变化而变化，它是由生产力和发展水平所决定的。

生产力的发展还影响到教育的组织形式和方法。前面已经讲过，由于生产的发展，由古代社会的个别教学发展到班级授课制的集体教学。现代科学技术的发展创造了现代化的教育手段，使集体教学的规模有缩小的趋势，但同时，通过广播、电视又可以把更多的人串联起来，同时进行学习。并且，它又为个别教学和学生自学开辟了新的前景。

教育对生产力的促进作用 教育不仅受到生产力的巨大作用和影响，而且反作用于生产力的发展。

（一）教育是劳动力再生产的重要手段之一。人是生产力中最重要的因素。这里所指的人，是具有一定的生产知识和劳动技能，会使用生产工具的人。人不是生下来就能成为劳动力的，需要通过教育获得一定的生产知识和劳动技能，才能成为一个具有生产能力的人。也就是说，一个没有受过教育的人，还只是一个潜在的劳动力。只有通过教育接受了一定的文化科学知识和技能，发展了能力，才能由潜在的劳动力变为现实的劳动力。随着生产力的发展，教育在培养劳动力中的作用显得越来越重要。在古代社会，人们获得生产知识和劳动技能是通过原始形态的教育，即父传子、师传徒的方式进行的。但发展到现代社会，科学技术渗透到生产的各个部门中，劳动逐渐成为科学的劳动。在这种情况下，一个人如果不掌握科学文化知识，他就不能成为一个现代生产的劳动者。

（二）劳动者提高了科学文化水平就能提高劳动生产率。今天，由于现代科学技术的日新月异，生产设备的更新和生产工艺的变动都非常迅速，许多产品往往不要几年的时间，就有新一代的产品来代替。劳动者只有具备较高的科学文化水平、丰富的生产经验、先进的劳动技能，才能在现代化生产中发挥更大的作用。因此，劳动者的教育程度是衡量劳动者质量高低的标准，它是提高劳动生产率必不可少的条件。在我们的社会里，广大劳动者通过教育，提高了社会主义觉悟、提高了科学文化水平，必将在生产中创造出比资本主义更高的劳动生产率。

（三）教育促进科学技术的发展，从而推动着生产力的发展。科学技术是生产力，而科学技术知识的继承和发展要通过教育。科学知识是人类通过生产斗争和科学实验长期积累起来的。因此，继承性是科学技术发展的重要规律之一。任何个人对于客观世界的认识总是有限的、相对的，把每个人对客观世界认识的相对真理综合起来，就有了对客观世界比较系统的科学的认识。因此，科学是靠人类在长期的实践中，把对客观世界的认识，一点一滴积累起来和不断继承下来的。而这种积累和继承又必须通过教育来实现。教育把人类积累起来的知识传授给新一代人，同时发展他们的智力，使他们在将来在社会实践中获得新的知识，去丰富人类的知识宝库。教育不是简单地传授科学知识，而是负担着创造新的科学知识的任务。当前高等学校已经成为科学研究的重要基地。高等学校开展科学研究有着许多有利条件：科学研究力量比较集中、科学研究设备比较完备、学科比较齐全，有利于开展综合性课题和跨学科的研究。当代许多新的科学发展和新的技术发明都是在学校的实验室中创造出来的。因此，学校教育在提高生产力方面越来越显得重要。

学校教育不仅创造新的科学知识，而且可以通过它的学生迅速地、大面积地把这些科学知识推广开去，使它在生产中起作用，把潜在的生产力变为现实的生产力。

总之，教育不仅受生产力的发展所制约，同时又反过来推动着生产力的发展。

第二节　教育与社会政治经济制度的关系

生产力不能离开一定的社会形式而存在。人们生产物质资料不是单独地、孤立地进行，而是共同地进行的。因此，人们在社会物质生产过程中彼此要结成一定的关系。由于生产资料归谁所有和由谁支配的不同，就有不同的生产关系，不同的社会政治经济制度。生产关系的发展虽然取决于生产力的发展，但生产关系又反过来影响生产力的发展。马克思主义认为，生产关系的总和构成社会的经济基础，有什么样的经济基础，就有什么样的上层建筑。上层建筑包括社会的政治、法律、宗教、艺术等。毛泽东同志在《新民主主义论》中指出："一定的文化（当作观念形态的文化）是一定社会的政治和经济的反映，又给予伟大影响和作用于一定社会的政治和经济。"毛泽东同志这里讲的观念形态就是上层建筑的重要内容，当作观念形态的文化，也包括教育在内。因此，教育不仅受到生产力的影响，而且受到一定的社会的政治经济制度的制约，反过来又作用于一定的社会政治经济制度。

社会的政治经济制度决定教育的性质和发展　一定社会的教育，是由一定社会的政治经济制度所决定的。与社会发展五种基本经济形态相适应，就有五种不同性质的教育。我们在第一章讲到教育发展的几个阶段时讲到了，这里我们只强调两点。

第一，在阶级社会里，教育是有阶级性的。在政治和经济上占统治地位的阶级，在教育上也同样占统治地位。例如，奴隶社会的教育是奴隶主实行统治的工具；封建社会的教育则具有鲜明的封建等级性；资本主义社会的教育，则如列宁所揭露的："学校完全变成了资产阶级统治的工具，浸透了资产阶级的等级思想，它的目的是为资本家培养恭顺的奴才和能干的工人。"[①]

第二，当政治经济制度变革时，教育也要随着发生变革。例如，我

---

① 列宁：《在全俄教育工作第一次代表大会上的演说》，见《列宁全集》第28卷，69页，北京，人民出版社，1956。

国从春秋战国以后的2 000多年处于封建社会时期，我国古代的教育长期以来是封建主义教育占统治地位。但是鸦片战争以后，我国沦为半殖民地半封建社会，我国的近代教育就带有明显的封建买办性。1949年，新中国成立，建立了人民的政权，中国人民政治协商会议就立即提出要肃清封建的、买办的、法西斯主义的思想，有计划、有步骤地改革旧的教育制度、教育内容和教育方法。这些变化，说明了教育是随着政治经济制度的变革而不断变革的。

社会政治经济制度对教育的决定作用表现在以下几个方面。

（一）社会的政治经济制度决定教育的目的和内容。教育的根本任务是培养人，归根到底是培养什么样的人。这不决定于人的主观意识，而是决定于客观存在，也就是决定于社会的政治经济的发展。在原始共产主义社会中，教育的目的是培养未来的氏族成员，使他们能从事生产劳动；能英勇作战，保卫氏族的利益；能遵守氏族的传统信仰和风俗习惯等。所以，年青一代学习的内容主要是生产知识、宗教仪式、道德规则、风俗习惯以及进行军事训练。到了阶级社会，在政治、经济上居于统治地位的阶级，为了巩固和发展统治阶级的利益，总是力图通过教育培养他们所需要的人才。例如，在中国奴隶社会，为了维护奴隶社会的等级制、宗法制，镇压和掠夺奴隶，学校教育的目的主要是把奴隶主的子弟培养成为奴隶社会的统治者，学生需要接受礼、乐、射、御、书、数的所谓"六艺"教育，即学习礼乐制度和军事技术。在封建社会，学校教育的目的主要是把地主阶级的子弟培养成为国家政权中的士大夫，他们学习的内容是"三纲五常"等一套封建统治者的道德观念。到了资本主义社会，由于资本主义的政治经济与奴隶社会和封建社会的政治经济大不相同，教育的目的和内容也发生了巨大的变化。根据资产阶级的需要，他们一方面要把自己的子弟培养成为政府的官吏、工厂企业中的经理、工程师、军队中的军官，以及律师、医生、教授、科学家、记者、艺术家等高级知识分子；另一方面由于大工业机器生产的需要，他们不得不让劳动人民的子女受一定的学校教育，把他们培养成为有文化的熟练工人，能够为他们创造高额的利润。

无论哪个社会，都把体现统治阶级思想意识的道德教育放在学校教育的重要位置。虽然有些资本主义国家不设专门的道德课，但是把渗透了资产阶级思想的宗教课作为道德教育的主要内容。

只有到了社会主义社会，教育的目的才发生了根本性质的变化。社会主义社会消灭了阶级剥削和压迫，并为建立共产主义社会而奋斗，因此，社会主义社会的教育目的是要培养全面发展的人，即社会主义的建设者。他们要接受共产主义的思想品德教育和最新的科学技术知识教育。

（二）社会的政治经济制度决定着受教育的机会和权利。在原始的共产主义社会中，所有的儿童接受差不多同样的教育，只是由于男女分工的不同，男女儿童的教育才有一定的差别。在进入阶级社会以后，不同的阶级在政治和经济上是不平等的，反映在教育上也是不平等的。在奴隶社会和封建社会，只有统治阶级的子弟才有受教育的权利，被统治阶级是没有权利接受学校教育的。不仅如此，在统治阶级内部，不同等级的子女，所受的教育也不同。例如，我国东汉时期的太学，规定大将军以下至俸禄600石的官家子弟才能去学习；唐代的官学，入学资格有严格的等级限制。

到了资本主义社会，虽然废除了封建教育的等级性，但是，由于各个阶级的经济地位不同，仍然不能受到真正平等的教育。正如列宁所说："阶级学校没有等级，只有公民。它对所有的学生只有一个要求：要求他们缴纳学费。阶级学校根本用不着把大纲分成富人的大纲和穷人的大纲两种，因为缴不起学费、教材费和整个学习时期膳宿费的人，阶级学校根本不让他受中等教育。"[1]有钱人的子弟可以进入学费昂贵的、教育质量较高的私立学校，将来接受高质量的高等教育，成为统治人物。穷苦的子弟只能进入质量低下的公立学校，将来进入职业技术学校，学习一技之长，毕业后找一个维持生计的职业。这种状况即使在经济最发达、教育最普及的国家也不例外。资产阶级鼓吹"教育机会均等"、教育的"民主化"，这不过是骗人的口号。

只有到了社会主义社会，消灭了一切剥削阶级，才为教育机会均等创造了条件，但真正做到人人平等地接受教育，也还需要生产力高度发展，物质资料极度丰富，才有可能。

（三）社会政治经济制度的矛盾反映在教育上。在阶级社会里，阶级斗争也必然会反映到教育上。统治阶级的教育固然在社会上占有统治地位，但是被统治阶级，由于它的阶级地位和生活条件，也必然会产生出自己的阶级意识，包括教育思想在内。虽然这些思想还不能成为一个完整的思想体系，而且还或多或少地要受到统治阶级思想的束缚，但是他们为了巩固和发展自己的阶级利益，也总要反映他们对教育的要求。由于他们处于受压迫、受剥削的阶级地位，所以他们的教育思想中，又总会带有民主性和革命性的因素。列宁说过："每个民族的文化里面，都有一些哪怕是还不太发达的民主主义和社会主义的文化成分，因为每个民族里面都有劳动群众和被剥削群众，他们的生活条件必然会产生民主主义的和社会主义的思想体系。但是每个民族里面也都有资产阶级的文化……而且这不仅是一些'成分'，而是占统治地位的文化。"[2]列宁这里讲的是十月革命以前俄国的少数民族的情况。这种情况适合于所有

---

① 列宁：《民粹主义空想计划的典型》，见《列宁全集》第2卷，405页，北京，人民出版社，1959。

② 列宁：《关于民族问题的批评意见》，见《列宁全集》第20卷，6页，北京，人民出版社，1958。

阶级社会。例如，我国封建社会末期，农民革命军太平天国就有自己的教育主张，这种主张是和封建教育相对立的。在资本主义社会里，无产阶级的政党、工会等，也经常为本阶级设立一些夜校、训练班、俱乐部、图书室、读书会等，进行革命教育，扩大自己的思想意识。

此外，在阶级社会中往往除了一种生产关系占主要地位外，还同时并存几种生产关系，所以也会有几种性质的教育同时存在。例如，在封建社会后期，除了占统治地位的封建教育外，就出现了资本主义教育的萌芽。

（四）社会的具体的政治经济结构还决定着教育的结构、类型和管理体制等。例如，法国的政治体制是中央集权制，它的教育也是中央集中管理；美国的政治体制是地方分权制，所以它的教育也是由各州分权管理。又如，资本主义国家的经济是无政府状态，因此，它们的教育发展也是无计划的，受劳动力市场的影响和调节。社会主义国家的经济是计划经济，因此，教育的发展是根据经济发展的情况有计划地进行的。

从上述各点可以看出，社会的政治经济制度从多方面影响着教育的性质和发展，教育是不能脱离开社会的政治和经济的。资产阶级鼓吹的"超政治"的教育是没有的，他们所以鼓吹这个骗人的口号，不过是想掩盖他们的教育的资产阶级本质而已。

教育给予政治经济制度以巨大的作用和影响　教育不仅受一定社会的政治经济所制约，而且反过来又给予政治和经济以巨大的作用和影响。

（一）教育对于政治经济的作用主要是通过培养人来实现的。人，不仅是生产力的主要因素，而且总是作为一个社会的人而存在。马克思认为，人是一切社会关系的总和。在阶级社会里，一切的人是作为阶级的人而存在的，他为一定的阶级利益服务。各个社会的统治阶级总是要通过教育培养自己所需要的人才，以巩固它的政治经济制度。在古代社会，学校实际上是官吏的养成所，所谓"学而优则仕"，学生毕业以后就成为政治上的统治人物，直接地作用于当时的政治经济制度。现代社会国家的统治人才需要有较高的文化水平，就更需要通过学校教育来培养。例如，据瑞士《新苏黎世报》透露，1945年以后担任英国首相职务的9人中除丘吉尔和卡拉汉外，全都在牛津大学学习过。目前，撒切尔夫人内阁的22位大臣中，就有17位在牛津大学或剑桥大学学习过。同时，现代社会不仅要有统治人才管理国家，而且要有大批的熟练工人和农民发展生产，以巩固现行的政治经济制度，这些劳动者也需要通过学校教育去培养。

在阶级社会里，不仅统治阶级需要通过教育培养他们的接班人，而且革命阶级也要通过教育培养革命战士，去推翻旧的统治。在革命胜利以后，要通过教育培养革命事业的继承者，把革命进行到底。

在社会主义社会，教育如果能培养出社会主义政治经济所需要的各种人才，就会促进社会主义事业的发展，否则，就会阻碍社会的发展。十年动乱时期我国教育事业遭到破坏，人才建设受到极大损失，影响了我国社会主义现代化的建设，这就是一个明显的例子。当前我国大力发展教育事业，培养社会主义建设的各部门的人才，必将促进我国社会主义的迅速发展。

（二）教育对社会风尚、道德面貌及政治思潮产生巨大影响，从而作用于社会的政治经济制度。教育不仅通过培养人才作用于政治经济制度，而且对于社会风尚、道德面貌以及政治思潮等方面产生巨大的影响，从而作用于社会的政治经济制度。学校是知识分子集中的地方，他们的思想是最活跃、最敏感的，他们发表意见、宣传思想，起到制造舆论的作用。这种舆论可以起到巩固和发展一定的政治经济制度的作用，也可以起到破坏一定的政治经济制度的作用。统治阶级总是十分重视学校教育这个舆论阵地，力图控制这块阵地。在我国，历代封建王朝的统治者总是通过学校教育宣传"三纲五常"的封建道德，而革命的阶级也总是通过学校教育宣传革命意识，争取群众、团结群众。我国五四运动以来，历次革命运动都是由学校青年学生最先发动的，青年知识分子起到了革命先锋的作用。它在推翻反动派的统治中起到了不可估量的作用。新中国成立以后，我们十分重视学校教育对社会风尚的影响。在学校的教育下，特别是在学校开展学习雷锋活动以后，广大青少年学生遵守革命纪律，爱护群众利益，爱护公共财物，尊老扶幼，助人为乐，形成了高尚的社会风气，有力地促进了我国社会主义政治经济的发展。十年动乱中，反革命集团也曾十分重视学校这块舆论阵地，他们用反动的无政府主义思潮毒害青少年，破坏了社会主义的道德风尚，阻碍了社会主义政治经济的发展。正反两方面的经验教训使我们清楚地看到，学校教育对社会主义政治经济的发展有巨大作用。今天党中央提出要建设社会主义的高度精神文明，学校教育将起到重大作用。目前，在大中小学和幼儿园学习的青少年和儿童有3亿多人，他们占我国人口的1/3，把他们培养成有理想、有道德、有文化、有纪律的公民，对于营造良好的社会风尚，提高全民族的科学文化水平，促进社会主义的精神文明建设，必将产生巨大的影响。

第三节　教育与文化的关系

教育是继承人类文化遗产的重要手段　文化是指人类在社会历史的实践过程中所创造的物质财富和精神财富的总和。马克思认为，文化是一种社会现象，它的发展不是以人们的意志为转移的，而是以生产力和生产关系发展的规律为基础，随着社会的发展而发展的。在阶级社会里，文化是有阶级性的。但是人类创造的物质文化和精神文化又有一定的继承性，如语言文字、科学技术是没有阶级性的。特别是被压迫阶级所创造的文化，具有民主性和民族性，它是全民族的宝贵财富。

文化的继承和发展除了物质生产发展中的历史继承性以外，就是要依靠教育。教育的基本职能之一就是将人类社会的文化遗产传授给年青一代，使其成为他们认识社会和自然，改造社会和自然的基本工具。

教育使年青一代逐步地学习和掌握语文（包括外国语）、历史、哲学、政治、经济、法律和数学、物理、化学、天文、地理、生物等社会科学和自然科学的基本知识、基本理论和基本技能。其中，语文（包括外国语）和数学应该在整个学校的教育内容中占有首要地位。只有首先打好语文和数学的基础，才能更好地学习和掌握社会科学和自然科学，把人类创造的物质财富和精神财富继承和发展下去。因此，教育和文化是相互依存的。离开了教育，文化便无法保存和发展；没有文化，教育便失去传授的内容。而教育的普及和提高又是社会文化发展的重要基础。所以，一定社会的教育水平往往反映一定社会文化发展的水平。

社会的文化和历史传统影响着教育制度、内容和方法　教育不仅受到一定社会的政治经济的影响，而且受到该社会的文化和历史传统的影响。一个国家和一个民族都有自己的文化和历史传统，它影响到社会生活的各个方面，当然也影响到教育的制度、内容、方法及其发展。例如，英国教育的传统是培养有文化教养的人，即所谓"绅士教育"。他们注重举止文雅比学问还重要，这种传统到现在还影响着英国的教育。又如，德国的教育注重理论和科学研究，技术教育也很发达。美国是一个新兴的国家，它的人民来自世界各地，是一个所谓多元化的国家，它的教育有一种务实的精神，同时受实用主义的影响很大，全国学校教育没有一个统一的标准，程度参差不齐，教育质量高低悬殊。日本也是一个现代化的国家，但是它的教育与西方不尽相同，它受中国文字和古代文化的影响很深。以上所举都是现代化的资本主义国家，为什么教育制度、教育内容和方法不尽相同呢？就是因为每个国家都有自己的文化历史传统。因此，我们学习外国的教育经验也必须从本国的实际情况出发，结合我国的文化历史传统。

教育，大到受各国各民族文化历史传统的影响，小到受各地方文化历史传统的影响。我国地域辽阔，各地都有优秀的文化历史传统，如何根据各地的特点和传统来发展地方教育事业是教育工作者应该注意研究的问题。

第四节　教育在我国实现社会主义现代化中的地位和作用

把我国建设成社会主义现代化强国，是我国人民肩负的伟大历史使命，社会主义是中国唯一的出路，这是早就由现实生活证明了的。在半殖民地半封建的旧中国，有多少爱国之士想要使中国独立富强起来，但是没有做到，只有在中国共产党领导全国人民取得新民主主义革命的彻底胜利并建立了社会主义制度之后，才为现代化的经济建设创造了条件，这是一个方面。另一方面，只有建设起现代化的工业、现代化的农业、现代化的国防和现代化的科学技术，我国的社会主义制度才有强大的物质基础，才能不断地巩固和发展。

《中共中央关于教育体制改革的决定》指出："教育必须为社会主义建设服务，社会主义建设必须依靠教育。"社会主义现代化建设的宏伟任务，要求教育面向现代化、面向世界、面向未来，为20世纪90年代以至21世纪初叶我国经济和社会的发展，大规模地准备新的能够坚持社会主义方向的各级各类合格人才。小学、中学、大学是培养人才的重要基地。因此，发展教育事业，提高教育质量，在我国社会主义现代化建设中占有重要的地位和起着重要的作用。教育是我国经济建设的战略重点之一。

要进行社会主义现代化建设，就需要有一支浩浩荡荡的、德才兼备的科学技术、文化教育和经营管理队伍。四个现代化，关键是科学技术的现代化。没有现代化的科学技术的高度发展，也就不可能建设现代工业、现代农业和现代国防。没有科学技术的高度发展，也就不可能有国民经济的高度发展。而科学技术的现代化的关键又在于人才的培养。因此，要造就数以千万计的能够适应现代科学文化发展和新技术革命要求的教育工作者、科学工作者、医务工作者、理论工作者、文化工作者、新闻和编辑出版工作者、法律工作者、外事工作者、军事工作者和各方面党政工作者；还要造就数以千万计的具有现代科学技术和经营管理知识，具有开拓能力的厂长、经理、工程师、农艺师、经济师、会计师、统计师和其他经济、技术工作人员，造就这样一支队伍，是摆在我们教育工作者面前的一个艰巨的任务。

要进行社会主义现代化建设，还需要有数以亿计的工业、农业、商业等各行各业的有文化、懂技术、业务熟练的劳动者。如果工人不具备相当的科学文化水平，不学习新的生产技能，那么，对现代化工业生产就难以掌握。如果农民没有相当的科学文化水平，不懂得使用电力、机器、化肥、农药等，不会科学地种田，就不能适应农业现代化的需要。如果解放军指战员没有现代军事科学技术知识，那就不能掌握现代化的武器装备，不能很好地组织和指挥现代化战争。因此，提高全民族的科学文化水平，提高劳动力的质量，是实现四个现代化的不可缺少的前提条件。提高全民族的科学文化水平是教育工作者长期的艰巨的任务。

实现社会主义的现代化，除了有高度的物质文明以外，还要有高度的社会主义精神文明。以马克思主义为指导的社会主义精神文明是社会主义的重要特征。社会主义精神文明建设的根本任务，是适应社会主义现代化建设的需要，培养有理想、有道德、有文化、有纪律的社会主义公民，提高整个华夏民族的思想道德素质和科学文化素质。社会主义精神文明包括文化建设和思想建设两方面。文化建设是指教育、科学、文学艺术、新闻出版、广播电视、卫生体育、图书馆、博物馆等各项文化事业的发展和人民群众知识文化水平的提高。它既是建设物质文明的重要条件，也是提高人民群众思想觉悟和道德水平的重要条件。思想建设决定着精神文明和社会主义性质，概括起来说是革命的理想、道德和纪律。所以，必须大力普及基础教育，加强中等职业教育和高等教育，发展包括干部教育、职工教育、农民教育、扫除文盲在内的城乡各级各类教育事业，培养各种人才，提高全民族的科学文化水平。所以，教育工作者的使命是十分光荣而艰巨的，应当认识时代和人民的需要，努力提高自己的思想道德素质和业务素质，为社会主义的精神文明建设做出自己的贡献。

第十四章 劳动教育

第一节 劳动教育的意义和任务

劳动教育的意义 劳动是人类最基本的实践活动。人类社会与动物界的本质区别就在于劳动。劳动作为社会劳动时，它是物质财富和精神文明的源泉。劳动还创造了人类本身。人类在劳动过程中，手从脚分离出来，双手获得了解放；劳动使大脑得到锻炼和发展；在劳动过程中，人们互相交往，逐渐产生了交往的工具——语言。这样，人类自身就在劳动过程中，在改造客观世界的同时，不断地发展和完善。人类变得更加聪明、更加能干。

劳动在儿童的全面发展中有着重要的意义。劳动能够使儿童的机体充满活力，改善机体的各种生理过程——呼吸、血液循环、新陈代谢等，促进儿童的身体发育。劳动还能培养儿童的智慧、情感、意志和高尚的品格。

学生参与劳动是实现教育与生产劳动相结合的基本条件。在劳动的过程中，可以使学生把课堂上学到的书本知识和实际联系起来，促进他对书本知识的理解，同时促进脑力劳动和体力劳动的结合。

社会主义教育把劳动教育作为人的全面发展教育的一个不可分割的部分。社会主义教育的目的就是要培养有社会主义觉悟的有文化的劳动者。劳动，不论是脑力劳动还是体力劳动，都要耗费精力，要做出努力，要有顽强的精神。只有学生理解了劳动的价值，在思想上和知识技能上为他们将来参加劳动做好充分的准备，他们才能成为一个劳动者。这就是为什么要在学校中进行劳动教育的原因。

儿童只有直接参加劳动才能学会劳动。儿童参加劳动越早，劳动教育的效果就会越好。有的父母不愿让儿童参加劳动，认为儿童年纪还小，长大了自然会干活。结果使儿童养成不爱劳动的习惯，长大了就怕苦、怕脏、怕累。所以，从学前期就应当吸引儿童参加力所能及的劳动，帮助大人干活。随着年龄的增长，我们要不断提高劳动的要求，这样，儿童就会习惯于从事紧张的、劳累的劳动，同时培养了他对劳动的义务感和责任感，长大了才能真正成为一个脑力劳动和体力劳动结合的新型的劳动者。

小学劳动教育的任务　小学劳动教育的目的是培养学生的劳动观点，养成劳动习惯，学习一些最基本的、最初步的生产知识和技能。

通过劳动教育，要使儿童认识到，没有劳动，人类就无法生存，社会就不会进步和发展。在社会主义社会中，每个人都应当劳动，不仅用脑来劳动，而且用手来劳动。劳动的果实不是轻易取得的，是劳动人民用辛勤的劳动换来的。劳动是光荣的。自己不劳动，剥削别人的劳动是可耻的。小学生因为年纪还小，不能参加繁重的生产劳动，现在还是在享受别人劳动的成果。但是，今天的学习，就是为了明天参加生产劳动，将来成为建设社会主义现代化的劳动大军。因此，从现在起就要使学生树立起社会主义的劳动观点。

要培养学生的社会主义劳动态度和感情，要使学生认识到劳动之所以光荣，是因为劳动能创造价值，能为人民服务。劳动分为脑力劳动和体力劳动，不论是哪种劳动都要付出心血和汗水。教育学生不要轻视体力劳动，要培养他们热爱体力劳动，热爱和尊敬劳动人民的思想感情。在社会主义社会，劳动只有分工的不同，没有高低贵贱之分。任何平凡的劳动都是为人民谋幸福，都要受到尊重。要教育学生热爱平凡的劳动，包括农业劳动、服务性的劳动。与此同时，培养学生仇视剥削阶级，鄙视不劳而获、好逸恶劳的思想感情。

通过劳动，学生逐渐地养成劳动的习惯，养成对工作的责任心。劳动是要付出代价的，是会使人感到疲乏和劳累的，但是劳动是会有收获的。当学生看到自己劳动的成果时，他就会感到精神上的满足。这种精神上的满足会推动他进一步喜爱劳动，这样就会逐渐养成劳动的习惯。例如，清洁卫生的劳动，结果是房间清洁整齐了，周围环境优美舒适了，人的心情舒畅了，以后他看到哪里有脏东西，就会产生非将它清扫干净不可的心情。这时，劳动已经成为他的一种需要。劳动习惯一旦养成，人就会变得勤快起来。

小学生参加劳动，也是为了使他们学习一些最基本的、最初步的生产劳动知识和技能。例如，饲养家畜和家禽、割草、编织、刺绣等。我国工农业正在向现代化发展，进行现代化生产需要先进的生产知识和技能。小学生还不能参加复杂的技术性劳动，但是，手工劳动是技术性生产劳动的基础，它可以使学生初步熟悉各种简单的劳动工具，获得初步的生产知识和技能，并锻炼灵巧的双手，为将来从事复杂的生产劳动做好准备。

第二节　劳动的内容和组织

劳动的内容和形式　小学生的劳动有手工劳动课、自我服务劳动、社会公益劳动和生产劳动。

（一）手工劳动课是教学计划中新设置的一门课。设置这门课的指导思想是对学生进行爱劳动、爱科学的思想品德教育，促进学生智力发展和训练学生手脑并用，培养学生对科技制作、艺术创造的兴趣和能力，学会从事最简单的手工劳动，养成劳动习惯。小学生活泼好动，爱摆弄各种东西，手工劳动课适应了学生这方面的要求。另外，小学生的小肌肉、小关节还不发达，在手工劳动课中，通过实际操作和使用工具，可以促进小肌肉、小关节的发展。手工劳动课的内容安排是：低年级学纸工，从折叠、剪贴开始到用厚纸制作模型，也可以安排学泥工、捏泥人、做玩具；中高年级除纸工外，还可以学编织、缝纫、刺绣，有条件的地方可以学简单的竹工、木工。手工劳动课上应培养学生使用小刀、剪刀、直尺、锯子、榔头、针、缝纫机等简单工具，熟悉纸、布、线、塑料条、铁丝、麦秆、柳条等材料及其基本性质。

（二）自我服务劳动是指照料自己的生活，保持环境的整洁的劳动。自我服务劳动是从家庭中的日常生活开始的。学前儿童首先要学会自己穿衣，铺床叠被。小学生要开始帮助大人打扫房间，清扫庭院，洗自己的手帕、红领巾；到中高年级，要学会洗衣服、缝补衣服鞋袜、做饭等家务劳动。在家庭里的自我服务劳动使儿童感到自己是家庭的一个成员，有责任关心家里的一切事情，自己的生活不能完全依赖大人，自己能做的事情要自己做，从小锻炼独立生活的能力。

在学校里的自我服务劳动包括：做值日、保持教室和校园的整洁、布置教室、绿化校园等。自我服务劳动不只是为自己服务，也包括为自己生活的集体服务、为同伴们服务。在学校里的自我服务劳动可以培养儿童关心集体、关心他人的思想品德。

自我服务劳动是小学生劳动的重要内容。这种劳动能够培养学生日常生活所必需的劳动技能和独立生活的能力，养成天天劳动的习惯。

（三）社会公益劳动是一种直接服务于社会公益事业的义务劳动，是学校对学生进行共产主义思想教育的有力手段。列宁把公益的、不计报酬的劳动看作共产主义的萌芽。他认为，正是这种劳动表现了高度的自觉性、首创精神和个人利益服从社会利益的崇高思想。

社会公益劳动中有服务性劳动，也有工农业生产劳动。例如，服务性劳动有：帮助搞好公共场所的清洁卫生，维持公共秩序；宣传交通规则和维持交通秩序；宣传卫生常识和维护环境卫生；为军烈属挑水、打柴、做饭、洗衣，帮助老人、病人、有残疾的人做事等。公益性的生产劳动有帮助生产队*植树、积肥、捕虫；帮助生产队或军烈属抢种抢收；帮助工程建设做一些力所能及的劳动等。

（四）生产劳动包括手工劳动和技术性劳动。手工劳动是使用手工工具进行生产劳动，技术性劳动是运用机器和现代科学技术进行生产劳动。小学的生产劳动主要是使用简单工具的手工劳动。它的内容是多种多样的，可以根据学校所在地区的条件合理安排。例如，农村小学可以植树、育苗、种菜、种草药或其他农作物和经济作物；还可以养猪、养鸡、养鸭、养兔、养鱼等；学校在山区的可以种果树，采集和加工各种药材，编织箩筐等；城市小学可以开展工业方面的生产劳动，如糊纸盒、做玩具、制作教具、模型，为工厂加工零件等。有条件的小学也可以搞一些技术性的生产劳动，如开展科学种田的实验，研究病虫害的防治，种好试验田、种子田，用科学的方法养家畜等。

生产劳动的形式主要是回生产队劳动，或在校办小工厂（车间）、小农场（实验园地）劳动。校办小工厂、小农场是学校组织学生开展生产劳动的基地。它有利于教学与生产劳动的紧密结合，有利于开展科学实验活动，丰富和扩大学生的知识范围，便于对学生进行思想品德教育。有条件的小学应当尽力创建小工厂（车间）、小农场（实验园地）。

生产劳动可以和勤工俭学结合起来。它既可以为社会创造财富，又可以为学校增加经济收益，为改善学校的设备条件和兴办师生集体福利事业提供物质基础。开展勤工俭学还可以部分地解决教育经费的不足，帮助经济困难的学生，为普及小学教育贡献一份力量。

组织小学生劳动的要求 对于小学生劳动的内容，劳动量的大小，

---

* 在20世纪80年代实行土地承包制之前，我国农村的基层组织为生产队。

以及劳动的组织，都要认真考虑、周密安排，使学生通过劳动受到全面的锻炼和多方面的教育。为了把小学生的劳动教育组织得有成效，要做到以下几方面的要求。

（一）注意在劳动中进行思想品德教育。劳动实践是进行劳动教育的基础。但只有劳动实践，不进行思想品德教育，也不能使学生自发地形成劳动观点，形成劳动习惯。在劳动中不进行思想品德教育，有些学生反而会产生怕脏、怕苦、厌恶劳动的思想。因此，只有把劳动和思想品德教育结合起来，才能使劳动成为强有力的教育手段，达到劳动教育的目的。

在劳动之前，要使学生明确劳动的目的、意义和任务。这样，学生才可能自觉积极地参加。例如，做清洁卫生工作、绿化环境工作，要让学生认识这种工作对人们的生活和健康的好处，参加这种劳动是有益于人民的工作。

在劳动过程中要培养学生吃苦耐劳的精神、认真负责的态度，做一件事情要有始有终，培养学生不完成任务决不罢休的责任心。这种工作的责任心是每一个劳动者必须具备的品质。

在劳动过程中要培养学生自觉和严格的劳动纪律。例如：严格遵守劳动时间，服从指挥，严格遵守劳动的操作规程，注意劳动安全，不在劳动时打闹，爱护劳动工具，劳动完了要把工具收拾整理好。

在劳动过程中还要进行集体主义教育，爱护集体荣誉，服从集体利益，团结友爱，互相协作。

劳动结束以后要注意总结，让学生看到自己的劳动成果能够起到很好的教育作用。例如，植树结束时老师要向学生宣布，今天全班一共植了几棵树，全校植了几棵树，几年以后这里会变成什么样子。学生听了一定会很感兴趣，以后他就会注意这些树的生长，并保护这些树木。如果植完树大家就散了，不在学生脑子里强化植树的意义，不告诉他们劳动的结果，也许过几天他们就会把这件事忘掉，或者还会做出损害树木的行动来。总结的时候要注意表扬在劳动中的好人好事，让全班同学向他们学习。

（二）劳动的内容和分量要适合学生的年龄特点和个别特点。小学生年龄小，正在长身体的时期，骨骼和肌肉还没有生长成熟，安排他们的劳动要特别注意适合他们的年龄特点。过量、过重的劳动会影响他们的身体发育。劳动的内容和分量都要根据不同的年级有不同的安排。低年级的劳动带有一定的游戏性质，随着年级的增长，逐步加深劳动的内容，加大劳动的分量。总之，要做到力所能及、循序渐进，低年级主要是搞一些自我服务的劳动，要求学生自己穿衣、铺床、洗手帕、洗红领巾、洗小件衣物、打扫教室等；中年级学生要学会洗衣、做饭、缝补衣袜，同时可以组织他们参加一些社会公益劳动；高年级学生除了要会照料自己的生活外，要更多地参加社会公益劳动和生产劳动，开展勤工俭学活动。

劳动的安排不仅要照顾到学生的年龄特点，还要照顾到学生的个别特点。因为每个学生的体质是不一样的，他们的身体有强弱，体力有大小。对体弱的学生要特别注意，不仅要合理安排劳动的内容和分量，还要注意他们的思想情绪和心理变化。有的学生虽然体弱，但很要强，教师就要说服他，实事求是地去做，要告诉他现在少干一些，等身体好了再多干一些；也有的学生因为体弱，养成了不爱劳动的习惯，教师就要教育他，适当地参加劳动，锻炼身体，使身体强壮起来。总之，劳动要因人而异，因材施教。

（三）学校对学生劳动内容的确定和安排，要考虑当地的情况和学校的具体条件。农村学校和城市学校安排的内容要有所不同；农村山区学校和平原地区学校又有不同。例如，农村小学为了便利学生回生产队参加劳动，都要放农忙假，如麦秋假、大秋假，而不放暑假。农村小学更多的是参加农业劳动，城市小学则较多地参加社会公益劳动或简单的手工劳动。

学校兴办的车间或农业实验园地，不应以追求经济收入为主要目的。要注意使学生学习到生产知识和技能，尽力把劳动内容与科学知识结合起来。当然，小学生在课堂教学中学到的自然科学知识还很少，但通过劳动要扩大他们的知识面，培养他们进行创造性劳动和科学实验的兴趣。

（四）组织小学生劳动时要特别注意安全和安全教育。预防发生劳动事故，要做好以下几方面的工作。

1. 要加强劳动的组织和领导。无论是集体劳动还是学生自己组织起来的分散的义务劳动，都要有计划、有组织地进行。劳动之前，教师要对劳动的内容和地点了解清楚，预先估计可能发生的问题，采取必要的安全措施。

2. 要向学生讲清楚劳动的内容和要求，讲清劳动工具使用的方法、应注意的事项。要有一定的安全措施，要列出几条要求让学生严格遵守。有时甚至要在学生中选择认真负责的学生担任安全员，监督同学遵守操作规程。教师应该参加学生的集体劳动，在劳动中时刻提醒学生注意安全。劳动中绝不容许打闹，特别是手里拿工具的学生不能打闹嬉耍。

3. 劳动以后进行总结时，要把安全劳动作为总结的重要内容。表扬遵守纪律、安全劳动的学生，批评不注意安全劳动的学生，找出差距，为下次劳动做借鉴。教师要经过反复教育，使学生养成安全劳动的习惯。

4. 不要组织夜间的、有危险性或其他有损健康的体力劳动，不要组织劳动竞赛。

总之，组织小学生生产劳动的目的在于教育，一切都要从教育出发，从儿童的身心健康发展来考虑。

第十七章 班主任工作

第一节 班主任的任务和职责

班主任工作的意义 班级是学校教育教学工作的基层组织，是教师和学生开展活动的最基本的组织形式。学校中的教学工作和思想品德教育工作主要是通过班级来进行的。学校为了贯彻教育目的，使学校的教育计划能在每个班级有计划、有步骤地顺利实施，就需要把班上所有任课教师、学生组织起来，并且吸收家长和社会各个方面有关的力量来关心学校的教育工作，这就需要有一位教师全面负责这项工作，他就是班主任。班主任是学校校长、教导主任的有力助手。

班主任是全班学生的组织者、领导者和教育者。他是学生健康成长的引路人；是联系班上任课教师的纽带；是沟通学校和家庭、社会的桥梁；是对学生进行思想品德教育的骨干力量。

班主任所负担的任务要比一般教师艰巨复杂得多。这就要求班主任有高度的思想觉悟、优秀的道德品质、平易近人的工作作风和广博的文化知识修养。班主任的品质和工作质量对班集体的形成、发展和学生的成长会产生深刻的影响。所以，为了全面贯彻社会主义的教育目的，使学校的教育工作计划能够贯彻落实到每个班级，学校总是选择最优秀的教师担任班主任工作。由于班集体的形成和学生的成长是一个较长的过程，一个班的班主任不宜经常变换，特别是在一个学年中不要变换，最好在一个教育段内（如小学阶段，或分小学低年级和高年级阶段）由一个老师担任到底。这样便于系统地了解和培养学生，积累教育经验，不断提高班主任工作的质量。

担任班主任工作是教师的荣誉，也是教师的乐趣所在。许多教师有这样的体会，当教师就要当班主任，因为班主任与学生的接触最多，联系最密切，对学生最了解，他既是学生的老师，又是学生的朋友。学生对自己信赖的班主任也最尊敬，关系最密切。每当一个学生成长以后再回到学校的时候，最先去看望的一定是他的班主任。班主任看到过去一个个活蹦乱跳的小淘气，今天成长为社会主义建设各条战线上的中坚力量，就会感到无比的欣慰和幸福。

班主任的职责和任务　班主任的工作任务很繁重，从课内到课外、从学习到游戏、从生活到思想，都要关心。但总体来说，班主任的职责是对全班学生在德、智、体几方面的发展全面负责。什么叫全面负责？这就是班主任不仅要关心学生的思想品德的成长，而且要关心学生的学习和身体健康；不仅要关心学生在学校的活动，而且要关心他在家庭中和社会上的行为表现。凡是对学生身心发展有影响的因素，班主任都要注意认真研究，利用有利因素、排除不利因素。有的班主任认为他的任务只是抓好学生的学习，使他将来能够考上重点中学。这种思想是片面的。班主任当然应该关心学生的学习成绩，但更重要的是要关心学生在德、智、体、美、劳各个方面的成长，使他们将来成为建设社会主义现代化强国的人才。

也有的班主任认为，他的任务就是抓好学生的思想品德教育，至于学习是任课教师的事，身体健康是体育教师的事。这种认识也是片面的。诚然，班主任工作要把大部分精力放在学生的思想品德教育上，但是思想品德教育不是孤立地进行的。学生的思想表现在学习、劳动、生活、游戏各个方面，不把几方面联系起来，思想品德教育也不能抓到实处。学生的成长包括各个方面，班主任要把学生培养成才，就要全面负责，在各个方面精雕细琢。班主任应该是学生心灵的塑造者。心灵只有用心灵去塑造，班主任要把自己的整个心灵献给学生，用满腔的心血去浇灌那人才的幼苗，使它苗壮成长，将来开出美丽的花朵，结出丰硕的果实。

班主任对全班学生全面负责首先就要爱护学生。要想教育学生，首先要热爱学生。班主任对每个学生要有发自内心的强烈的无产阶级感情。这种感情是出于班主任对党的事业的忠诚，对学生的未来的责任心，同时是建立在对每个学生都可以教育好的深刻的信念上。你热爱学生、关心学生，学生才会信任你、尊敬你，才能听从你的教诲。没有热爱，就没有教育。

爱护学生的含义还不仅是对学生的热爱，而且要保护学生，使他的学习、生活、劳动、娱乐、休息等不受到任何侵犯。例如，有的家长不让子女上学，让他去参加不胜任的劳动或者做一些不应该由他做的事情而旷课辍学，班主任就要说服家长，让孩子继续学习；有的父母虐待子女，班主任就要劝告家长，直至诉诸法律保护；如企业、机关、生产队等团体组织不健康的文娱活动，不利于学生的身心发展，班主任就要向他们宣传党的教育政策，制止这种活动的开展；如果学生受到不良分子的侵害，班主任要勇于起来斗争。总之，班主任要像爱护自己的子女一样爱护学生。

班主任有以下几方面的工作任务。

（一）对学生进行思想品德教育。这是班主任的主要任务，也是班主任工作的重点。学生的思想品德教育工作主要是通过班主任进行的。班主任要从学生的实际出发，通过学生的学习、劳动、游戏、生活等各个方面，系统地进行深入细致的思想品德教育工作。班主任对学生进行思想品德教育可以通过下列几种方式。

1. 上好思想品德课。有条件的班主任最好兼任思想品德课教师。因为，班主任是最了解学生的，他可以结合学生的实际进行思想品德课的教学。如果这门课由别的教师担任，班主任要与任课教师密切联系，帮助他了解学生的思想情况，配合思想品德课开展一些辅助活动，把思想品德课和整个学生的活动联系起来，这样既可以巩固和扩大学生在课上的思想收获，又可以使思想品德课上得生动活泼，使学生易于接受。

2. 认真贯彻《小学生守则》。《小学生守则》是小学生的一种行为规范。认真贯彻《小学生守则》对培养小学生的自觉纪律、道德行为和文明习惯有重要意义。班主任在儿童上学的第一天起就要有计划地通过班会、晨会向他们讲解《小学生守则》，使他们了解《小学生守则》的意义和要求。班主任要对学生执行《小学生守则》的情况进行监督和检查，培养学生自觉遵守纪律的习惯和与破坏纪律的行为做斗争的精神。

3. 指导学生学习时事。学习时事有利于学生树立远大的理想和正确的学习目的。班主任应该指导学生读报，举行时事报告会，帮助学生了解国家大事和国际上的政治斗争，扩大眼界，明确方向，把自己的学习和生活同祖国的四个现代化建设联系起来。

4. 组织学生参加必要的社会活动和公益活动。班主任要和少先队配合，利用课外时间和节假日，适当组织学生参加必要的社会活动和公益劳动。如结合传统节日参加当地的纪念活动和"拥军优属"活动；组织学生参加社会上宣传"五讲四美"以及植树、积肥、收捡废铁等活动。学生从这些活动中可以受到革命传统教育和共产主义思想品德教育。

（二）教育学生努力学习，提高学习成绩。学习是学生的主要任务，提高全班学生的学习成绩是班主任的重要职责。所谓学习成绩，不是指考试的分数，而是指学生掌握知识、技能的实际水平，指学生能力的发展。为了提高全班学生的学习成绩，班主任既要做学生的工作，又要做任课教师的工作。

1. 对学生进行学习目的的教育。学习目的是学生学习的内部动力，它可以激励学生去努力学习，克服困难，勇于攀登文化科学的高峰。由于小学生的形象思维多于抽象思维，培养学习目的不能靠说教，而是要用我们祖国的伟大建设事业去激发他们的理想，用社会主义建设中的英雄模范人物的事迹去感染他们，用古今中外科学家、发明家、艺术家的故事去启发他们，使他们有具体的奋斗目标、形象的学习榜样。

2．培养学生的学习兴趣。学习兴趣也是学生学习的内部动力。儿童成长到三四岁时，对周围的世界就会提出许多问题，要求大人回答。上学以后，又会遇到许多新的问题，他渴望知道一切，"星星为什么闪眼睛？""火箭怎么会上天？"他认为老师是什么都知道的，总想围着老师问这问那。这是学生身上最宝贵的求知火花。班主任和每一名教师都要保护这个火花，使它永不熄灭。如果我们对学生的提问稍微表现出哪怕一点点厌烦的情绪，学生的这个求知的火花可能就会被扑灭。如果一个学生从小就没有求知的欲望，对学习没有兴趣，长大了你还能对他有什么希望呢？因此，班主任不仅不能打击学生的求知积极性，而且要有意识地引导、培养他们的学习兴趣，点燃他们的求知的火花，让它燃烧得更加旺盛。班主任可以给学生介绍有趣的书籍，向学生提出需要思索的问题，让学生去思索、去寻求答案。某校有一个学生不爱学习语文，班主任就给他讲故事，讲到最关键的时候，班主任有意识地不讲了。学生急切地要求教师再讲下去，教师说："这样吧，我借一本书给你，你自己去看吧。"学生回家一口气看完了。教师又借给他第二本书，并且对他提出要求，一定要完成家庭作业以后才能借给他看。这个学生逐渐地热爱起语文学习了。

3．培养学生刻苦学习的意志和克服困难的毅力。学习是一项艰苦的活动，没有一定的意志和毅力是不能获得优异成绩的。班主任要有意识地培养学生的意志和毅力。第一，班主任要教育学生遵守学习纪律，按时认真完成各项作业，养成勤奋学习的习惯。第二，要鼓励学生克服学习上的困难，不能让学生养成依赖别人（同学或家长）的习惯，要求学生自己独立地完成作业，解决难题。为了培养学生克服困难的毅力，教师可以根据他们的能力，布置一些较难的任务。学生经过自己的努力完成了这些任务，他精神上就会得到胜利的满足，会有一种痛快的感觉。这种感觉会促进他进一步去克服另外的困难。这种克服困难的意志和毅力对他将来的学习和工作会产生巨大的影响。

4. 指导学生掌握学习方法，科学地分配学习时间，讲求学习效率。班主任可以通过班会、墙报、展览、座谈等方式交流学习经验。

班主任在指导学生学习时切忌在班上搞学习竞赛。因为学生的能力有差异，对各门功课的爱好和理解有差别，搞竞赛会养成一部分学生的虚荣心和另一部分学生的自卑感，甚至会形成一种浮夸的不良作风，影响班集体的团结和发展。

为了提高学生的学习成绩，班主任不仅要做学生的工作，还要做任课教师的工作。第一是要和任课教师互相交换学生的学习情况，反映学生对教学的要求，共同研究解决的办法；第二是召开任课教师会议，统一对学生的要求，调整学生的作业负担，避免学业负担太重，影响学生其他方面的发展。

（三）指导学生课外和校外活动，关心学生生活，增强学生体质。班主任不仅要关心学生的课业学习，而且要关心学生的课余生活。因为学生在校的时间只占小部分，班主任要对学生全面负责，就必须关心学生的全部生活。小学生精力充沛，活泼喜动，班主任要引导他们在课余开展有益的活动，把精力用到有益于思想、有益于健康、有益于学习的活动中去。

班主任要关怀学生的健康，组织他们开展体育锻炼，帮助他们安排好作息时间，教育他们爱清洁、讲卫生，养成良好的生活习惯。

（四）指导少先队工作。小学的班主任一般担任中队的辅导员。因此，班主任要根据队章中关于辅导员的规定，指导少先队开展活动。不担任辅导员的班主任，要协助辅导员开展工作，特别是帮助辅导员了解少先队员的思想，选择干部，制订活动计划。

第二节　班主任工作的内容和方法

全面了解和研究学生　要教育学生，就要了解学生，只有了解和熟悉了学生的情况，才能制订切实可行的教育工作计划。因此，全面了解和研究学生是班主任做好工作的前提条件。如果不做调查研究，主观地对学生的思想和表现做出判断，或者按领导的布置照章办事，就不可能取得好的教育效果，甚至会起到相反的作用。学生是活生生的儿童，他们的思想、兴趣、爱好、健康状况、生活环境都不一样，不了解清楚就不可能有的放矢地开展工作。只有充分了解每个学生，才能做到一把钥匙开一把锁，把思想工作做到学生的心坎上。

了解和研究学生包括两个方面：了解研究学生个人的情况和了解研究全班学生的特点和动向。

了解和研究学生个人的情况包括：学生的性别、年龄、思想面貌、学习成绩和学习态度、健康状况、个人的生活经历、兴趣爱好、特长和性格特征以及有无特殊缺陷等；学生父母的年龄、职业、经济收入以及家庭其他成员的情况，父母及家庭成员对学生教育的态度和影响等。班主任还应该了解学生周围环境的情况，如邻居的情况及其对学生的影响。了解这些情况以后要加以综合分析，找出学生优缺点形成的原因。

了解和研究全班学生的特点和动向包括：班级的历史；全班学生在德、智、体几方面的总的情况及发展变化的情况；班级的传统和作风，班级当前的主要倾向；班委会和少先队队委会的组织情况，他们在班上的作用；学生中先进、中间和后进的分布状况等。

对学生个人和全班学生的情况要结合起来研究。了解和研究学生个人要以班集体的总的情况为背景，而了解和研究全班学生的特点又必须以学生个人的情况为基础。二者紧密结合，既见树木，又见森林。

班主任了解和研究学生的途径有间接的和直接的两种。间接的是通过书面材料或者访问家长、任课教师和同学等来了解；直接的是通过对学生的观察、谈话来了解。有以下几种方式。

（一）观察。这是了解学生最常用的方法。例如，在上课时观察学生的情绪、注意力、回答问题的情况、完成课堂作业的情况，从中了解学生的学习态度、知识水平、语言表达能力、意志品质及对各门课程的兴趣等；在课外活动中观察他的表现，了解他的活动能力、爱好和特长，他与集体、同学的关系等。观察要力求全面，要坚持不懈，经常地、长期地、多方面地进行，并且要和从其他方面了解的情况结合起来分析研究，切忌见到一点就下结论。

（二）个别谈心。想要深入了解学生的思想，必须和学生直接接触，个别谈心是一个好办法。它可以有意识地、主动地了解学生的思想活动，补充观察之不足。所谓谈心，就是教师态度亲切、自然、真诚地同学生互相交心。谈心不要使学生感到拘束、紧张，最好在教师和学生的共同学习和活动中自然地进行。专门找学生谈心，会使学生感到突然和紧张，不利于谈出心里话。所以，谈心要选合适的时间和场合。

（三）研究有关书面材料。书面材料有学籍簿、学生手册（成绩册）、健康检查表以及学生的各种作业、试卷等。研究书面材料是了解学生和班级的历史和现状的一种方法。为了积累班级发展的材料，班主任应该指导值日生记班级日志（低年级由班主任记）。这种班级日志是班主任了解、研究班集体和个人情况的很好的材料。

通过书面材料了解和研究学生，要注意材料的真实性。因此，查阅书面材料必须和其他方法结合起来。

（四）访问。为了研究学生，还需要从侧面了解。一年级新生入学前班主任应该访问家庭、幼儿园，了解他们的爱好、特点以及在家里和幼儿园的表现。中间接班的班主任应该访问学生过去的班主任、任课教师以及同学和同伴等。

来自任何形式的单方面材料只能作为参考，不能轻易下结论。班主任要对各方面的材料进行分析研究，去掉一些表面现象，抓住实质的东西。得出的结论要实事求是，要坚持一分为二的观点、发展的观点；既看到优点，也看到缺点；既看到过去，也看到将来；分清主流和支流，抓住倾向性的问题，防患于未然。

组织和培养班集体　思想品德教育是在集体中，通过集体来进行的。班集体是进行思想品德教育的重要形式。但是，几十个学生在一起上课，共同活动，还不等于有了班集体。它需要经过班主任的组织和培养，经过长期的工作，才能使几十个孩子形成一个优秀的班集体。班集体一旦形成，就成为班主任开展工作的有力助手。那么，什么样的班才叫作班集体呢？它有什么标志呢？班主任怎样培养呢？

（一）必须有共同的奋斗目标。共同的奋斗目标是班集体形成的条件和前进的动力。奋斗目标有长远的，有近期的。在我们社会主义学校里，每个孩子都希望自己提高社会主义觉悟，学到文化科学知识，将来为祖国的社会主义现代化建设服务。这就是班集体共同奋斗的长远的大目标。这个大目标把几十个孩子团结在一起，听党的话，听老师的话，努力学习，争当"三好"学生。有了长远的目标还不够，对小学生来说，还应该经常给他们设立一个近期的、经过大家努力能够达到的目标。例如，一年级小学生入学后，班主任告诉他们："你们现在是小学生了，要遵守纪律，努力学习，热爱集体，国庆节全班要戴上红领巾，每个同学都要争取当一名少先队员。"学生就会为了戴红领巾而努力。例如，为了庆祝六一儿童节，班里要搞一个有意义的活动，预先在班上订好计划，每个成员分头去准备。为了过好节日，孩子们想出许多办法完成集体交给他的任务：有的写诗，有的画画，有的布置教室，有的去请革命老前辈等。最后过了一个愉快的、有教育意义的节日。奋斗目标达到了，班集体得到了巩固。班主任要善于为集体提出奋斗目标，一个目标完成了，就要立即提出新的奋斗目标，使孩子们时时处在新的目标的鼓舞下。这样一个一个的近期奋斗目标把孩子们团结在一起，向长远的大目标前进。

（二）要有健全的组织和积极分子骨干。也就是说，要有一个由几名能够团结同学、关心集体、办事认真、愿为同学服务的积极分子组成的班委会，领导班集体的工作。有经验的班主任在接一个班以后，首先注意物色班干部，组成班委会，让孩子们逐步学会自己管理自己，班主任只是在旁边加以领导和指引。这些小干部往往会把事情做得很好。没有经验的班主任，不放心学生，事事自己操劳，结果干部培养不起来，学生的积极性调动不起来，班集体也就不能形成。当然，放手让学生自己去做，是指孩子们自己的事情，并不是说让学生去代替教师工作（如有的班主任让学生代改作业，代写评语等）。而且班主任一定要加强领导和指点，不能放任不管。在小学生里选择班干部，要求不能太高，主要是靠班主任的培养。要教育他们，当班干部是为同学服务，自己处处要起模范带头作用，并帮助他们克服自己的缺点。为了养成学生善于过民主的生活，班干部要经过民主的选举产生，最好定期轮换，不要让一个学生一直当干部，使之从小就习惯于既能当领导，又能被领导的民主生活。

（三）要有正确的舆论和优良的班风。所谓正确的舆论，就是班上大部分学生对同学的行为和班上发生的事情能明辨是非，分清好坏。这种正确的舆论是巩固班集体的力量，也是学生自我教育的重要手段。有了正确的舆论，坏事在班上就得不到支持，就会很快被制止；遇到侵害班集体利益或违反学校纪律的事情，学生就会进行批评。因此，班主任要经常注意班集体的舆论，通过表扬和批评有意识地培养正确的舆论；对于一些不好的苗头要及时纠正，不让它蔓延；要教育学生开展批评与自我批评，以维护集体为荣、损害集体为耻。

一个优秀的班集体还应该有优良的班风和传统。这种班风和传统对学生有着强大的教育作用。例如，班上养成了互相帮助的班风，遇事共同商量，齐心协力为集体做好事，遇到哪一个同学有困难，同学们就会伸出几十双手来帮助他；又如，班上养成了讲卫生的传统，学生就会自觉地搞卫生，保持个人和环境的清洁；再如，班上养成了尊师守纪的传统，如果新转来一位同学对老师没有礼貌、不守纪律，立即会受到学生的指责，陷入孤立。有了优良的班风和传统，孩子们在那样的气氛中就会受到感染，不知不觉地跟着那样做。班主任应该有意识地培养本班具有特色的优良班风和传统，并使它一届一届地传下去。

（四）开展有教育意义的活动。班集体只有在集体的活动中才能巩固和前进。没有活动，班集体就会死气沉沉，学生就感觉不到集体的存在，也就不会关心集体，为集体的利益去奋斗。从这个意义上来说，共同活动是集体的生命，必须经常开展。教学活动是班集体最经常的活动，要把提高全班同学的学业成绩作为班集体的共同奋斗目标，大家互相关心，互相帮助，共同提高。但只有教学活动还不够，还需要有丰富多彩的课余活动，通过各种各样的活动团结全体同学，发挥每个成员的才能，训练严明的纪律，养成优良的传统。

组织学生的共同活动必须有明确的目的、有充分的准备，更重要的是要吸引全体学生参加。活动应该是全班学生都感兴趣的、都渴望的，这样才能使每个学生积极地参加到活动中来，并受到教育。

培养班集体要注意搞好和其他班集体的关系。每个班集体应该有自己的荣誉感，但不能突出自己的班而瞧不起别的班。要把班集体放到学校集体、社会集体等更大的集体中去，不要让自己的小集体脱离了大集体。要谦虚谨慎、戒骄戒躁、虚心学习别的班集体的优点，可以和其他班集体开展友谊的竞赛，互相鼓励、互相促进。

组织班会活动　班会是班主任对全班学生进行教育的重要方式。小学通常每周有一次班会。班会的形式有两种：一种是班主任在班会上认真解释《小学生守则》和学校的各种规章制度，进行道德谈话和讨论。这样的班会应该开得生动活泼，内容具有故事性、形象性、趣味性，一般用故事的形式进行。孩子们是很爱听故事的，他们在听故事中受到思想品德教育。另一种是由学生班委会在教师指导下自己组织。例如，讨论和决定本班的重大事件，开展某项有意义的活动（主题班会）。这种班会如果组织得好，会对整个班集体和全体学生产生巨大的教育作用。

班会开得好不好，关键在于会前的准备工作。班主任应该把准备班会的过程看作一个教育过程，班会本身不过是对这个教育全过程的最后检阅。班会是学生自己的活动，班主任必须充分发挥学生的独立性和主动性，动员全班同学积极参加准备工作。班主任不应当包办代替，更不能把班会变成班主任的训话，当然也不应当袖手旁观、放任自流。班主任要当好"导演"，给学生有益的忠告和指导。

做好个别教育工作 在开展集体活动的同时，要注意对学生进行个别教育。因为全班几十个学生，他们的思想、学习、生活经历、性格特点都不一样，要使每个学生都健康成长，只开展集体活动是不够的，班主任还要善于在集体活动中观察和发现每个学生的表现和变化，因势利导地引导他向好的方向发展。因此，开展集体活动和进行个别教育两者要结合起来，在共性中找个性，通过发展个性促进共性，再通过共性去影响个性。这就是班主任工作的辩证法。

每个班总有一些比较特殊的学生，他们或是思想品质较差，或是学习较差，或是胆小怕事、性情孤僻等。班主任必须重视对这些个别学生的教育。对于个别生的教育，班主任应持正确的态度，思想上不要歧视、感情上不应厌恶、态度上不能粗暴，要像医生对待病人一样，了解和分析他存在问题的原因，对症下药。对后进生要一分为二，善于发现他身上的积极因素，特别要注意培养他的自尊心和自信心，要做到动之以情，深如父母；晓之以理，细如雨丝。

做好个别教育工作，绝不只限于做后进生的工作，对优秀生也要做个别工作，使他的优点和才能更好地发挥，缺点得到克服。

对个别生进行教育，不能只靠说教。谈话是必要的，但主要是把他放到集体活动中，为他设计一定的情境，使他在活动中产生思想上的矛盾斗争，再加上班主任的帮助引导，使先进思想克服落后的思想。班主任再及时表扬巩固，使他一步步地前进。

做好学生的操行评定　学生的操行评定，是对学生一个学期内在学习、劳动、思想品德方面的小结和评价，主要由班主任负责。

学生的操行评定应该建立在平时考察的基础上。班主任对学生日常生活中的表现要注意观察了解。每一个学期末由班主任写出评语，不要把写评语的工作交给学生。

班主任在写评语时要注意全面，要用一分为二的观点、发展的观点来看学生的表现，既要看到学生的优点，又要看到他的缺点；既要看过去的表现，又要着重看现在的表现。班主任要把对学生的操行评定和写评语作为一种教育手段，通过操行评定和评语，使学生产生一种上进的力量，明确努力方向，下学期更加努力。

班主任的工作计划和总结　制订班主任工作计划，加强工作的计划性，是提高班主任工作质量的重要保证。班主任在制订计划时，首先要认真研究学校的工作计划，同时要以本班上学期的工作总结为基础，深入分析本班的情况，从而根据学校的要求，结合本班的特点，规定出本学期内班主任工作的基本任务和采取的具体措施。学期工作计划一般包括：本班情况分析、本学期任务（德、智、体、美、劳动几个方面）、教育内容、主要措施和时间安排。为了使工作计划具体落实，班主任往往还要制订月计划和周计划。这种计划要注明开展教育活动的详细内容和准备工作、每项工作的负责人、具体的日程等。

班主任制订工作计划必须走群众路线，要征求本班任课教师和同年级其他班主任的意见，和本班干部、积极分子一起共同研究，最后由校长或教导主任审批后执行。

附：班主任工作计划一份

北京市右安门大街第一小学四年级一班第一学期
（1980年）班主任工作计划

班主任：张光瑛

全班学生数	48	男	26	三好学生数	4	队干部数	大1中5小6
		女	22			班干部数	5
后进生数		学习	10	个别生数	4	独生子女数	9
		品德	4				

本班学生基本情况分析	学习	大部分学生聪明好学、思想活跃，但由于浮躁，不重视基本功，因此成绩不理想，算术落后生人数近1/4，两极分化比较严重。
	纪律及思想	女孩子22人中纪律好的18人，占82%。男孩子中能较好地守纪律的14人，占54%。个别生中又各具特色，致使三年级时班内纪律涣散。 从思想品德状况看，大部分学生有理想、有雄心、爱劳动、待人热情、集体荣誉感强，但由于狭隘的小集体主义，再加上虚荣心和盲目自满，因此和外班，尤其是和各方面比本班强的二班关系紧张，搞不好团结。
	体质	近视眼4人，小儿麻痹症1人，心脏病1人，体弱5人。
	干部状况	大、中、小队干部的特点是：学习好、能起模范作用的7人，占58%，但缺乏组织能力；各方面表现一般的2人，占17%；工作能力强的3人，占25%，但思想毛病又比较明显，常带头和老师、同学闹矛盾，在班内能量很大，致使中队委员会涣散、不得力。
	集体形成情况	班内没有坚强的中队领导和良好的班风，集体较散；又由于虚荣心和狭隘的小集体主义思想作怪，在对外时能团结一致。
	特点	聪明、活泼、求知欲强、争强好胜、不甘落后、大胆、敢想、敢说、敢做，集体荣誉感很强，但很浮躁、纪律散、骄傲自满、虚荣心重，常和外班闹矛盾。

本学期本班学生的奋斗目标：

　　通过细致的思想教育和有益的活动，使班内有良好的纪律和班风，有比较得力的中队委员会，改善和外班的关系，为年终争做优秀集体创造条件。

对本班学生教育工作的重点：

1. 教育学生树雄心、立壮志，为实现社会主义现代化刻苦学习。
2. 树立良好班风，教育学生分清是非，遵守纪律，培养集体主义观念，树立正确的集体荣誉感。

对学生的主要要求及班队活动的安排

时间	要求	安排
九月	1. 遵守学校纪律 2. 为社会主义现代化勤奋学习	1. 用班会进行常规教育，狠抓课堂和课间纪律，开展评"纪律标兵"的活动。 2. 建立教学常规，培养良好的学风，教育学生为社会主义现代化读书。 3. 组织年级的中秋联欢活动，进行爱集体的教育，改善与外班的关系，促进年级团结。
十月	1. 遵守纪律 2. 分清是非	1. 利用班会时间参观消防队表演，进行组织纪律性教育。 2. 开展课外阅读活动，读一组有关团结教育的儿童读物并组织讨论，以解决班内不团结问题，整顿班风和搞好中队委员会的思想建设。 3. 建立"小虎子信箱"，开展表扬与批评，以形成是非分明、自己管理自己的民主班风。
十一月	人人动手建设班集体和校集体	1. 开展小队活动，为班集体建"小家务"——动物角、植物角、英雄角、学习园地、卫生角等。 2. 以小队或自由结合为小组，开展"学雷锋"活动。每月评比，比比谁为班、级、校或社会做的好事多。
十二月、一月	用思想学习双丰收的成绩向党汇报	1. 以挑战的形式开好"以优异成绩向党汇报"的誓师大会，为上好复习课做思想动员。 2. 结合作文课指导学生将本学期集体的进步编成文艺节目，过主题队会——"我爱我的班集体。"
班主任的自我要求		认真备课，向40分钟要质量；重视教育，使孩子身心健康成长；严于律己，身教胜于言教。

为了使班主任工作的质量不断提高，班集体不断前进，班主任需要对自己的工作及时总结，找出成功的经验和失败的教训，找出规律性的东西，并提高到教育理论上来认识。这样就为下一步开展活动和制订切实可行的计划打下基础。因此，每开展一项教育活动以后，班主任就要和班上的积极分子共同总结，期末做一次全面性的总结。班主任的总结不仅对下一步工作和其他班主任有实际意义，而且对于丰富和发展教育理论也是十分有意义的。

第三节　家长工作

做家长工作是班主任工作的重要内容。因为家庭教育有特别重要的意义，所以特别单列一节来讲解。做好家长工作当然不只是班主任工作的内容，也是学校领导和全体教师的工作内容。但班主任和家长的接触更直接、更经常，因此，学校往往通过班主任来做家长工作。

做好家长工作的重要意义　一个人在成长过程中要接受三方面的教育，即学校教育、家庭教育和社会教育。只有这三方面的教育一致，互相配合，才能收到良好的教育效果，使儿童顺利地成长。缺哪一方面的教育或者教育不一致就会给儿童的成长带来损失。而家庭教育在儿童的德、智、体、美、劳的发展中起着极为重要的作用，它具有学校教育和社会教育所不具备的特点和优势，原因如下。

（一）家庭是儿童首先接受教育影响的地方，父母是第一任教师。儿童从出生的第一天起就开始接受家庭教育。他首先从父母那里学习语言，学习认识周围事物，学习生活习惯。儿童如果幼年在家庭里受到良好教育，他在学校里接受教育就会比较顺利。如果他在家里受到不良的教育和影响，从小养成了不好的思想和习惯，那么进入学校以后，学校就要耗费较多的精力才能矫正他的缺点。俗话说"先入为主"，家庭教育给儿童的印象最深刻、最牢固，它是儿童以后成长的基础。

（二）父母和子女之间有着密切的联系和深厚的感情。父母是儿童的亲人，他们共同生活在一个家庭里。经济上的联系、生活上的依赖，形成了儿童和父母的密切联系和深厚的感情。儿童总是把父母看作最信赖的人。父母的教育往往在儿童心灵上起着决定的作用。所以，家长的政治态度、思想作风、爱好特长、行为习惯都会直接或间接地影响着儿童。所以有人说："孩子身上有着父母的影子。"这句话是有一定道理的。

（三）家庭的影响是潜移默化的。父母的一言一行、一举一动时时刻刻在影响儿童的思想、行为和习惯。这种潜移默化的影响比一堂课、一次谈话要深刻得多。

重视家庭教育，在我国是有传统的。我国历史上流传着许多家庭教育的佳话，如传说的"孟母三迁""岳母刺字"，以及"养不教，父之过"等格言，都是讲家庭教育的问题。在社会主义社会里，教育子女又有了新的意义。因为今天的孩子都是社会主义社会未来的公民，他们在德、智、体诸方面的发展状况，对我们祖国和民族的前途，将起决定的作用。因此，教育子女已经不完全是个人的私事。

今天，许多家长都十分重视家庭教育，他们对子女严格要求、耐心教育，在家庭教育方面积累了丰富的经验。但是也有一些家长对家庭教育的重要意义认识不足。有的家长只管养不管教，错误地认为，他们的责任只是让孩子们吃得饱、穿得暖，至于教育问题，则是学校和老师的事情。有的家长偏爱、溺爱孩子，养成儿童任性、娇气等不良的心理状态和行为习惯。也有的家长虽然有教育子女的愿望，但往往教育不得法，对孩子严厉有余、抚爱不足，甚至动辄打骂，使儿童形成表面上唯唯诺诺，但内心又不以为然的变态心理。

家庭教育是学校教育的基础。儿童入学时已经在家庭的影响下形成一定的思想和行为习惯。在学校教育的过程中，家庭教育还继续在影响着儿童的成长。良好的家庭教育可以协助学校教育，补充学校教育，促进儿童的健康成长；不良的家庭教育会抵消学校教育的影响。因此，学校和教师就不能不关心儿童的家庭教育。学校是国家专门设立的教育机关，它是有目的、有计划、有组织地进行教育的，有专门受过训练的教师。因此，它在学校教育、家庭教育和社会教育三者之间应起主导作用。它应该指导家庭教育，帮助家长进行家庭教育，把家庭教育纳入学校教育要求的轨道上，成为学校教育的有力助手和补充。这就需要学校做好家长工作。

现在青年父母都在响应国家号召，只生一个子女。独生子女越来越多，这对子女的教育有有利的一面，即孩子无论从物质上还是精神上都可以得到父母更多的照顾和关怀。但是，也有另一面，父母往往对孩子溺爱和娇惯，容易形成不良的习气。因此，研究独生子女的心理特点及独生子女的家庭教育问题，是当前教育工作者面临的重要课题。

家长工作的内容和方法　学校和家庭的联系主要是通过班主任进行的。

（一）班主任做家长工作主要有三方面的内容。

1. 了解学生在家庭里的表现，向家长介绍学生在学校里的情况，互通情况，共同商讨教育的方法。

2. 向家长介绍学校的教育工作计划和对学生的要求，要求家长予以支持和配合。

3. 向家长宣传党的教育方针政策，宣传家庭教育的重要性和正确的教育思想和方法，交流家庭教育的经验，使家长能够正确地对待和教育自己的子女。

（二）家长工作有以下几种方式。

1. 家庭访问。班主任利用课余时间有计划地访问学生的家庭，了解学生的家庭条件和他在家里的表现，和家长交换教育学生的意见。家庭访问应该有计划、有目的地进行。向家长反映学生的情况要全面。谈话时，一般应让学生在场，当着学生的面向家长介绍他在学校的进步、他的优点和缺点、指明努力的方向。这样的家访一般能收到较好的效果。有些问题不便让学生在场，则要选择适当的时间和地点与家长取得联系，避免学生的猜测和误解。

不要把家访当作惩罚学生的手段。学生犯了错误，教师向家长去"告状"，甚至借家长的手去体罚学生，这种做法是严重违背教育原则的。它的后果是使学生和班主任对立，拒绝接受班主任的教育，甚至会在班上故意捣乱，不仅影响他个人的进步，也影响整个班集体。因此，班主任在家访中切忌"告状"。即使对犯了错误的学生进行家访，也要和家长分析学生犯错误的原因，研究教育的办法，叮嘱家长不能采用不正确的教育方法。通过家访，教师和家长共同做工作，使得学生感到教师和父母都是从爱护他出发的，因而易于教育。

2．书面联系。书面联系的形式有《学生手册》《家长联系册》或通信。《学生手册》记载着学生的成绩、操行评语，但一般《学生手册》一学期才发一次。最好建立《家长联系册》，班主任有什么意见和要求写在上面，由学生带给家长，家长阅后签署意见再带回给班主任。平时联系册存放在班主任那里。这种联系册实际上起着通信的作用。但它比通信制度化，便于保存起来供以后系统地进行研究。许多教师要求家长每周在作业上签字也是一种和家长联系的方法，可以使家长及时了解学生在校学习的情况，及时督促子女认真地完成作业。《家长联系册》上写的内容也要反映学生的全面情况，避免片面性，要使学生乐意把《家长联系册》给家长看。书面联系要和家访结合起来。

3．家长会。这是对家长进行集体工作的方式，每学期至少要开1～2次。家长会可以由学校统一组织，也可以由班主任单独组织。通常在开学后、期末考试前召开。家长会上先由学校统一报告学校的计划和要求，再分开各班由班主任介绍本班学生在德、智、体各方面的综合情况和有待改进的问题。会后还可以约个别家长留下细谈。在家长会上最好不只是学校和班主任发言，要让家长发言，请他们对学校工作提意见，对家庭教育提出看法，谈谈自己教育孩子的经验和教训。这样既教育了教师，又教育了其他家长。班主任还可以单独召开家长会，请家庭教育搞得好的家长介绍经验。

除了开全校或全班的家长会以外，还可以根据不同的学生开部分家长会、座谈会，研究某一个特定的问题。

4. 家长委员会。有的学校把家长组织起来，成立家长委员会，选举热心儿童教育事业的家长担任负责人（学校如果没有条件组织，班主任也可以以班为单位组织家长委员会）。家长委员会是家长自己的集体组织，他们研究家长如何帮助学校开展工作，例如，帮助学生开展校外活动、组织家庭辅导站、担任校外辅导员、帮助家庭困难的儿童、举办家庭教育讲座等。

5. 家长学校。现在许多地区由学校建立了家长学校，组织家长学习教育学、心理学和有关家庭教育的知识。这种学校很受家长的欢迎。家长懂得了教育理论，就能更好地配合学校对学生进行教育。这种形式值得提倡和推广。

第十九章　世界教育发展的新形势

第一节　战后世界教育发展的一般概况

现代教育是随着现代生产而产生和发展的。我国社会主义教育在性质上与资本主义教育截然不同。这主要表现在教育目的和培养目标上。我国社会主义教育的目的是用马克思主义世界观和社会主义道德教育青少年，提高全民族的素质，培养有理想、有道德、有文化、有纪律的社会主义公民，培养社会主义现代化的建设者。资本主义的教育是为资产阶级服务的，他们培养资本主义社会的统治人才和为他们创造利润的熟练劳动力。但是，教育有相对的独立性和继承性，特别是由于现代科学技术发展带动的现代生产的发展，促进了教育的改革和发展，使得现代教育的发展有着许多共同的特点，值得我们研究，并从中了解教育发展的趋势和吸取有益的经验。

战后教育发展的历史背景　20世纪五六十年代至20世纪70年代初期是世界各国教育大发展和大改革的时期。这种发展和改革的历史背景是什么呢？

（一）第二次世界大战以后，世界的政治形势发生了变化。一批社会主义国家建立起来，特别是占世界人口约1/4的中华人民共和国的建立，改变了世界政治力量的对比；殖民地和半殖民地国家摆脱帝国主义和殖民主义的枷锁，纷纷宣布独立，建立起独立的民族民主国家；资本主义国家内部，民主运动高涨，人民大众要求政治民主化和教育民主化。这一切都促进了各国教育的发展和改革。

（二）战后一度萧条的经济从20世纪50年代开始复苏，到20世纪60年代，资本主义国家的经济就开始进入空前繁荣的时期。国际竞争由热战转为冷战，转为经济实力和科学技术力量的较量。经济的发展需要有技术干部和熟练工人，因而促进了教育的发展和改革。就是在这种形势下，提出了"人才开发""智力开发"的口号。

（三）战后科学技术迅猛发展，以核子、电子为代表的新的科学技术推动了生产力的高度发展。中小学教育内容的陈旧、方法的落后，已经远远不能适应新的生产和科技发展的要求，迫切要求中小学教育进行改革；科学技术的进步和生产工艺的不断变革，使得一个人不能以学校毕业作为学习的终结，而是要不断地学习、终身学习；学校不仅要向学生传授知识，而且要培养学生探索新知识的能力；科学技术的发展又带来了教育手段的革命，广播、电视、录像、计算机等在教育领域中的应用，大大扩大了教育的范围，学校已经不是接受教育的唯一场所。

以上一切都影响到学校教育的发展和改革。

战后教育发生的变化 战后世界各国教育都发生了什么重要变化呢?

(一)教育的普及化。前面讲过,各国普及义务教育的年限是随着生产的发展而逐步延长的。战后,发达国家都把义务教育年限进一步延长,一般到9年或12年。经过20世纪60年代的大发展,实际上发达国家已经普及了高中教育;高等教育的入学率也已达到20%～50%。到20世纪70年代初期,由于资本主义经济危机带来的经济衰退才使教育发展停滞下来。在经济高速度发展的条件下,教育投资不再被看作没有经济效益的消费性投资,而被看作能够收到较大经济效果的生产性投资。教育经费在那些年代里有了较大的增加,教育条件有了很大的改善。

(二)教育结构的多样化。教育要适应现代生产的需要,培养掌握技术的熟练工人和为现代化社会服务的各行各业的劳动者。单一的普通教育是不能完成这个任务的,必须有多种多样的学校。在中等教育日渐普及的今天,教育结构的多样化主要是在高中阶段和高等学校阶段。大多数国家在高中分普通学校和职业技术学校两大体系,许多国家在普通学校里增加职业性课程,为毕业生升学和就业做好两种准备。

(三)教育内容的现代化。20世纪50年代末60年代初开始的教育改革的浪潮席卷了全世界。改革的主要内容是使教育内容现代化。许多科学家认为,20世纪以来,特别是战后20年,科学技术有了飞快的发展,但是,在教育改革之前,中小学校的教育内容还是19世纪末的东西,20世纪以来没有明显的改变,特别是科学教育的内容陈旧落后,不能适应当代科学技术发展和社会生产的要求。1957年苏联第一颗人造地球卫星上天,震动了美国统治阶级,触发了这次教育改革运动。1958年,美国国会通过了《国防教育法》,增加教育的拨款,重点改进各级学校的数学、自然科学和现代外语的教学，即所谓"新三艺"；充实各级学校理科实验设备；选拔培养"天才"学生等。同时组织大批科学家和教育家编写新的教材，把现代的科学技术的新成果充实到教材中去。这就是教育现代化的开始。以后，英国、法国、西德、日本、苏联等都相继实行教育改革。

（四）发展学生的能力。科学技术的迅猛发展，科技情报知识总量的增加，使人类受到现代新知识巨浪的冲击。学校教育不可能也没有必要把全部知识教给学生。这就要一方面把最基本的、最先进的知识教给学生，另一方面要注意培养学生的能力，使他们能够举一反三，去探索新的知识。也就是说，教育不只是教会学生知道什么，更重要的是教会他们如何学习，如何去探索事物的奥秘。

（五）终身教育思想的产生和发展。新的技术在生产上应用，使生产工艺发生不断的变革，工人职能不断变换，造成工人的流动和失业。经过一次学习的职业训练不能保证终身的职业，这就促使了人们要不断学习和重新接受训练。因此，在20世纪60年代出现了"终身教育"的思潮。随着这种教育思潮的出现，各种类型的学校和课程应运而生，函授大学、广播电视大学、开放大学、暑期课程等，利用各种时间，采用各种方式为成年人提供继续学习的机会。科学技术的发展也为现代化教育提供了物质基础，广播、电视、录像、教学机器等技术手段，为成年人的自学和个别教学提供了条件。

第二节　新的科学技术革命和教育改革

近些年来世界各国的科学家、社会学家和未来学家都在纷纷议论新的科学技术革命的到来。为了适应新的科学技术革命的挑战，各国都在酝酿着新的教育改革。苏联1984年4月就公布了《关于普通学校和职业技术学校改革的基本方针》及一系列实施这个方针的决议。1983年6月，日本中曾根首相成立了私人的教育咨询机构——文化与教育恳谈会，研究第三次教育改革*。该会于1984年3月22日向中曾根呈交了《教育改革的必要性及其课题》的报告。1983年4月，美国全国质量委员会发表了一封致美国人民的公开信，题为"处境危险的国家，迫切需要进行教育改革"，信中提出了经过该委员会调查后发现美国教育中存在的严重问题，并提出了解决这些问题的建议。这封公开信引起了全国性的大辩论，许多学者、教育研究机构相继提出改革方案。其他国家也都在酝酿着教育改革的计划。

那么，新的科学技术革命有些什么特点呢？它对教育产生了什么影响呢？所谓新的科学技术革命是以信息化为主要标志，在电子技术、能源、材料、宇宙科学、海洋科学、生命科学等领域中的革命。新的科学技术革命将改变生产的技术手段、生产的工艺过程、人在生产中的地位、人们的社会生活和思想观念。这一切都会对教育产生重大的影响。

（一）新的科学技术发明不断涌现，造成现代生产的不断变革，而且这种变革的周期越来越短。过去蒸汽机从发明到实际应用经过了80年；电动机从发明到应用经过了65年；电话机经过了50年；真空管经过了33年；飞机经过了20年。但到了20世纪40年代，从发现核裂变到生产第一颗原子弹只用了6年的时间；晶体管从发明到应用只用了3年；而激光从发明到生产第一台激光器用了不到1年的时间。电子计算机从20世纪40年代生产第一台以后到现在已经发展到第四代、第五代，它的性能增加了100万倍，价格降低到1/10 000，品种达6 000多种。过去提高劳动生产率主要靠提高劳动强度，而现在主要靠采用新的科学技术。劳动者不掌握科学技术就不能适应现代生产的要求。

（二）新的科学技术成果在生产上的应用使社会劳动分工发生新的变化。农业社会里的主要劳动力是农民、少数手工业工人；工业社会里

---

* 日本教育第一次改革是明治维新时期，第二次改革是在第二次世界大战以后的1947年。

的主要劳动力是采矿业、制造业、交通运输业的工人，农业人口流入城市，转入工人阶级队伍；现在由于机械化、自动化程度的不断提高，农业劳动力在减少，制造业工人的比例也在下降，而从事第三产业的工人和企业管理人员不断增加。据统计：美国1960年第一产业的劳动力占劳动力总数的8.2%，第二产业的劳动力占34.5%，第三产业的劳动力占57.3%；到1980年，第一产业的劳动力仅占劳动力总数的2%，第二产业的劳动力占21%，第三产业的劳动力占77%。我国1983年统计，第一产业的劳动力占劳动力总数的70.7%，第二产业的劳动力占16.3%，第三产业的劳动力占13%。但是近年来，由于城乡经济体制的改革，解放了生产力，一部分农业劳动力已转入城镇第二产业和第三产业。随着我国现代化建设的发展，社会劳动分工还会像发达国家那样，发生新的变化。教育要适应这种变化，就要改革教育结构和内容。

（三）新的科学技术革命改变了劳动的性质和内容。人是生产力的第一要素。过去，人参加物质生产过程主要是靠自己的体力，所以称为体力劳动者。但是，现代生产越来越多地要求工人运用他的脑力，也即社会劳动中科学性劳动的比重在逐渐增加，从而产生了新型的工人，即不但用手，而且用脑劳动的人。

（四）新的科学技术成果在生产上和社会生活上的应用，必将使社会生活发生重大的变革。这种变革所带来的社会问题光靠科学是不能解释的，必须运用社会学、政治学、经济学、教育学等社会科学的知识来分析和解释。这就促进了自然科学和社会科学的结合。这就要求对学校教育的内容进行相应的改革。小学校里，不仅要让学生从小了解自然科学的常识，还要向他们介绍社会科学的常识，进行民主、法制、纪律等教育，使他们能够用正确的观点去解释由于现代化所带来的社会问题。

（五）新知识的不断涌现，使得学校教育只是传授知识已经不够了。

据估计，世界上每年新发表的科学论文有500万篇，新登记的技术专利超过30万件。在短短的学校教育时间内不可能也没有必要把所有新的知识都教给学生，更重要的是要发展学生的能力，即教会他如何学习，以便他自己能够去获取所需的知识。教育要培养学生的创造能力，要使学生有开阔的视野、丰富的想象、创造性的思维、开拓的精神，以适应瞬息万变的世界。

从以上新的科学技术革命的发展和教育的关系可以看出，必须改革陈腐的传统教育思想、教育内容和方法，才能适应新的形势发展的需要，也才能反过来促进科学技术发展和社会进步。

第三节　小学教育的改革和发展趋势

第二次世界大战以后的教育改革无不影响到小学教育的改革，特别是20世纪五六十年代生理学和心理学对人脑和儿童心理的研究取得了重大的进展。这些研究表明，过去对学龄初期儿童认识能力的潜力估计不足，对这个时期儿童思维的特点认识不清。原以为学龄初期儿童只能进行具体思维，所以对他们进行抽象思维的训练注意不够。现代的研究成果为儿童早期教育提供了理论依据，它有利地促进了小学教育的改革。近20多年来，世界各国小学教育的发展，有以下几方面的变化。

（一）儿童入学年龄有提前的趋势。生理学和心理学的研究表明，儿童年龄阶段的划分有提前的趋势，青少年的青春发育期比以前有所提早。同时，根据早期教育的理论，世界各国把儿童的入学年龄逐步提前。德国原先规定儿童6岁入学，现在提倡5岁入学。苏联小学入学年龄在世界上是最晚的，要到7岁才入学，但从20世纪60年代开始在幼儿园或小学为6岁儿童设立小学预备班，用小学一年级语文和算术教学大纲的一般内容进行教学，同时在一些学校进行6岁入学的试验。苏联1984年的教育改革决定中规定逐步实行儿童6岁入学。

（二）小学教育普遍重视儿童身心的健康发展。各国小学都重视健康教育，注意校舍的设计和环境的布置符合卫生的要求；定期对学生进行体格检查和疾病治疗。同时，不仅重视儿童的生理健康，而且注意儿童的心理健康。美国一般四五个学区就设一名教育心理专家，负责心理有缺陷的儿童的教育工作。

（三）教学内容上增加科学教育的内容。在小学课程中，本国语和算术仍然占最大的比重，一般都占总学时的40%以上。但近年来逐步增加自然科学教育的内容。苏联小学过去在四年级才开设自然课，1967年公布的教学计划从一年级下学期开始就设自然课，现行教学计划是从二年级开始设自然课。日本小学也是从低年级就开设自然课，重视从小培养儿童对自然科学的兴趣，丰富他们的科学知识。

（四）重视儿童能力的培养，注意教学方法的改革。为了培养学生的能力，除了要改革教学内容外，更重要的是要改革教学方法。过去的教学，多注重对书本的讲解和教材的传授，极少注意儿童是否有学习兴趣和动机、学生的学习方法。现在普遍重视培养学生的兴趣和学习的主动精神，重视学生的实际活动，强调学生亲自动手，通过观察和试验，提高学生的思考能力和动手的能力。在教学过程中，教师有意识地组织儿童自由讨论，鼓励他们向老师提问，以活跃儿童的思维，使他们勇于思考、善于思考。在进行课堂集体教学的同时注意个别教学，加强个别辅导，强调儿童自由地、主动地发展。当然，西方资本主义教育受实用主义的儿童中心主义思想影响很深，往往忽视教师的主导作用和儿童对系统知识的掌握。但他们重视儿童的主动精神和注重儿童能力的培养是可供借鉴的。

（五）重视小学和中学的衔接。美国从20世纪60年代起出现一种新型的中间学校（10～14岁），以此代替原来的初级中学。有些教育家认为，青少年的青春发育期已经提早到10岁左右，这个年龄的儿童不宜在小学学习，应该为他们组织一种新型的学校，所以主张把中小学的学制改为"四四四"制，即小学4年，中间学校4年，中学4年。这样，小学就要比原来缩短1～2年。

（六）普遍重视学生的道德教育。随着现代化的发展，西方文明日益堕落，青少年犯罪率增加，许多家长担心自己的孩子变坏，呼吁学校加强道德教育。虽然在资本主义社会道德教育的收效甚微，但可以看到，任何社会总是把自己的道德教育放在首位。这是时代的要求，也是提高学生质量的一个重要的方面。

（七）重视提高小学教师的水平。战后小学教师的文化程度不断提高，许多发达国家都要求小学教师必须具备大专水平，近几年来又把小学教师的资格提高到大学本科毕业生的水平。有许多硕士、少数的博士都去担任小学教师的工作。最近几年，各国的教育改革无不把提高教师的地位和业务水平放到重要位置，苏联还规定小学教师每5年要进修一次，同时每5年要考核一次。

以上是现代教育发展的一些情况。随着教育的发展，教育科学也在不断发展。教育科学和其他科学一样，也是向着分化和综合两个方向发展的。从分化的方向来看，学科分得越来越细；从综合的方向来看，教育科学和其他科学的联系越来越紧密，它已经成为一门跨学科的科学。过去，教育科学是一门既狭窄又笼统的学科，只局限于研究教师如何教、学生如何学的问题。这就不能全面地认识教育这种复杂的社会现象。近几十年来，教育科学有了很大的发展，一方面，教育研究深入教和学的各个方面，特别是脑生理学和心理学的发展为教育教学理论的研究提供了新的理论依据；另一方面，由于现代科学技术的发展及其在教育科学中的应用，产生了许多新的研究领域，如教育经济学、教育社会学、教育规划学、教育工程学或工艺学、教育控制论等。过去一些分支学科如教育哲学、教育统计学、比较教育学等，也增加了许多新的内容。

总之，随着人们对教育的认识的不断提高，认识到它对整个社会生活的重要意义，教育科学研究的领域也就越来越宽广。我国教育科学研究的历史还很短，我们的研究力量还很薄弱，缺门很多。但是，我们有党的领导，有马克思主义、毛泽东思想为指导，有1 000万的教师队伍，他们辛勤地战斗在教育第一线，只要我们大家来学习教育理论，在实践中运用教育理论，结合实际开展教育科学的研究，我们的教育科学一定能够有一个大发展。

一门亟待发展的重要学科——学科教育学[*]

课程、教材、教法，历来是教育家重点研究的课题。夸美纽斯、卢梭、洛克等教育科学的奠基人都曾对教育内容提出过许多精辟的意见，英国教育家斯宾塞从新兴的资产阶级利益出发提出了比较完整的教育课程体系。这个体系至今还在起作用。但是课程、教材、教法作为一门独立的学科来研究还是近几十年的事情。同时，过去的研究主要是在课程的宏观结构上，对每门学科的理论则研究得很不够。近些年来，随着科学技术的不断进步，各门学科的内容不断丰富，知识总量急剧增长，如何在有限的时间内把最必要的知识传授给学生就是一个值得研究的问题了。同时，也正是因为知识增长迅速，简单地把现存的知识传授给学生已经远远不够了，需要教会学生自己去探索新的知识。因此，教什么、如何教、什么时候教，这些问题就摆在了教育者的面前。教学理论在20世纪50年代以来有了重大的发展。它对学科教育学的诞生产生了重大的影响。

各科教材教法虽然在师范院校内一直是一门必修课程，但历来不受人们的重视。在一些专业学科的教师、专家们的眼里，似乎教材教法不过是分析中小学的教学大纲和教科书，教会学生如何去上好一堂课的一

---

* 原载《课程·教材·教法》，1988年第7期。

些雕虫小技，没有什么学术性。这是一个极大的误解，教材教法绝不只是分析一门学科如何传授，更重要的是要研究、分析如何根据一门科学发展的内在逻辑，结合学生的认知特点，符合教育的规律把它组织成为一门学科。学科并不等于科学，一门科学要变成一门学科，需要经过一番改造。改造的理论就是一门学问。这门学问就叫学科教育学。学科教育是一门跨学科的学科，它既要研究该学科的科学规律，又要研究教育规律，要把两者有机地结合起来，没有专门的人来从事这方面的研究，这门学问是发展不起来的。近年来这个道理越来越被人们所认识。当然，毋庸讳言，虽然几十年来教学理论有了较大的发展，但师范院校的教材教法的课程却显得十分陈旧。因此，重建教材教法的理论体系就是我们教育工作者的重要任务。

把教材教法改造成为学科教育学是一次理论上的飞跃。教材教法过去只是教育学中的一个部分。学科教育学则变成了教育科学中的一个重要分支学科。这种飞跃有没有根据，具备不具备条件呢？我认为是有根据的，现在已经具备了必要的条件，它的根据就是：近几十年来教学理论、心理学、教育测量学、教育评价学等新兴学科的发展，为学科教育学的建立奠定了理论基础；我们一批从事教材教法教学和研究工作的教师经过长期的教育实践，特别是在党的十一届三中全会开放政策的指引下，放眼世界，解放思想，开展了对学科教育理论的研究工作，现在来建立学科教育学应该说正是时候。现在正是学科处在新旧交替、人员新旧交替的关键时刻。这个时刻可以兼顾到继承和发展两个方面，而任何学科的建立和发展缺少了这两个条件都是不可能的。而我们现在恰好具备着这两个条件，《语文教育学》的出版就是一个明证。

语文，是中小学教学中的一门主课。一方面，关于语文教学的目的、任务，历来就有很大的争论。但是，另一方面，在教学实践中，我国许多优秀教师已经积累了许多经验。今天，把语文教学从目的、任务到内容、方法进行理论概括，总结历史上和新中国成立以来优秀教师的经验，把它上升到理论，编成《语文教育学》，这是语文教材教法的一次飞跃，是学科教育学的一个突破，值得庆幸。

由张隆华教授主编的《语文教育学》（重庆出版社，1987年8月出版），突破了以往教材教法的框框，从教育学的基本原理出发，从培养人的高度来谈语文教育。这是本书的特点，也是作为教育学的分支学科——学科教育学应有的特点。学科教育学不仅要讲教材如何编制、方法如何选择，更重要的是要分析本门学科在培养人的整体工作中的地位和作用，并从这个角度出发来研究教材的编制、方法的选择、本门学科和其他学科的关系等。

这部《语文教育学》体现了跨学科的特点，既研究了语文的规律，又研究了教育的规律，并力图把两者结合起来。

这部《语文教育学》体现了理论联系实际的原则，注意继承我国语文教学的优秀的历史遗产，重视总结优秀教师的新鲜经验。

当然，学科教育学还只是处在刚刚创建的阶段。语文教育学也不例外，它的理论体系、概念范畴的建立还需要进一步完善。

论课外活动*

　　课外活动是指学校在课堂教学之外对学生实施的各种有意义的教育活动。要把课外活动推广开来，还有校外活动。校外活动是指由校外教育机关领导和组织的学生的课余教育活动。

　　课外活动是整个教育体系中的一个组成部分，是培养学生全面发展的重要途径。开展课外活动不是可有可无的事情，应该把它作为教育工作的一部分。这是因为课堂教学总是有限度的。每天一般只能上五节课，至多六节课，但学生的身心发展绝不会因为课停下来而停止。学生的身心发展是无时无刻不在进行的。特别是小学生，正处在长身体、长知识的阶段，他们精力充沛、活泼好动、富有好奇心，但判断是非的能力不够，模仿性、依赖性很强。学生富余的课外时间如果不用有意义的活动去充实它，他们就可能受到不良思想的影响，去从事有害的活动，从而走入歧途。

　　那么，我们是不是可以多布置点作业让他们做，省得他们去玩呢？这是不对的。学习是一种智力劳动，智力劳动也会产生疲劳。一天五六节课已经使学生很疲劳，如果再用作业去压他们，他们的脑神经就更加疲劳。应该换一换活动的内容和方式，使一部分脑细胞得到休息，另一

---

* 见连瑞庆主编：《课外活动与人才培养》，北京，光明日报出版社，1989。

部分脑细胞活动起来。各种活动互相交替，智力才能得到充分的发展。

课外活动的意义在什么地方呢？

第一，课外活动有利于促进儿童的全面发展，促进儿童才能的发展。社会主义教育的目的是要培养全面发展的有创造性和开拓精神的人才。特别是在现代科学技术迅猛发展的时代，没有创造性、开拓精神，就不可能取得新成绩。学习书本上的一点死知识，墨守成规，已经不能应付瞬息万变的世界。所以，现代教育都十分强调培养学生的才能。全面发展，按照马克思的原意是指一个人的智力和体力得到充分的发展。每个人都有自己的特殊才能，这些才能如何才能得到充分发展，是我们做教师的应该时刻考虑的问题。

苏霍姆林斯基曾经说过，当一个十二三岁的学生还没有自己的爱好时，教师就要为这个孩子感到忧虑。他认为，如果学生没有培养自己的爱好和特长，长大以后，他只能平平庸庸，不会有多大成绩。

这种爱好和特长怎么能够得到发挥呢？除了教师在课堂上要注意因材施教外，就要利用课外活动来发现、发展学生的爱好和特长。也就是说，要把课外活动看作一个成才的道路来利用和组织，它绝不是可有可无的东西。

为什么课外活动更有利于成才呢？因为课外活动不受教学计划的约束，没有考试、打分等心理上的压力，能够充分照顾到学生的兴趣和爱好，让学生自由地发展。

第二，课外活动有利于发展学生的智力。苏霍姆林斯基把课外活动称为学习的"智力背景""大后方"。开展丰富多彩的课外活动，可以激发学生的求知欲望，唤起他们学习的浓厚兴趣。我们常常有一种错误的观点，认为功课好的学生才有资格参加课外活动，功课差的学生不能参加课外活动，以免影响正课的学习。这是一种误解，与教育规律背道而驰。功课差的学生怎样才能让他功课好呢？当然要分析原因。所谓后进生，并不是天生就是愚笨的人，除了天生智力低下的儿童外，一般儿童变成后进生无非有两大原因：第一是对学习失去兴趣，第二是课堂上教师讲的课他没有听懂，课后又缺乏辅导，久而久之，功课跟不上。为什么学生缺乏兴趣？原因也很多，或者因为教师讲得不生动、枯燥乏味，或者因为别的活动对他更有吸引力。总之，教师的教学没有能吸引他。这是一个教育问题。我常讲，儿童一般不愿意进幼儿园。但没有一个儿童到了六七岁的时候不愿意上小学的。可为什么有的学生上了几个月就逃学呢？除了有大孩子用不良活动吸引他们外，最重要的原因就是教育不得法。

对于功课已经差的学生怎么办？是限制他参加课外活动，还是利用课外活动来引起他的学习兴趣和求知的欲望？当然应该采取后一种方法。我们有的老师却不是这样，对功课不好的学生不让他参加课外活动，增加他的课内、课外作业。这样不仅不能使学生进步，反而使学生更厌恶学习，思想上产生一种对抗的情绪。明智的办法是从课外入手，逐步提高学生的学习兴趣。有一位老师遇到一个学生不爱学语文。这个老师不是强制他学习语文，而是利用课外时间给他读书。老师选择了一本很有兴趣的书读给他听，每天读一段，读到最有兴趣的时候，就停下来，说今天老师还有事，明天再读吧。几天以后，学生越听越有兴趣，要求老师多读一些，把一个故事读完。老师说，那好吧，这本书借给你，你自己回去看吧。于是这个学生就把书带回家，很快就读完了，以后又向老师借第二本书。就这样，他喜欢读书了，学习语文也有兴趣了，功课慢慢好起来。所以，苏霍姆林斯基把课外阅读看作开发学习困难的学生的智力的有力手段。所谓学习困难，就是学生对教材的领会、理解和记忆都有困难。他们往往一项内容还没有理解，另一项内容又来了；好不容易把一项内容记熟了，另一项内容又忘记了。在这种情况下，一般教师的做法是不许他参加课外活动，让他用更多的时间去复习教材，认为既然他课内的内容还掌握不好，哪有精力去学习课外的东西。其实这种观点是不对的。苏霍姆林斯基在大量实践经验的基础上否定了这种观点。他认为，这样做不利于开发学生的智力。学习上困难越大的学生，越应该参加课外活动，特别是课外阅读。学习困难的学生参加课外活动和阅读不是放任自流的，而是在教师的精心设计和指导下进行的。

有的家长也有错误的观点，认为学生负担已经很重，不让孩子参加课外活动。其实这样适得其反。课外活动越不丰富，学生的智力背景就越贫乏、越狭窄，他对课堂上的学习内容的理解能力就越差。课堂上掌握知识的能力差，做起家庭作业来也就很吃力。我们常常看到知识分子家庭出身的孩子学习都比较好，为什么？并不是知识分子家庭出身的孩子比工农的孩子聪明，也不一定是知识分子天天在教孩子，重要的是知识分子的孩子由于在环境的影响下，总是较早地接触到书本，接触到知识，孩子的智力背景比较宽厚，学习起来就不会感到吃力。

因此，课外活动，特别是课外阅读可以引起学生的学习兴趣，提高学生的求知欲，可以扩展学生的智力背景，有利于学生的智力发展。

第三，课外活动能够丰富和充实学生的精神生活，有利于学生良好品德的形成。学生思想品德形成过程的规律说明，学生思想品德的形成不是靠教师的说教，而是要靠学生自身的实践活动。在活动中遇到问题，经过思想上的矛盾斗争，矛盾解决了，思想就会提高一步。当然并不是说教师的教育不重要、思想品德课不重要，而是说，要把课上课下结合起来，理论和实际结合起来。学生思想品德的形成要有一个思想矛盾斗争的过程，是正确与不正确、先进与落后、知与无知的斗争。这种斗争只有在学生自身活动中才能得到解决。教师要有意识地给学生创造一种矛盾斗争的环境，制造情景，课外活动就是很好的形式。一个球队，一个文娱小组就是一个学生集体，在活动中会遇到许多矛盾，如个人与集体的矛盾、集体与集体的矛盾、勤奋与懒惰的矛盾、先进与落后的矛盾等。通过解决矛盾，学生的思想觉悟就会提高。同时，有了充实的生活就能抵制不良行为的影响。

第四，课外活动可以培养学生的组织工作、人际交往的能力。通过课外活动学生自己组织自己，有许多工作要做。在这些工作中，学生可以锻炼组织能力和人际交往能力。在课外活动中，低年级学生还会与高年级学生在一起，高年级学生对低年级学生会产生很大的影响。他们有帮有学，可以互相促进。

课外活动和课堂教学的目的是一致的，都是为了学生的全面发展，但课外活动与课堂教学从性质上、内容上、形式上都不同，特别是不要把课外活动当作课堂教学的继续。有的教师把课外活动当作课堂教学的继续，利用课外活动的时间补课，这就抹杀了课外活动的特点，也就抹杀了课外活动的优越性和教育意义。从这个观点出发，我不同意把课外活动称之为第二课堂，这样容易误解，误认为是课堂教学的继续。

那么课外活动的特点是什么呢？

第一，课外活动的自愿性。课外活动是课堂教学之外学生自愿选择参加的一种活动。这些活动能够比较充分地照顾到学生的兴趣和爱好，有利于发展学生的特长和才能。因为是学生自愿参加，学生的积极性和主动性就比较高。许多艺术家、体育运动员为什么都是在少年宫、业余体育学校培养出来的呢？就因为这些地方的活动是学生自愿参加的，是符合学生的爱好和特长的，学生自己有这种积极性。因为是自愿参加，他把这种活动小组当作自己的组织，在活动中能够比较自觉地遵守纪律、接受教育，养成良好的纪律性和高尚的思想品德。因此，要特别强调课外活动的自愿性，没有这种自愿性，以上的优越性也就没有了。参加课外活动不能对学生强迫命令。

第二，课外活动的自主性。课外活动要以学生为主，教师和辅导员处于指导和辅导的地位。学生是课外活动的主人，他们商量计划，组织活动，这就有利于学生自学能力和组织能力的培养。因为是学生自己的活动，学生可以自己教育自己。因此，教师切忌在课外活动中包办代替。如果在课外活动中教师包办代替，就失去了课外活动的优越性，学生就会对它没有兴趣。20世纪50年代《光明日报》上有一组漫画，画着一个孩子和一个大人搭积木，大人给孩子搭了一个很好的房子，孩子却一脚踢倒它，自己重新搭起一个歪歪斜斜的房子来。

课外活动，包括班会、团队生活，凡是学生自己组织的活动，教师都不能包办代替。当然不是说放任自流，不去领导和指导，而是要学生领会教师的意愿，通过做工作，变成学生的意愿，指导的目的就在于此。教师要充分相信学生，哪怕出一点差错也不要紧，不要大惊小怪，要注意充分保护学生的积极性、自信心和自尊心。

第三，课外活动的灵活性。课外活动不受课堂教学的限制，它没有教学大纲，没有考试，对学生没有心理上的压力，内容可宽可窄、可多可少，富有伸缩性。各个学校可以根据各自的不同条件和情况，根据学生的愿望开展各种活动。从形式上讲，活动的规模可大可小，低年级可以以群众性的游戏为主，高年级可以组织一些专门小组，也可以采用个人活动的形式。课外活动虽然没有考试，但也有成绩的检验，方式就是汇报演出、展览会、读书会、演讲会、各种竞技比赛等。用这种方式来培养学生的责任心和荣誉感。

由于课外活动的灵活性，不强制性，因此不仅不会加重学生的脑力负担，而且能够调节学生的脑力劳动，有利于学生的身心发展。

认识课外活动的特点非常重要。只有认识了这些特点，才能更好地发挥课外活动的优越性，发挥它的教育作用。忽视这些特点，就会失去或削弱它的教育作用。

组织课外活动还有一些基本要求。

第一，要有明确的目的。课外活动虽然是学生自愿参加的活动，但不能放任自流，不能说学生愿意组织什么活动就组织什么活动。要加强领导，要指导学生开展有教育意义的活动，和德、智、体、美、劳五育结合起来，为学生的全面发展服务。我们特别反对庸俗、低级趣味的活动。

第二，活动的内容和形式要符合儿童的年龄特征，要避免成人化。低年级和高年级要有所区别。当然，也可以让高年级学生去指导低年级学生，也可以和低年级学生共同组织活动。要注意学生的能力，不要伤害学生的身体，例如，体力劳动对小学生要适度。不要搞有危险的活动，例如，打扫高层楼房的卫生、擦玻璃等。课外活动也不宜组织过多。

第三，不要把课外活动变成课堂教学的继续。在课外活动中，巩固知识和应用知识应是自然而然地进行的。

第四，充分发挥学生的自愿性和自主性。教师的主导作用在于把握活动的思想方向，启发学生的积极性和主动性，帮助学生组织活动。同时充分发挥少先队的作用。

第五，需要学校、家庭、社会多方面的配合，光靠学校教师的力量开展课外活动是有困难的。

让儿童生动活泼主动地得到发展[*]

北京第一师范附属小学等7所学校提倡"愉快教育",这是很好的思想和经验。毛泽东早在1972年就提出,要使学生在德、智、体诸方面都能生动活泼地主动地得到发展。这是毛泽东教育思想的精髓,因为只有做到这一点,才能培养社会主义建设所需要的人才。"愉快教育"正是符合这个精神的。

"愉快教育"的精神实质是要让儿童乐于学习,变"要我学"为"我要学""我会学"。这是符合教育规律的。教育规律告诉我们,学习动机在学生学习过程中的作用是很大的。只有学生愿意学习才能取得好的教学效果。美国著名教育家布鲁纳写了一本《教育过程》。他在书中写道:"追求优异的成绩,看来包含着几件事情。这些事情不但同我们教什么有关系,而且同我们怎么教和怎样引起学生兴趣也有关系。"引起学生兴趣,就是培养学生的学习动机。"愉快教育"就是要引起儿童的学习兴趣,培养良好的学习动机。

学习动机的产生,是客观世界对学生的学习要求在学生大脑里的反映。学习动机有正确与不正确之分。正确的动机可以激发学生努力学

---

[*] 原载《中国教育学刊》,1990年第4期。

习。学习动机还可以分为外部动机和内部动机两种。所谓外部动机，是指它的目的不在于学习本身，而是通过学习想得到所要的东西，如想得到奖赏、得到好的分数等。所谓内部动机，就是学习的价值使学生产生的学习动机，学生的学习行动是由学习的内容、学习本身的吸引力引起的，不是为了其他目的。布鲁纳认为，学习的最好动机乃是对所学材料本身产生兴趣，不宜过分重视奖励、竞争之类的外在刺激。我认为，学习动机还应该包括学习的目的。学习目的和学习动机不完全是一回事，但它们之间有联系。学习目的主要是指学生的学习理想，有了理想就有了学习的动机。对小学生来讲，培养远大的理想是必要的，但他们还不大能理解理想是怎么一回事，因此培养学生的学习兴趣，培养学习的动机就是十分重要的事。

我还认为，学习的外部动机也会转化为学习的内部动机。例如，有些儿童对学习不感兴趣，或者没有信心，但经过教师的鼓励、帮助，使他有了信心，逐渐对学习产生了兴趣，从而产生了渴求学习的内部动力。"愉快教育"就是通过快乐的学习使学生产生渴望学习、喜爱学习的内部动力。

"愉快教育"不是简单地减轻学生的学业负担，但它却起到了减轻学业负担的作用。正如上海第一师范附小的经验中指出的："如果教师在教学中不能激起学生学习的兴趣和积极性，即使没有作业，学生光是坐在教室里，心理负担已经超重。如果教师能从情感教育入手，改革教材和教学方法，调动学生内在的学习积极性，即使不布置作业，学生也会主动地、努力地去钻研。"这是很正确的。要减轻学生的学业负担，首先要解除学生心理上的压力，让学生愉快地学习。要做到这一点，就要全面贯彻教育方针，纠正片面追求升学率的问题。

当前小学生的负担过重表现在两个方面，一方面是作业过多，这是有形的压力；还有一种无形的心理压力，就是升学的压力。后者比前者更沉重，而且是前者产生的原因。因此，要真正解决学生的负担问题，首先要克服片面追求升学率的问题，把学生从考试中解放出来。

"愉快教育"的出发点是更好地培养人才。社会主义建设不需要只会呆读死记、照章办事的官吏，而是需要有创造精神、奋斗精神的人才。把学生从升学的压力中解放出来、从沉重的作业负担中解放出来，就有利于他们在德、智、体、美、劳诸方面的发展。

从7所学校的经验可以看到，他们开展"愉快教育"是从多方面着手的：从内容上，重视德、智、体、美、劳各方面的教育；从形式上，课内课外结合、校内校外结合，生动活泼。

开展"愉快教育"，首先要从改变旧的教育观念入手，要树立新的人才观，要克服几千年来存在的"读书做官""学而优则仕"的旧思想。旧的人才观认为，只有出人头地、高官厚禄的人才是人才。在这种传统的旧观念影响下，似乎只有上大学，成了专家、学者、科学家、政治家才是人才。这种人才观是狭隘的、不科学的。社会主义的人才观应该是，凡是有高度的社会责任感，勤奋工作，勇于创新，能为社会主义建设做出一定贡献的都是人才。人才是有层次、有类别的，各行各业都能出人才。现在社会上流行的"读书无用"论实际上是"读书做官"论的一个反面，认为读了书而做不了"官"就是无用。这是错误的人才观的反映。每个教师、每个家长都要树立正确的人才观，才能更好地开展"愉快教育"。

旧的学生观认为学生是客观地被动地接受教育的对象。我们一定要改变这种旧观念，要把学生视为学习的主体，启发他们的学习积极性和主动性。教师要对学生充满信心，要热爱学生、相信学生、尊重学生，在师生共同活动的过程中使学生愉快地接受教育。

开展"愉快教育"的关键在于教师。教师要有全新的教育观念、崇高的思想境界、较高的业务水平和教育艺术，才能运用自如地开展"愉快教育"。单从方法上着眼的改变是不能持久的。要让学生愉快地接受教育，教师首先要在思想上热爱教育事业、热爱学生，努力提高自己的思想和业务水平，愉快地进行教育。

愿"愉快教育"在中华大地上普遍开花。

"愉快教育"的经验值得推广*

北京一师附小、上海一师附小、无锡师范附小等7所小学关于"愉快教育"的实验报告，很有说服力。他们的经验都很好，值得在全国推广。为什么说他们的经验很好呢？可以从下面几个方面来说明。

第一，他们的经验好就好在都是从培养人才出发，而不是从追求升学率出发。培养人才，就要全面贯彻教育方针，不能只抓智育，不抓德育、体育、美育和劳动教育；培养人才，就要让学生不仅掌握书本上的知识，而且要发展学生的能力；培养人才，就要让学生学得生动活泼，而不是呆读死记。7所学校都注意从全面提高学生素质上培养人才，在内容上注意德、智、体、美、劳五育全面开展；在形式上课内课外、校内校外相结合，给学生创造乐于学习、愉快学习的环境。

第二，他们的经验好就好在符合教育规律。教育规律告诉我们，教育过程是师生共同活动的过程，学生思想品德的形成、知识能力的获得要通过学生自身的活动，通过他们内部的矛盾斗争。学生是教育对象，但他们与物质生产的对象不同，是认识世界的主体，具有主观能动性。他们不是被动地接受教育，而是对教师的讲解、教导具有主观选择性。因此，只有符合学生主观愿望的东西，他们才乐于接受，"愉快教育"

---

* 原载《人民教育》，1990年第9期。

正是符合这个要求。它不是强迫学生学习，而是启发学生学习，把"要我学"变成"我要学"，使学生在没有任何心理压力的情况下自觉地学习。这样才能学得进去，学得更好。

教育规律告诉我们，教育要符合学生的年龄特征。"愉快教育"正是符合小学生的年龄特点的。小学儿童年龄尚小，注意力不易集中，意志力也比较薄弱。他们对待学习往往从兴趣出发，对感兴趣的东西就愿意努力去做；对不感兴趣的东西往往就不愿意去做。"愉快教育"从小学生的这一特点出发，注意培养学生的学习兴趣，让学生兴致勃勃地学习，变"被动地学"为"主动地学"。

小学儿童都有旺盛的求知欲。这种求知欲可以因为教育得法而越烧越旺，也可以因为教育不得法而被窒息。我们常常见到孩子在小时候不愿意离开父母上幼儿园，但从来没有见到六七岁的孩子不愿意上小学。孩子到了六七岁，总是迫不及待地想上小学。对他们来讲，背上小书包、戴上红领巾，是他们生活中的新起点。但是为什么有些孩子上学以后不久就不想上了呢？原因可能很多，但其中一个重要原因就是学校的生活不能吸引他们，教育不得法把他们的求知欲压抑了。学业负担过重，使他们没有玩乐的时间，因而使他们厌学。从这一点上来讲，可以看到，教育的效果并不总是正面的，它可能得到负的效应，关键在于教育是否得法，是否符合教育规律。"愉快教育"注意了小学生的年龄特点和心理特点，重视寓教于乐，使儿童的求知欲永远保持旺盛。

第三，他们的经验好就好在创造了各种教育方法，使学生学得更好。"愉快教育"不是简单地减少学生作业，而是把学生从片面追求升学率的压力中解放出来。上海一师附小的经验中有一段话很有意义，他们说："当前小学生学业负担过重的问题如果仅仅用限定作业时间量的办法是难以解决的。如果教师在教学中不能激起学生学习的兴趣和积极性，即使没有作业，学生光是坐在教室里，心理负担已经超重。"我完全同意他们的观点。如果把学生的学习积极性调动起来，如果教育得法，学生就不会感到学习是个负担。如果用分数来压学生，把六年的课程压缩成五年，最后一年用来复习以应付考试，则会加重学生心理上的压力，使学习本来是快乐的事，变成苦差事。当然，鉴于目前全国对教育的认识，鉴于片面追求升学率的阴影还笼罩在广大师生头上，教育行政部门采取行政措施，规定课外作业总量，把学业负担减下来还是很有必要的。

第四，"愉快教育"的经验好就好在不仅能让学生保持旺盛的求知欲，学习得更好、更活，而且能培养学生高度的自信心、责任心，能培养学生坚忍的意志、开朗的性格和创造精神。这些心理品质对社会主义新人来讲比知识更重要。他们在小学里养成了这些品质，对他们的一生都有意义。

第五，开展"愉快教育"的关键在于改革，在于提高教师的思想和业务修养。首先是转变教师的教育观念，包括人才观、学生观、教学观。什么是社会主义人才观？说得简单一些，就是只要全心全意为社会主义建设服务的就是人才。人才是有层次的，不仅科学家、政治家、企业家是人才，各行各业也都出人才。因此，教师不能对学习成绩差的学生看不起。何况各个学生发展水平不平衡，很可能有些学生是大器晚成。因此，教师要对学生一视同仁，使每个学生都积极主动、活泼地得到发展。

"愉快教育"是我国教师创造出来的经验。全国可能还有许多学校有这样的经验。"愉快教育"也是继承了历史上进步教育家的教育思想而发展起来的。让我们大家都来努力端正办学思想，坚持全面育人，从而为祖国培养大批的、优秀的社会主义建设人才。

再论教师的主导作用和学生的主体作用的辩证关系[*]

一、问题的提出

近几年来，教育界对教师和学生在教育过程中的地位和作用的讨论非常热烈。特别是对教师的主导作用和学生的主体作用这一命题提出了不同的意见和看法。我认为，这个讨论是非常有益的。在后一个命题上，我是"始作俑者"。1981年，我在《江苏教育》第10期上发表了《学生既是教育的客体，又是教育的主体》一文；1982年，我和黄济同志共同主编的中等师范学校用的《教育学》教材中又把这个命题做了专节论述，于是引起了学术界的讨论。赞同者有之，反对者也有之。反对者认为，认识事物只能有一个主体，教师在教育过程中起主导作用，因此教师才是教育的主体。针对这个观点，我在1987年的拙作《论教育的传统与变革》中又一次阐述了学生是教育的主体的观点，明确说明教师主导作用一词是由俄文翻译过来，意思是先导、引导作用，并无主体的含义。这就引起了更大的争论。赞成者给我来信，甚至亲自到北京来找我，支持我的观点；反对者也给我来信，与我商榷。从这些争论中，我

---

* 原载《华东师范大学学报（教育科学版）》，1991年第2期。

受到很大教益。我感到，我有必要再一次就这个问题表明我的意见。同时也想借此机会感谢来信的和在报纸杂志上参与讨论的同志们。无论是赞成者还是反对者都对我有很大的帮助，他们帮助我进一步思考这个问题，弄清这个问题。

其实，这个命题并非我的发明。1976年出版的苏联巴拉诺夫、沃莉科娃、斯拉斯捷宁等编写的《教育学》中就有专门一章"儿童是教育的客体和主体"。虽然该书对这个命题并未做理论上的论述，但这个标题的提出却给了我很大的启发。我当时的想法很简单，认为20世纪60年代提出的"教育不仅是传授知识，而且要发展学生的能力"命题很重要。但如何才能发展学生的能力呢？首先要从教育观念上加以改变，把儿童看作教育的主体就是一种教育观念的改变。我认为，我们传统教育的弊端之一就是教师说了算，教师照本宣科，学生照本考试，学生缺乏积极主动性，学习缺少生动活泼。要改变这种状况，首先就要改变传统的旧的教育观念，要把学生看作学习的主人、教育的主体。当然，我当时也找了一些理论来支持这个观点，但是想法就是如此而已。

二、分歧的意见

关于这个问题，人们在讨论中有许多不同意见，归纳起来大致有如下几种。

（1）赞成学生是教育的主体的提法。

（2）不赞成学生是教育的主体的提法。其中又有不同的意见，有一部分同志认为教师才是教育的主体。因为教师闻道在先，知识丰富，又是教育方针的执行者，教师的主导作用就是主体作用；另一部分同志从哲学的角度来分析，认为任何事物只能有一个主要矛盾，任何一个矛盾只能有一个主要方面。教育过程的主要矛盾是师生之间的矛盾，师生之间的矛盾的主要方面在教师，因此教师才是教育的主体，如果学生也是主体，则变成多中心主义、二元哲学；还有的同志从逻辑学的角度认为，同一对象不能既是主体又是客体，否则就违反了逻辑的矛盾律。

（3）把学生是教育的主体理解为是学习的主体，赞成教师是教育的主体，学生是学习的主体的提法。实际上也是不赞成学生是教育的主体的提法。

不论是哪种意见，争论的焦点仍然是学生在教育过程中的地位和作用，学生是不是教育的主体。我想，不简单地回答这个问题，对不同的意见先不做分析。我想先来看看教师和学生在教育过程中的地位和他们相互间的关系。

三、教育过程中的三个要素及其相互关系

马克思主义认为，教育过程是人的一种特殊的认识过程，也就是说，它既具有认识过程的一般规律，又具有反映教育过程特点的特殊规律。一般规律就在于客观世界是认识的对象——客体，人是认识的主体。人的认识过程就是在主客体二者相互作用的实践活动过程中主体对客体的认识。教育的特殊规律在什么地方呢？主要表现在两个方面：第一是学生的认识过程不是学生通过自身（主体）对客观世界（客体）的直接的实践去认识世界的，而是通过教师和教材的中介，学生以学习书本知识、间接经验为主，是走的一条捷径。正如马克思所说的："在生产科学所必要的劳动时间，同最初生产科学所需要的劳动时间是无法相比的，例如学生在一小时内就会学会二项式定理。"教育过程就是科学知识的再生产过程。第二是教育过程不像一般认识过程那样只有主客体二者的关系，还增加了指导主体去认识客体的教师这个第三个角色。也就是说，一般认识过程只有主体和客体两个要素；而教育过程则有三个

要素：教师、学生和认识对象（主要体现在教材上）。也有的同志把教育过程说成是有四个要素，即把教育手段也作为一个要素。我认为不必。当然，主体为了认识客体，总要想方设法运用各种手段，但这些手段只是作为主体的工具而存在，它们起着延长和加强主体的认识器官的作用，但不是教育过程的基本要素。

教师、学生、认识对象三要素在教育过程中是什么关系呢？我们不妨把三者分解地来认识。

教师在教育过程中既是主体，又是客体。教师对于认识的对象——客观世界而言，他是认识的主体。他首先要对客观世界有一个认识过程，才能使他得到的认识成为自己的知识，然后传授给学生。当然，这个过程不是在教育过程中完成的，是在这之前，在他自己受教育的阶段以及以后的不断实践和学习过程中完成的。但是在教育过程中，他们仍然要不断地认识，如对教材的进一步钻研、对教育的对象——学生的了解和认识。所以，在教育过程中，教师仍然是认识的主体。教师对于学生来讲，他又是学生（主体）认识的对象（客体）。教师一方面是知识的载体，他拥有学生需要学习的丰富的知识，是学生学习的对象。另一方面，教师还是学生学习的榜样，他的人格、品德也是学生认识的对象。只有教师被学生所认识，才能取得较好的教育效果。从这个意义上讲，教师在教育过程中又是认识的客体。

但是，教师在教育过程中不是被动地被学生所认识，而是处于积极主动的地位。他是通过自己的活动有计划、有组织地把知识传授给学生，而且帮助学生发展能力，形成一定的观点。因此，教师这个认识的客体与一般的客体不同，他有主观能动性，在教育过程中起着主导作用。如果说，在一般的认识过程中主体和客体相互作用时主体处于主动地位，客体处于被动地位，即客体是不以人的意志为转移地自己运动着的客观存在，那么，在教育过程中，学生和教师的双边活动都是积极主动的。教师作为学生认识的客体，不是一个单纯自己运动着的物质，而是有意识的活动，他的活动往往视学生的意识活动的变化而变化，是由教师自己的意识所支配的。因此，师生之间的关系也就不只是一般的主体和客体之间的关系，而且又是两个主体之间的交流。

学生在教育过程中也既是主体，又是客体。学生是认识过程的主体，他所要学习的知识是他认识的客体。但是这种客体和一般认识过程中的客体也有所不同，它不是客观世界本身，而是客观世界在前人意识中的反映，是前人经过实践总结的经验。这些经验对学生来说不是直接经验，而是间接经验，这些经验物化在知识体系中。学生在教育过程中认识客体不是直接作用于被认识的客体，而是通过这种知识体系的媒介。这种知识体系为了便于学习，就编制成教材（包括教学参考资料），学生就是通过学习教材来认识世界的。

教材在教育过程中起着不可忽视的作用。教材是指按照培养目标和课程要求，把某门学科知识编制成教学工具，它是学生认识客观世界的媒介。但是如果说，学生仅仅通过阅读教材来认识世界，还不能算是教育过程，只能叫作自学过程。教育过程中还有教师的作用。学生要通过教师的讲解、启示和指导才能深刻理解教材，掌握教学大纲中要求的知识。

教材的内容是学科知识的高度概括，它与教师掌握的知识是相一致的。但是，教师掌握的知识比教材的内容更丰富、更深刻。教师还掌握了教材编制的目的性和原则性，掌握着该门学科的内在逻辑和发展趋势。因此，只有通过教师的讲解、启示和指导，学生才能较快、较好地学到必要的知识。从这个角度来讲，教师和教材同样都是知识的载体，都是学生认识的对象（客体）。

学生同时又是教育对象，也即教育的客体。因为教育是有目的的、有意识的社会活动，是教师根据一定社会的要求，有意识、有目的地把学生塑造成为一定社会成员的过程。在教育过程中，学生被教师所认识、所塑造。但是，学生不是被动地接受教育的，他有主观能动性。他不仅受到教师的影响，而且还受到外部世界的各种影响；他不仅通过教师和教材获得知识，而且通过自己的实践获取课堂上得不到的知识，从而影响教育过程。因此，把学生单纯地看作教育的客体也是不对的。

从以上可以看到，教育过程中三个要素构成了十分复杂的关系。它构成了教育内部的规律。正确认识这个规律才能使教育过程处于最佳状态，获得较好的教育效果。

过去曾经有人把教育过程中的三个要素认作像天体运动中的三体，提出教育过程的三体论。我不同意这个观点。从哲学的角度来看，认识过程中只存在着二体：主体和客体，不存在三体。教育过程也是一种认识过程，也只存在着二体。对于客观世界（包括教材）来讲，教师、学生都是主体，客观世界是认识的客体。教师和学生如以一方为认识的主体，则他们又互为对方的认识客体。这里我要修正一下我过去的提法。我在《论教育的传统与变革》一文中说："在教学过程中只有一个主体，就是学生。"这个说法不妥。应该说，在教学过程中，教师和学生都是主体，又都互为客体。当时我所以那样说，主要是针对教师的主导作用一词而言的。我在文章中说，教师主导作用这个名词是从苏联教育学翻译过来的，原文意思是指引导、先导作用，丝毫没有以教师为主的意思。但从哲学的主客体范畴来讲，教师、学生都应该是主体。

四、教师的主导作用和学生的主体作用是辩证的统一，反映了教育过程的内部规律

前面主要从哲学的认识论高度来谈主体和客体在教育过程中的反映。这里再来谈谈师生在教育过程中的相互作用。我是赞成在教育过程

中提"教师的主导作用和学生的主体作用"的，但这里先要说明，主体作用并非主体，主导作用更非主体，它只是表明教师和学生两者在教育过程中的相互作用，当然这种关系是由两者的地位所决定的。但论证者往往把这种关系和主客体两者实体混淆起来，这就得出两者不能相容的结论。

在教育发展史上，关于教师和学生在教育过程中的地位和作用历来是争论的焦点。一派意见认为在教育过程中，教师有绝对的权威，学生只是教育的对象，他们只是被动地接受教育，自己没有主动权。此谓之教师中心主义。另一派意见认为学生是教育的中心，教师则处于辅助地位，学生是太阳，教师要围绕着学生转，此谓之儿童中心主义。这两派意见都没有辩证地认识到教师和学生两者在教育过程中的相对地位，只强调了一方的作用，忽视了另一方的作用。

在教育过程中，学生是教育的对象，教师起着主导作用。这是因为：第一，教师是教育方针的执行者，他根据一定的教育目的，按照一定的教育计划，对学生施加有目的、有计划、有组织的影响；第二，教师闻道在先，具有比学生多得多的知识，而且具有较完美的人格，无时无刻不在影响着学生；第三，学生还处于不成熟的成长时期，他们的德、智、体诸方面都要在教师指导下发展。认识教师的主导作用就在于教师起到引导、指导的作用。从这个意义上讲，学生是教育的对象，是被塑造者。但是教育对象与一般的生产对象不同，教育过程也不同于生产过程。这是因为：第一，学生是活生生的社会人，学生是教育活动的重要参加者，是在与其认识客体（教师和教材）的交往中获得知识和发展能力的；第二，学生不是被动地接受教育的，他具有主观能动性，学生绝不是一张白纸，能够随意画出所想画的图画，也绝不是一台录音机和录像机，能够把教师的一言一行都记录下来，学生在接受教育影响时要受到已有认识和情感、意志的支配，他的认识具有选择性；第三，一切教育影响都要通过学生自身的实践活动，经过他的内在矛盾斗争才能被他所接受。一切教育活动，除了必须要有好的内容、好的教材、好的教师等外部条件之外，还必须有最重要的一条，就是学生愿意学习，教育活动才能顺利进行。在教育过程中，学生只有在教师的指导下，才能通过自己的活动去获得知识和提高认识，形成信念，发展能力。因此，我们强调在教育过程中要发挥学生的主体作用。其实这里所说的主体作用指的是充分发挥学生的学习积极性和主动性，让学生有主人翁感，使他主动地接受教师的教导。

因此，教师的主导作用和学生的主体作用不是互相排斥的。不能说因为要发挥教师的主导作用，学生就只能被动地接受教育；也不能说因为要发挥学生的主体作用，教师就只能被动地围着学生转，不去执行教育方针，进行有目的、有计划的教育。相反，两者是互相作用、辩证统一的。主张学生的主体作用并不排斥教师的主导作用，相反，对教师的主导作用提出了更高的要求。也就是说，教学不仅要求教师照本宣科地传授知识，而且要启发学生的积极主动性，使学生学得生动活泼。学生的学习积极主动性越高，教育效果会越好，教育质量就越高。也就是说，要能使学生在教育过程中发挥主体作用，就要求教师更好地发挥主导作用；教师在教育过程中发挥了主导作用，学生才能更好地起到主体作用。

这里就有一个对教师主导作用的理解问题。如果把它理解为教师的绝对权威，教师说了算，那当然就不可能发挥学生的主体作用。但是我想，教育发展到现时代，这种理解恐怕是大多数教育理论工作者和教师都不能接受的。所以，我想也不必费笔墨去评论它，虽然现实生活中这种现象并不少见。

五、提倡教师的主导作用和学生的主体作用的现实意义

我们提出这个命题并非无病呻吟，在做文字游戏，而是有很大的现实意义。我国长期以来的教育传统是把教师放在中心位置。虽然20世纪二三十年代，权威的儿童中心主义思潮曾经一度在我国盛行，但很快就烟消云散。中华人民共和国成立以后学习苏联教育经验，强调教师的主导作用和教师的权威，仍然把教师放在教育的中心，把学生视作被动地接受教育的对象，看不到学生的积极主动性，也不注意培养学生的主动精神和独立能力，这种传统的教育观念已经严重地影响到我国的教育质量和人才培养。

早在20世纪60年代，由于科学技术的迅速发展，知识信息急剧增长，许多教育家都认识到，学校教育不可能也没有必要把全部知识教给学生，重要的是把最基本的、最先进的知识教给他们，同时注意培养他们的能力，使他们能够独立思考、举一反三、善于探索新的知识。也就是说，教育不只是教给学生知道什么，更重要的是要教会他们如何学习，如何去探索事物的奥秘。要做到这一点，就要培养学生的主动性，让学生由被动地学习转变为主动地学习。正是在这种形势下，我们提出学生是教育的主体这个命题。应该说，这个命题已经超越了教师是中心还是学生是中心的历史上教育命题的争论，向新的认识跨越了一大步，它带有20世纪新科技革命时代的特点。

但是在我国，这个问题长期没有得到解决，学生负担过重，学习消极被动，学习方法死记硬背，这已经成为我国教育实际中的痼疾。虽然自从毛泽东同志提倡教学要注意启发式以来，大家都在谈论如何做到启发式教学，但始终未能落到实处。固然原因很多，但没有树立起正确的教育观念，特别是没有正确的学生观，不能不说是一个重要原因。因此，当前要深化教育改革，要为社会主义现代化建设培养具有献身精神

和创新精神的人才，就必须从改变旧的教育观念、树立新的教育观念着手。其中一个重要的教育观念，就是要把学生看作教育过程的主体，在教育过程中充分发挥学生的主动性、积极性、创造性，这样才能有助于培养学生自我教育的能力，更好地促进学生在德、智、体、美诸方面生动活泼地发展。现在全国许多小学校都在开展愉快教育，什么是愉快教育的精神实质？它的实质就在于把学生放到教育的主体地位，使得学生愿意学习，把学习当作乐事。愉快教育与刻苦学习并非对立的。有的同志认为学习应该是刻苦的，不能都是愉快的。但他不明白，只有愉快教育才能使学生从愿意学习发展到刻苦学习，也就是做到以苦为乐。强迫教育只能使学生把学习当作苦差事而敷衍了事。所以说，愉快教育绝不是一个教育方法问题，而是一种教育思想的转变问题。提出学生是教育的主体就是为了实现这种转变，从而使教育质量能够得到提高。

【参考文献】

［1］顾明远，黄济.教育学［M］.北京：人民教育出版社，1982.

［2］顾明远.论教育的传统与变革［J］.中国社会科学，1987（4）.

［3］［苏］巴拉诺夫，沃莉科娃，斯拉斯捷宁，等.教育学［M］.北京：人民教育出版社，1979.

试论课程改革的依据和原则*

深化教育改革已经进行了许多年，有的进行了学制改革的试验，有的进行了学校整体改革的试验，有的进行了单科教材教法的试验。这都是十分可喜的现象。但从国家的总体上来讲，教育改革要深化，首先要抓住课程这一环。因为，无论是教育结构的改革，还是办学方向的改革，都要落实到课程上。学制和结构的改革是一种组织形式的改革，而课程改革则是一种内容的改革。所以，20世纪60年代世界性的教育改革就是从课程改革开始的。

课程改革的问题很大。从纵向来讲，它涉及大、中、小学；从横向来讲，它涉及各门学科的相互关系。在一篇短文中不可能什么都谈到，所以我想就中学阶段的课程改革谈一点原则性意见和同志们一起探讨。

讲到中学课程，首先要回答一个问题，即制定中学课程的依据是什么？我认为有下列几点。

第一，中等教育的任务是制定中学课程最重要的依据。我认为，从总体上、发展上来讲，中等教育属于基础教育范畴。当然，从学校的性质和任务来讲，中等教育可以分为普通中等教育和职业技术中等教育两大类，它们的性质不同，培养目标不同，但是它们都处于中级阶段，无

---

* 原载《学校教育》，1991年第2期。

论是从整个教育进程来讲，还是从个人成长发展的阶段来讲，都处于尚未成熟、趋向成熟阶段，都有一个继续发展的问题。从中等教育的培养目标和出路来讲，中等教育有双重任务，即为学生的进一步学习和为就业做准备。这种双重任务对普通中学来讲是显而易见的，因为普通中学总是只有一部分毕业生能够升学，另一部分毕业生将进入劳动市场。对职业中学来讲，一般总认为只有一个任务，就是毕业后就业，这种观点有失偏颇。因为，毕业后就业并不等于从此中断学习，从终身教育的观点来看，还需要不断学习，何况不能排除个别的毕业生继续升学的可能性。因此，中等教育的任务就是打基础。那么，打什么基础？我认为，要打好下列三方面的基础：①为进一步学习打基础。这种学习包括升入高一级学校学习，也包括终身学习。也就是说，通过中等教育，学生不仅掌握基本的文化科学知识，而且掌握了进一步学习的能力和方法。②为将来接受职业训练或者为完善职业训练、提高职业技能打基础。普通中学毕业生中的一部分要就业，就要接受职业训练，职业中学的毕业生也有进一步完善和提高自己职业技能的需要。打好职业训练的基础，包括心理上的和知识技能上的能力。要做到这一点就需要在课程上考虑设置有关职业指导的课程。③为学生的身心发展打基础。这里面包括学生世界观、人生观、思想品格的初步形成、心理品质的发展、体力的增强、生活能力的培养等，国家应该从德、智、体、美、劳诸方面的发展来考虑课程的设置。

第二，科学技术文化的发展是制定课程的又一个重要依据。课程的设置和各门学科的内容不是一成不变的，它要随着科学技术和文化的发展而不断变化、更新内容，使课程内容能够跟上科学技术文化的发展。有的专家认为，20世纪50年代以前的课程是19世纪设计的，它只反映了19世纪末的科学文化发展的水平，20世纪60年代进行了一次课程的大改革，教学内容实现了现代化。但是现在已经进入了20世纪90年代，教学内容需要进一步改革，并且要考虑到21世纪科学文化发展的趋势，才能跟上发展的步伐。

当前科学技术文化的发展有两个重要的特征。一个是科学越来越分化，同时又越来越综合。这就要求我们在制定课程时，既要考虑到各门学科系统的知识，又要考虑到各学科之间的联系。有人主张开设综合课程就是考虑到学科之间的联系问题。例如，"能"的问题，物理、化学、生物、地理都要讲到"能"的问题，如果综合起来讲，对"能"的理解就会有一个全面的概念。科学技术文化的发展的另一个特征是自然科学和社会科学结合得越来越紧密。社会科学的研究需要借助于自然科学的研究方法，而自然科学中的现象，特别是科学技术在社会上的应用所引起的社会问题，光靠自然科学本身不能解释，需要运用政治学、社会学、经济学、心理学、教育学等社会科学的理论来说明。这就是所讲的自然科学和社会科学的联盟。这种联盟也需要在课程中有所反映，近年来欧洲盛行的所谓STS（科学、技术、社会）课程，就是基于这种观点。

第三，学生身心发展的规律，特别是学生的认识规律和认识水平是制定课程的依据。课程不同于学科，学科是根据各门科学的内在逻辑形成的体系，课程是根据教育目的、学生认识的规律改造过的学科体系。它不仅要遵循学科的内在逻辑，还要考虑学生的认识规律和接受能力。20世纪60年代美国的课程改革，虽然取得了很大成绩，但是当时编写的课本都没有能被广泛地、长时期地采用，原因就在于当时的所谓"新数学""新物理""新化学"等只考虑了学科的发展，没有考虑学生的接受能力和社会的需要。布鲁纳在1960年曾经写了一本书谈教育改革，名叫《教育过程》。1970年他又写了一本书，叫《教育过程再探》，后者就提到1960年的课程改革太理想化了，没有考虑到社会的需要和学生的可能性。遵循学生身心发展的规律还包括学生发展的个别差异，学生的兴趣、爱好、特长都是不一样的，其他心理品质也不尽相同。课程要能充分发展学生的潜力，就要考虑到个别差异。正因为如此，所以现在课程论专家都主张把课程分为必修课和选修课。除了所有学生必须学习的公共基础课外，设立较多的选修课由学生根据自己的爱好和特长自由选修。

第四，社会的需要和国情是编制课程需要考虑的因素。社会的需要可以反映在中等教育的结构上，也要反映到课程设置上。中等教育的双重任务反映了社会的需要，但是社会需要是多方面的，中等教育作为基础教育来讲不能完全满足社会的需要，但是作为双重任务，在课程上要有所反映。

课程的编制要结合本国的国情。我国幅员辽阔，经济文化发展不平衡，教育发展也不平衡，因此，课程编制不能只有一个方案，应该根据不同的情况有多种方案。可以设想，在全国范围内有一个最基本的标准，即大多数学生和教师能够接受的标准，在这个基础上再搞多种方案，以适应不同地区的不同要求。

以上是编制课程的依据，根据这些依据可以归纳出编制课程的几条原则，这就是：①社会主义方向性原则；②全面发展、因材施教的原则；③科学性原则，符合学科发展的内在逻辑和符合学生的认识规律；④统一基准和多种方案相结合的原则。

关键是教育观念的转变[*]
——再论"愉快教育"

　　"愉快教育"活动在小学已经开展一年多了，并已取得了较好的效果，但是在理论上却还存在不同的意见。赞成者认为，"愉快教育"是符合教育规律的，效果也是好的；不赞成者认为，学习本来就是要求刻苦的，"愉快教育"怎么能培养学生刻苦学习的精神；也有的同志认为，"愉快教育"并非新鲜事，老早夸美纽斯就提倡教学要听其自然，发展儿童的天性，今天来提倡，未免有些倒退。究竟"愉快教育"该不该提倡，它在理论上能否站得住，这是教育理论界应该回答的问题。

　　首先表明，我是属于赞成者之列。去年春天，当国家教委基础教育司把北京一师附小开展"愉快教育"的经验材料转给我看时，我就认为这是一份好的经验，值得推广。我一开始并没有从理论上来分析这个经验，只是从一个教育工作者的直觉来评论这件事。因为不仅仅是我，还有许多同志都感到，我国小学教育中最大的弊端是学生被束缚于沉重的教学负担之中，不能生动活泼地主动得到发展。许多同志感到很忧虑，我们这样的教育怎么能培养出21世纪所需要的具有高度创造活力的

＊　原载《北京教育》，1991年增刊。

人才！当看到北京一师附小的材料时，我很兴奋，觉得我们的小学教育有了希望，只有这样的教育，才能使学生得到生动活泼的主动的发展。这种直觉，我至今仍然认为是对的。

一年来，这个经验已经在全国推广，这是一件大好事。但是确实需要从理论上加以论证，只有提到理论高度，才能正确地指导行动，否则经验的推广可能会走样。

首先要回答的问题是："愉快教育"的实质是什么。我认为，实质就在于充分调动学生学习的积极性和主动性，使学生能够在德、智、体诸方面都得到生动活泼的主动的发展。早在1962年，毛泽东同志就提出这个要求。我认为这是毛泽东教育思想的精髓，今天有必要重新来认识。毛泽东同志在领导中国革命和建设中深深感到培养人才的重要性，对教育工作特别关注。他发表了许多精辟的言论，中心思想是要培养理论联系实际、具有创造精神的生动活泼的人才。他对呆读死记、读死书、死读书深恶痛绝，因此他往往采用极其尖刻的、夸张的言语来抨击这种旧的教育思想和教育方法。但是，一个时期，除了"文化大革命"中"四人帮"的有意歪曲外，许多同志也只是从表面上来理解他的言论，并未真正领会他的思想实质。今天，我们重温毛泽东同志关于教育工作的言论，感到他见解之精辟是无与伦比的。特别是"要使学生在德、智、体诸方面都能生动活泼地主动地得到发展"这句话，不仅在当时具有现实意义，在今天也具有深远的时代意义。

怎样才能达到德、智、体诸方面都得到生动活泼主动的发展这个目的，这就要充分调动学生学习的积极性、主动性，要让儿童乐于学习，变"要我学"为"我要学""我会学"。"愉快教育"就是达到这个目的的手段。"愉快教育"与刻苦学习不是对立的。对一个儿童来讲，首先要解决一个让他乐于学习的问题。如果他不乐于学习，刻苦学习的精神也无从建立。我认为，乐于学习本来是儿童的天性。儿童成长到五六岁时，由于外部世界对他的大脑的刺激，使他产生认识上的矛盾，他迫切要求解决这些矛盾，因此常常向大人提出"为什么"的问题，求知欲是十分旺盛的。学校教育的责任就在于点燃他们这种求知的火花，满足他们的求知欲望，而不是相反，扑灭这种火花，压制他们的求知欲望。我经常讲，很少看到六七岁的孩子不愿意上学的。我曾经问过一个6岁的孩子："小时候你哭着不愿意上幼儿园，为什么现在那样急着想上小学呢？"他回答说："我现在长大了，我要知道好多好多东西。"看来，乐于学习是儿童的天性。但是为什么有些儿童入学以后就厌学呢？没有别的原因，只能怪我们的教育不得法。沉重的学业负担、成人化的教育方法，使得儿童把学习当作苦差事。这样的情绪怎么能培养起刻苦学习的精神呢？怎么能使学生生动活泼主动地发展呢？只有反其道而行之，减轻学生的学业负担，调动学生学习的积极主动性，让他乐于学习，而且学会如何学习，充分满足他的求知欲望，那时才可能树立起刻苦学习的精神，把"苦差事"当作乐事。这就是苦与乐的辩证法。

减轻学生的学业负担不是"愉快教育"的目的，但它却起到了减轻学业负担的作用。当前，小学生的负担过重表现在两个方面：一方面是作业过多，这是有形的压力；还有一种无形的压力，就是升学的心理负担。后者比前者更沉重，而且是前者产生的根源。因此要开展"愉快教育"，首先要把学生从升学的压力下解放出来。正如上海第一师范附小的经验中指出的："如果教师在教学中不能激起学生学习的兴趣和积极性，即使没有作业，学生光是坐在教室里，心理负担已经超重。如果教师能从情感教育入手，改革教材和教学方法，调动学生内在的学习积极性，即使不布置作业，学生也会主动地、努力地去钻研。"要做到这一点，首先还是教师要从升学率的压力下解放出来。

"愉快教育"不仅仅是一个方法，实际上是一种教育观念的转变问题。首先，教师要树立正确的人才观。什么是社会主义教育应该培养的人才？他应该是《中共中央关于教育体制改革的决定》中所要求的"有理想、有道德、有文化、有纪律，热爱社会主义祖国和社会主义事业，具有为国家富强和人民富裕而艰苦奋斗的献身精神……不断追求新知，具有实事求是、独立思考、勇于创造的科学精神"。这种人才的培养当然不只靠小学教育，还要靠小学以后的教育、家庭教育和社会教育，但小学教育是打基础的。要培养这种人才，就不是用强迫学习所能达到目的的。

其次，教师要树立正确的学生观。学生是教育的对象，但他又是学习的主人，教师要充分相信学生，相信学生内在的潜力，并充分发挥他们的潜力。教师要平等地、民主地对待学生，建立一个民主、平等、团结的师生关系。这种关系只有建立在互相信任的基础上，才能产生巨大的教育力量。这样，"愉快教育"才能顺利开展。

最后，教师要建立正确的教学观。在教学过程中有师生双方面的活动，我们提倡教师起主导作用，学生起主体作用，这两句话说明了双边活动的关系。要让学生全身心地参与到教学之中，才能取得较好的教学效果，这是当代教学论中得出的无可辩驳的结论。要让学生参与教学，就要充分认识学生在教学过程中的地位和作用。发挥学生的主体作用，并不是不要教师的主导作用，相反，对教师的要求更高，更要教师发挥自己的主导作用。这种主导作用就在于充分调动学生的学习积极性和主动性。这也是一个重大的理论问题，需要专章来论述，这里只能提一笔，不做赘述。

从上面的论述可以看出，开展"愉快教育"绝不是一种方法问题，而是一种教育观念的转变问题。那么，"愉快教育"是不是就是一种崭新的教育观念？我想倒不一定这样说。确实在教育史上已经有人提出过，在国外有夸美纽斯、卢梭、洛克，以至当代的马卡连柯、苏霍姆林斯基；在我国也古已有之，《论语》里就讲道："知之者不如好知者，好知者不如乐之者。"（《论语·雍也》）但是也并不能因为古已有之，外已有之，就不是新的教育观念。所谓"新生事物"，按马克思主义的观点来说，凡是有生命力的事物都是新生事物，新的教育观念是相对旧的保守的教育观念而言的。从这个意义上来说，"愉快教育"的思想是新的。特别是针对我国当前教育的弊端而言，它是新的教育思想，是具有现实意义的。

"愉快教育"不是个方法问题，所以推广起来就有一定的难度。有些教师觉得不知道从何入手学习。其实说难也难，说容易也容易，关键是愿意不愿意转变教育观念。观念转变了，办法自然就会想出来，因此推广这个经验、学习这个经验，不能形式化，最重要的是领会它的实质。

"快乐教育"的实质是使学生在德智体诸方面生动活泼主动地得到发展[*]

这次研讨会，交流经验，讨论"快乐教育"的实质，相信对"快乐教育"会有一个更清楚的认识，使这个活动更自觉，形成社会舆论。"快乐教育"一提起，在教育界就有不同的意见，有的非常赞同，但也有人反对。反对的同志说，学习应该是刻苦的，怎么能提倡"快乐教育"呢？有的提出，应该培养学生经得起挫折，从小只知道快乐，符不符合教育规律？我想，有不同意见是很自然的，因为任何事物都要经过一个发生、发展的过程，才能更加完善。

我第一次接触"快乐教育"是1990年国家教委给我看北京市一师附小的经验，后来又看了7个学校的汇报材料，感到有许多好的教育观念，因此我极力主张推广这个经验，编写文章介绍了"快乐教育"，我的观点如下。

---

[*] 原载《北京教育》，1992年第1-2期。本文是根据作者1991年10月24日在"1991年全国'快乐教育'研讨会"上所做的学术报告摘编的。

一、"快乐教育"的实质是使学生在德智体诸方面都得到生动、活泼、主动的发展

"快乐教育"符合当前提出的教育方针，就是"教育必须为社会主义现代化建设服务，必须同生产劳动相结合，培养德、智、体全面发展的建设者和接班人"。"快乐教育"是从培养人才出发，不是从应试出发；不是只抓智育，不抓德育、体育、劳动教育，而是德、智、体、美、劳全面发展；不是只让学生掌握书本知识，而是还要让学生发展能力；不是死记硬背，而是让学生学得生动活泼。当前，我国教育的弊端是片面强调应试教育，这种教育埋没人才，压抑人才的发展。现在学生课业负担过重，心理压力很大。有一本中学生杂志，3个月里就收到几百封学生的来信，反映学习压力太大，学习太苦，希望教师、家长能够理解他们。在这种情况下，学生怎么能学得进去，又怎么能不厌学呢？"快乐教育"在方向上注意了从全面提高学生的素质出发；在教育内容上注意了德、智、体、美、劳全面发展；在形式上注意了课内课外、校内校外结合，为学生创造了一个乐意学习、愉快学习的环境。因此，"快乐教育"是符合教育规律的，是符合教育方针的。

"快乐教育"是符合师生共同活动的教育过程的规律的。教育过程是师生共同活动的过程。在这个过程中，师生的关系应该是民主、平等、互相信赖的关系。教师起主导作用，学生起主体作用。毛主席说的学生生动活泼主动地发展，关键是"主动"二字。学生思想品德的形成、知识能力的获得，都要通过学生自身的活动，通过他内部的矛盾斗争。"快乐教育"强调建立正确的师生关系，把师生关系看作一种很有力的教育影响、教育力量。这一点，过去我们认识得不够，只把教师的以身作则看作教育的影响。现在我们重视良好的师生关系，把它作为一种教育力量来看待。建立民主平等的师生关系，关键是两个字——信

赖。教师首先要相信学生，相信学生是求进步的，是要学习、有旺盛求知欲的。即使是后进生，也要尊重他们的人格，不能用侮辱性的语言去伤害他们，要相信他们能够改正错误。建立了良好的师生关系，在教育过程中，学生就会自觉自愿地接受教育，而缺乏信任感就很难建立良好的师生关系，也就很难接受教育。

在小学提倡"快乐教育"，是符合小学生年龄特征的。小学生年龄小，注意力不易集中，抑制力比较薄弱。他们对待学习往往从兴趣出发，感兴趣的就愿意学，不感兴趣的就不愿意学。"快乐教育"注意到了小学生的这个特点。培养学生的学习兴趣，首先使他们乐于学习，再逐渐培养他们刻苦学习的精神。

"快乐教育"继承发扬了历史上进步教育家的一些教育思想。例如，孔子讲到"知之者不如好之者，好之者不如乐之者"，并提倡因材施教。夸美纽斯等都主张遵循自然的规律，遵循儿童发展的规律来进行教育。陶行知也强调要创造儿童的乐园，曾经讲过"敲碎儿童的地狱，创造儿童的乐园"。他认为儿童应该是快乐的。陶行知讲的地狱，当然是指旧社会。我们今天的社会主义社会，已经为儿童创造了乐园。在这个乐园里，千万不要因为我们的教育使儿童受痛苦。苏霍姆林斯基在《把整个心灵献给孩子》这本书里，把他办的学校叫作快乐学校，要让孩子体验脑力劳动的欢乐和取得学习成绩的快乐。

二、"快乐教育"与刻苦学习的关系

"快乐教育"的目的就是要让学生愉快地接受教育，得到生动活泼、主动的发展。"快乐教育"本身不是单纯地减轻学生的负担，但也确实起到了减轻学生负担的作用。上海一师附小的经验中有一句话："如果教师在教学中不能激起学生学习的兴趣和积极性，即使没有作业，学生光是坐在教室里，心理负担已经超重。如果教师能从情感教育入手，改革教材和教学方法，调动学生内在的学习积极性，即使不布置作业，学生也会主动把努力地去钻研。"这就叫作以苦为乐。减轻学生的负担包括两个方面：一个是减轻作业负担，特别是星期六不要给学生布置作业，让学生过一个愉快的星期天。另一个是减轻学生的心理负担，不要让学生有不必要的恐惧心，不必要的烦恼。心理压力减轻了，学生也就愿意学习了。所以我认为"快乐教育"与刻苦学习是不矛盾的。快乐与痛苦是对立面，快乐与刻苦不是对立面，刻苦的反义词是懒怠。从心理学的角度讲，快乐与痛苦是一种心理情感的体验，刻苦和懒怠是一种行为表现，是意志的体验，两者是不完全一样的，一个是情感，一个是意志，是一种对行为的态度。产生刻苦学习的行为，可以通过学生自觉地刻苦学习，也可以通过外来压力的强迫。"快乐教育"就是要让学生体会到学习的乐趣，不是用外来压力的强迫，而是通过自己的体验，产生一种对学习的快感，感受到学习的乐趣和成功的满足。学生自觉地刻苦学习，就能做到以苦为乐，刻苦学习才能持久。"快乐教育"与克服困难、经得起挫折也是不矛盾的。我们就是要引导学生勇于克服困难，在克服困难的过程中得到快乐、得到满足，从而建立自信心、自尊心。快乐也不是一帆风顺、嘻嘻哈哈，而是只有自己的生活感到很充实，对事业有满足感、自豪感，才能获得真正的快乐。

三、"快乐教育"是建立一个新的教育思想

我认为推广"快乐教育"的经验，首先要从转变教育思想着手，树立新的教育思想。

第一，要树立新的人才观。我们的教育是要培养社会主义的德、智、体诸方面生动活泼主动发展的人才。德、智、体全面发展是我们的

方向，是我们要求的基础。当前开展"快乐教育"的最大障碍就是片面追求升学率，或叫作应试教育，这是一个社会问题，不是教师和校长的责任，但我们的教师、校长不能不面对这个现实问题，不能看着这个问题愈演愈烈。人才是多层次的，不能说上了大学才是人才，各行各业都有人才。只要为社会做出贡献的，都是我们社会主义现代化建设需要的人才。

第二，要树立新的学生观。学生不仅仅是教育的对象，而且也是教育的主体，即主人翁。教育是要塑造人的灵魂、人的心灵，不是塑造一个偶像。苏霍姆林斯基讲过：人的心灵要由心灵来塑造，不能靠工具来塑造。对于教师来说，首先要树立正确的学生观。什么叫好学生？好学生的标准是什么？不是学习成绩好、听话的就是好学生，而调皮、贪玩的学生就不是好学生。最近有人告诉我一个"好"学生，为了保住三好学生的称号，用了50元钱，制造了一个拾金不昧的假象。这件事说明我们一些学校的教育方法，自觉不自觉地使学生养成一些不好的品质。但更重要的是给我们一个启示，教师要按照党的教育方针，树立新的学生观念，全面地分析每一个学生。评价一个学生是不是好学生，不要看他的表面，更不要根据自己的好恶，而是要长期考查。对学生要用发展的观点来看待。学生本来是很信赖教师的，我们要珍惜这种信赖，把自己放在一个适当的地位。

第三，要树立新的教育质量观。有些教师怕开展"快乐教育"影响学生的质量，似乎得出了一个公式，减轻学生负担必然降低学生质量，这是一种偏见。我们的质量观是德、智、体、美、劳全面发展的质量观，不能光从学习上来讲质量。质量也不光表现在考试分数上，它还表现在各种能力上，如思维能力、观察能力、注意能力等。当然，培养能力是在加强基础知识、基本技能教育的基础上进行的，但也不能光用传授知识来代替，还需要我们注意培养。比如说，能力里面很重要的是思维能力。思维能力有各种品质。就思维的品质来说，就有思维的敏捷性、逻辑性、深刻性、广阔性、独立性和批判性等。在这些方面，学生各有不同。有的学生思维很敏捷，但逻辑性不强；有的学生思维比较迟缓，但深思熟虑，很有条理；有的学生喜欢钻牛角尖，而有的学生思维的面很广；有的学生你说什么他就答应什么，有的学生则能独立思考，创造性地回答问题。因此，不是学习了课本知识，能力就有了。比如，学生思维比较缓慢，脑子比较慢，做数学题时，你就让他快点，培养他的思维敏捷的能力；有的学生做题很快但不准确，可以出一道难题让他去考虑。所谓思维有顺向思维、逆向思维，我们的学校教育往往都是顺向思维，老师怎么讲，学生怎么回答，有时甚至学生答的话，必须是老师讲过的，一句不能差。这样怎么能培养出人才来？所以我们必须树立正确的质量观。

总之，"快乐教育"绝不是一个方法问题。各校互相学习绝不要光看这个学校的方法，首先要从教育思想着眼，人家为什么开展得好，人家的教育思想是什么。当然，方法也不是不可以学，而方法是受到学校的条件、教师自身条件制约的。所以，教师在采用什么方法的时候，不仅要研究学生，而且要研究自己——特别是你自己的优势，教师要发挥自己的优势，创造适合自己条件的方法。

基础教育与人才观[*]

  当前我国基础教育存在的一个严重问题是学生课业负担太重，影响党的教育方针的全面贯彻，影响学生身心的全面发展，这个问题已经引起社会各界的严重关注。各级教育行政部门也都在采取行政手段，如限定课余作业分量和时间，减少考试次数等，不能说没有成效，但是可以说，还没有从根本上解决问题。有些学校刚把学生的课余负担减轻，就有教师反映学生学习质量下降了，就有家长认为学校要求太松了，担心将来考不上重点中学。减轻学生的课业负担采取行政手段是十分必要的，但这还不能治本，只能治标，还有更深层次的问题需要解决，这就是人才观的问题。这个深层次问题不解决，则行政手段的效力只能生效一时，天长日久就会故态复萌，重走老路。

  人才观的第一个问题是：什么人是人才？社会主义需要什么样的人才？教育要培养什么样的人才？这个问题争论已久。有些同志认为，对社会做出重大贡献的才是人才，也就是说，政治家、军事家、科学家、专家教授才是人才，普通的劳动者不是人才。我不同意这种观点。我认为，在我们社会主义制度下，只要有社会主义觉悟，有一定的科学文化知识，勤奋努力，勇于创新，为社会做出有益贡献的就是人才。1985年

---

[*] 原载《光明日报》，1992年4月15日。

《中共中央关于教育体制改革的决定》中列举了三种人，一种是科学技术人才和专家学者，一种是工农劳动大军，一种是行政管理人才，这三种人都是社会主义建设所需要的，都是人才。人才分各种类别，分高低层次。高级人士，即对社会做出重大贡献的人才只有极少数，大多数是中低级人才。社会需要合理的人才结构才能正常运作。人才结构不合理就会像载重不均衡的船，稍有闪失便会船覆人亡。

基础教育担负着提高民族素养，为培养各级各类人才打好基础的任务，打什么基础？我认为是三方面的基础：一是学生身心健康发展的基础，包括思想品德、智力、体力各方面的基础；二是进一步学习的基础，包括进入高一级学校或就业以后终身学习的基础；三是就业的基础，包括就业的思想准备和技能准备。基础教育的任务是普及教育，不是选拔教育，不是培养高级人才的预备学校。当然，基础教育（任何教育）都有发现、培养有突出才能的人才的任务，但不是它的主要任务。

人才观的第二个问题是社会主义需要什么样的人才？不同的时代有不同的人才规格要求，不同阶级也有不同的人才规格要求。封建社会要求的人才是为统治阶级服务的封建官吏，要求他们的品质是唯书唯上、恭顺服从；采用的教育内容是封建伦理道德；采取的方法是强读死记。资本主义社会要求的人才是能够为资产阶级创造利润而又能维护资本主义统治的人才。资本主义社会充满着竞争，所以唯书唯上的品质就不适用了，他们需要有竞争精神、开拓精神。社会主义需要什么样的人才？社会主义是人民群众当家做主的社会，是生产力不断得到解放的社会，是充满着生气、富有创造性的社会。社会主义的人才不仅有竞争精神、开拓精神，而且还要有创新精神、献身精神。社会主义社会需要的人才规格在《中共中央关于教育体制改革的决定》中也已经说得很清楚。基础教育就是要按照中央决定中提出的要求来培养学生。要做到这一点，就要让学生生动活泼主动地发展。

中央的精神很明确，教育理论中的道理讲得也很清楚，但为什么在实际工作中就不能贯彻呢？原因是多方面的，需要专门研究，深入探讨。我只想在这有限的篇幅中谈几点粗浅的见解。

第一，从经济基础上来讲，我国商品经济不发达，生产结构长期以来不合理，就业门路不宽广，待业的现象还较严重，追求升学率实际上就是追求就业率。因为越是高一级学校毕业，就业的机会就越多，高等学校包分配，因此大家都想往高等学校挤。第二，劳动人事制度有待改进。我国的劳动人事制度偏重学历，轻视能力。以学历定报酬，不是以能力定报酬，造成大家追求高学历。第三，旧的人才观作祟。我国封建社会长期以来存在着"读书做官"的思想，再加上商品经济不发达，职业技术教育不发达，存在着"士农工商"的老传统，人们思想上没有职业意识，轻视技术，特别轻视普通的、不需要特别专长的职业。当然，还有其他一些原因。可见，改变当前教育领域中的弊端不是一朝一夕的事，需要长期努力，特别要求人们在思想观念上来一个转变。这种转变要以物质为基础，我想在改革开放的政策指导下，随着我国经济的发展，会给思想观念的转变创造物质前提。

从教育内部来讲，我们的教师都是有一定的教育理论水平的，教育工作是我们自觉的行动，教师本人首先应该自觉地转变旧的思想观念，树立起正确的人才观，按教育规律办事。教育行政部门尤其要有这种自觉性。有些县市、区至今还在小学生中实行统考（有的美其名曰练习作业），统一出题，统一发"片子"，统一阅卷，统一计分排队。这种做法对学校造成极大压力，对学生课业负担过重起到了火上加油的作用，必须立即停止。

在这个问题上我还有许多话要讲，但限于篇幅不能太展开，最后我想提醒广大教育工作者注意，教育不一定都能产生积极的作用，教育不得法会产生消极作用，即不是培养人才，而是压抑人才、摧残人才。这绝不是危言耸听，而是值得我们大家警惕的问题。

开展科学技术社会课程研究　促进中学理科教育的改革[*]

20世纪80年代，世界上许多国家掀起了一门新课程，这就是科学技术社会课程，简称STS课程。在英国，有的教育家甚至认为，STS课程是每个将在现代社会中生活的未来公民必须学习的"新的公民课"。为了探讨这门新课程的意义、内容和实施，我们已经开过多次国际学术会议。

为什么这门课程这样受到重视呢？这是因为现代科学技术的进步，不仅极大地促进了生产力的提高，而且深入社会各个领域。每个公民都必须懂得科学技术对社会发展所产生的影响。例如，科学技术的迅猛发展带来的社会生产力的空前提高，一方面给人类带来了物质文明；另一方面也会产生资源浪费、环境污染、生态失去平衡等问题，使人类的生存受到严重威胁。在资本主义社会，大量新科技在生活中涌现，还带来了人际关系的淡漠、伦理道德水准的下降、青少年犯罪率增加等社会问题。总之，科学技术的进步使社会生活发生了剧烈的变化，从而影响到人们的价值观念的变化。因此，如何正确地运用科学技术的优势来促进社会进步、造福于人类，又如何来解决新科技所带来的社会问题，是每

---

[*]　原载《民主》，1992年第5期。

个公民都应该关心的问题，这也就成为教育应该研究的问题。科学技术社会（STS）课程也就是在这种背景下应运而生的。正如美国斯坦福大学的教育学教授赫德博士所讲："人类生存的自然和社会环境的巨大变化，要求我们以新的眼光来看待科学的教学工作。""对科学的价值、科学的社会方向和技术的强调，应是任何科学课程的不可分割的组成部分。"（《STS教育的理论和实践》，浙江教育出版社1990年版）

最近几十年中，科学技术世界经历了一场极其深刻的变革。科技进步的主要特征是知识的加速增长，科技在社会生活的各个领域中的应用越来越广泛。这场科技革命不仅改变着社会生产和消费方式，而且正在改变着社会的精神面貌，改变着人们的价值观念，从而在一定程度上打破了自然科学与社会科学及人文科学之间的界限。科学技术社会已经不是三个孤立的概念，它们连成一体，成为一个具有广泛新含义的新概念，科学技术社会课程也就成为一种新的教育理论。这种理论看重的不是三者孤立的知识的传播，而是重视三者关系的沟通和研究，这种研究可以包括两个方面：一是科学原理如何转化为技术，转化为生产工具和生活资料，也即科学技术如何在社会生产和社会生活中应用；二是科学技术在改变生产和消费方式的同时，又如何改变着社会的精神面貌，它所带来的社会问题又如何利用社会科学的知识加以解释和解决。当代社会面临着许多复杂而棘手的问题，例如，人口增长、粮食和资源短缺、环境污染、吸毒和犯罪、试管婴儿带来的伦理道德问题等，它们不仅是科学技术问题，也是社会问题。要解决这些问题，不是单靠科学技术就能办到的，还需要运用政治学、法学、社会学、心理学、伦理学、教育学等社会科学的知识。因此，科学技术社会课程也是一门自然科学和社会科学交叉的课程。联合国教科文组织原总干事阿马杜先生说得好："人们今天生活在一个人类各个创造性领域之间出现沟通的时代里，包括各种不同科学学科之间的沟通，以及各种学科与文化之间的沟通。"

我国关于科学技术社会课程的研究还是近几年的事。最早介绍引进这个概念的是北京师范大学外国教育研究所主编的《外国教育动态》杂志，它在1982年的第2期中以《STS——英国学校中的一门新课》为题，简略地介绍了STS课程的意义、内容和在英国开设这个课程的情况。以后，中央教育科学研究所和几所大学、中学的教师开展了"理科教学·《科学、技术、社会（STS）》"的课题研究，并作为"七五"教育科学研究的重点项目、研究的成果之一，反映在浙江教育出版社出版的《科学技术社会（STS）辞典》之中。这项研究目前进行的情况主要是中学理科教育如何与社会相联系，使学生懂得在课堂上学习的理科知识在社会生产和社会生活中的运用，了解科学对社会发展的作用。也就是说，它涉及上面提到的科学技术社会研究的一个方面，还没有涉及另一个方面，即运用社会科学的知识来解决科技带来的社会问题这一面。但是，就是这一个方面的研究也是十分重要的、有重要意义的。它将提高广大教师对理科教育的认识，促进理科教育的改革。

科学技术社会教育在我国的开展有着十分重要的现实意义。首先，它有利于科学技术知识的普及，促进生产力的发展。邓小平同志在1978年全国科技大会上提出，科学技术是生产力。去年江泽民同志在科学技术协会第四次代表大会上又一次阐发了邓小平同志的这个科学论断。他说："我们正处在新旧世纪交替的重要历史时期，我们面对的是一个充满矛盾和激烈竞争的世界，国际的竞争说到底是综合国力的竞争，关键是科学技术的竞争。"科学技术是生产力。但作为知识形态的科学技术在没有物化为劳动工具和被劳动者掌握之前，它还是一种潜在的生产力。只有当它被劳动者所掌握并运用于生产实践，才能由潜在的生产力转化为现实的生产力。这种"转化"就是要靠教育，靠科学技术知识的普及。

科学技术社会教育有利于科技意识的普及，提高对科学技术在社会发展中的地位和作用的认识。江泽民同志说："为了解放科技生产力，必须提高全民的科技意识。"科学技术社会课程向中学生讲授科学技术与社会发展的关系，使中学生通过学习，不仅掌握科学知识、科学方法和操作技能，而且掌握科学的世界观、价值观和分析与解决社会实际问题的能力。这无疑是提高全民的科技意识的重要途径。这对于我国社会主义建设，培养数以亿计的适应未来新时代需要的各级各类人才，将会起到重要的作用。

科学技术社会教育的发展，将有助于中学理科教育的改革。半个世纪以来，科学技术的飞跃发展以及它在社会生产和日常生活中的运用，已经深刻地影响包括幼儿和中小学生在内的人们的生活和思想。但是，传统的理科教育落后于形势的要求，许多方面与现实生活产生矛盾，理科教育的改革已经刻不容缓。目前，我国教育中的一个重要弊端是理论脱离实际。教育不是为应用，而是为了应付考试，中学理科教育尤其如此，教材内容基本上是为升学服务的，即重理论、轻应用，重解题、轻动手，重分数、轻创造。科学知识讲得多，做题多，联系社会生产和日常生活少，科学教育与社会实际脱节。这样培养出来的人既不可能有科技意识，也没有解决实际问题的能力。而科学技术社会课程恰恰在于强调科学技术与社会的联系，使学生学习了科学原理、知道科学原理如何转化为技术，又如何在社会生产和生活中应用，对社会发展起什么作用。这样就有助于学生学以致用，树立正确的科学观和科学社会的价值观。

当代科学的发展一方面越来越分化，另一方面又越来越综合。我国中学理科教育采取的是分科教学方式。它对于学生掌握系统的基础知识无疑是有益的。但它的缺点也是很明显的，即课程缺乏综合性，把各门学科孤立起来，缺乏必要的联系，不利于学生对学科的综合理解，不能培养学生综合解决问题的能力。因此，开展科学技术社会教育可以弥补分科教育的不足，培养学生综合思考的能力，使学生理解世界是统一的，物质是统一的，是充满着矛盾的，不能孤立地、静止地看世界，从而树立辩证唯物主义的世界观。

科学技术社会教育有利于引发学生的学习兴趣。中学生有着强烈的好奇心和旺盛的求知欲，他们是愿意学习的。但是当前却有一部分学生对学习缺乏兴趣，他们觉得学习太枯燥、学业负担太重，尤其对理科教育觉得太深太难、习题太多，他们不明白学习了这些知识，对他们将来走进社会有什么用处，因此学习的动力不足。要改变这种状况，就要从教学改革着手。这种改革不是简单地减少内容、减轻负担，更重要的是要引发学生的学习兴趣和动机，使学生产生愿意学习的良好动机。科学技术社会教育主张把科学技术知识与社会实际相联系，使学生感到学习的东西与自己的生活有紧密的关系，是在日常生活中可以遇到的现象，这就激发了他们的好奇心和学习兴趣。

科学技术社会课程的研究在我国还是刚刚开始，对于它的理论和实际意义还需要广大教育工作者共同探讨和勇于实践。

科学地运用考试，促进人才的培养和使用[*]

考试，似乎是无人不知、无人不晓的事情。一个人如果上过学校，则一生中会遇到无数次考试，但是，什么叫考试，为什么要考试，如何组织考试，并不是所有人都了解的。我对考试也没有深入研究。但是，我认为，考试已经成为人们生活中不可或缺的活动，有必要认真地加以研究，使它真正成为促进人才培养、成长和选拔的有效方法。

考试是检查、评定被试者的知识和能力的一种方法。根据考试的目的，可以分为诊断性考试、合格考试、选拔考试、评优考试等。例如，对小学生的智力测验，就是诊断学生智力水平的一种考试。又如，入学初期，为了掌握学生的知识水平，便于分班教学或因材施教，往往要进行一次所谓摸底考试，这都属于诊断性考试；期末考试或毕业考试是评定学生学业成绩是否合格、是否有资格升级或毕业的考试，属于合格考试；社会上各种职业要求的合格证书考试，也属于合格考试；入学考试、用人单位招聘考试，则是从众多考生中选拔优秀人才，属于选拔考试；各种智力竞赛，如数学、物理奥林匹克竞赛，则属于评优考试。

考试具有评定、诊断、反馈、预测和激励的动能，考试，似乎大家

---

* 原载《考试》，1993年创刊号。

都讨厌它，但又都要利用它。因为对用人单位来说，考试可以界定被试者的知识能力水平，因材录用；对学校来讲，可以评定学生是否合格，还可以了解教学质量，及时改进教学；对于被试者来讲，可以升级、毕业、获得学历、被聘用或晋升，改变个人的社会地位。但是，为什么大家都讨厌它呢？这是因为，考试又有强制、压抑、消极的一面。考试往往使受试者心里紧张，考试失败意味着不能升级、不能录用、不能晋升。尤其是如果考试的命题离开了考试应达到的目的或脱离考生的实际水平，往往更引起考生及家长的不满。

大家都说考试是学校的指挥棒，一点不假。由于社会运用考试来评价和选拔人才，考试自然成为应试者达到目的的必经之路。应试者都要遵循考试的要求教学和学习。有的同志提出要打断这根指挥棒，这是不可能的，除非取消考试。因此，只能改善这根指挥棒，使它符合教育方针和培养目标的要求，不能取消这根指挥棒，这是由教育规律所决定的。因此，研究考试的科学性、考试的信度和效度就是十分重要的问题了。科学的考试制度能够引导学校和学生沿着正确的方向教育和学习，能够正确反映应试者的实际状况，激励学生努力学习，提高自己的知识水平和思想业务能力；反之，则会把学校教育教学引向邪路，压抑人才的成长。

中国是最早采用考试进行评价和选拔人才的国家，特别是隋唐采用科举制度以后，把培养人才纳入选拔人才的轨道中，使政教合一。科举制度在中国巩固封建统治中起了巨大的作用，但遗毒甚深。因为科举考试注重帖经默义，代圣贤立言（经义），考试内容是远离实际生活的记问之学。明中叶以后又要求采用八股形式，更使士人的思想受到极大的束缚，死记硬背、不重实际、不重能力的培养成了旧教育最大的祸害。这种影响至今在我国教育界还未能消失。我们不能小看这种消极的影响，需要我们在人才观、教育观上转变旧的观念，树立符合时代要求的新观念。考试仅仅是一种手段，根本的目的是要培养符合时代精神和社会要求的人才，考试要有利于人才的成长和发展，不能压抑人才。考试是对人才的一种评价，但反过来要用人才的标准对考试进行再评价，看它是否科学、有效、可信。

《考试》杂志的创刊为我们研究考试提供了一块园地。它既要研究考试的理论问题，又要研究考试的实际问题；它既要指导主考者如何组织科学的考试，又要指导应试者如何正确地对待考试，摸索应试的规律和方法。总之，要把考试作为一种社会现象来研究，建立适合我国国情的考试制度，使它成为促进人才的培养、选拔和使用的有效的手段。预祝这块园地开出灿烂的花朵，结出丰硕的果实。

谈谈"愉快教育"的理论基础[*]

    参加本次全国愉快教育研讨会，陈德珍同志给我出了一个题目，去年讲愉快教育的实质，今年就应该探索点规律，把愉快教育推进一步。听说在南京大家参观了学校，搞了研讨会，很有收获，我没能参加。我来了以后，参观了锡师附小，听了两节课和丁校长的经验介绍，看了展览会，我觉得收获很大。愉快教育开展了这么几年，很有成绩，可能各个学校都有些经验，昨天我看了锡师附小，就感到他们已经创造了一套经验，而且也有理论，找出了规律，这是一个十分可喜的现象。今后的任务确实像陈司长向我说的就是总结经验，探索规律。对愉快教育的实质，大家基本统一了思想，即贯彻我国的教育方针，使学生在德、智、体、美、劳诸方面得到生动活泼的发展。愉快教育仅仅是一个开始，一开始是7个学校，现在渐渐扩大了，很多学校都在进行。但是整个教育界、社会上对愉快教育还是不理解，还有些误解，我也遇到一些教育理论界的朋友，他们说："你这个教育家怎么老是去提倡愉快教育呢？教育应该是刻苦的。"有的劝我别去讲了，不要去搞这个东西，看来教育理论界也不是太理解，社会上也不是太理解，有些家长也不太放心。你搞了愉快教育，是不是质量下降呀？你搞愉快教育，学生在学校的负担

---

[*]   在中国教育学会无锡"愉快教育"研讨会上的讲话，1993年。

减轻了，但到家里负担却加重了。所以，我们很有必要，一方面是总结经验，找出一些规律，踏踏实实地把愉快教育搞得再深入一些，不是停留在口号上，而是要踏踏实实地真正能够贯彻教育方针，提高教学质量；另一方面，赢得家长、社会各方面的支持、理解。

今天我想讲几个问题。第一个问题，我们还要明确一下什么叫愉快教育。我想下这么一个定义：愉快教育就是充分调动师生两者的积极性，使教师乐意教、学生乐意学，在师生融洽、合作的气氛中，全体学生得到和谐、全面的发展。这有几点要说明。第一点，愉快教育不仅是学生愉快地学习，而且是教师愉快地教学。教育教学工作是双边的活动，不可能只有一方面的愉快，不可能是学生愉快地学习，而教师却皱着眉头，在那儿苦思冥想或者把它当作一份苦差事。北京一师附小的教师跟我反映，愉快教育要坚持下去还是很不容易的，有些教师特别是年轻的教师一开头还是很好的，后来遇到些困难了，特别是一些后进生，本身不愿意学习，你启发他，他不学，过去用压服的方法，现在要开展愉快教育了，怎么办？所以教师要愉快。做到这一点还是很不容易的，只有师生都感到愉快，这个愉快教育才能进行下去。教师怎么能做到愉快呢？教师要对愉快教育有一个明确的认识，要树立起一个正确的人才观、学生观、教育观，这个我在后面再讲。第二点，要充分调动学生的积极性、主动性，不能光有教师的积极性，还要有学生的积极性，要让学生参与到整个活动当中。昨天附小的丁校长在介绍经验的时候也讲到参与。我听了一堂语文课，我粗粗地计算一下，一堂课有50多人次发言，还不包括朗读等其他参与。我觉得让学生参与，调动学生的主动性，这是开展愉快教育的关键，要使学生在德、智、体、美、劳诸方面生动、活泼、主动地发展，"主动"这两个字是关键。学生主动了，才能生动活泼，学生不主动、被动了，怎么能生动、活泼呢？世界上很多研究也表明，学生参与得越多，教育效果越好。昨天第二堂是数学课，实际上是考试课。过去考试是被动的，教师发一张卷子，学生照着卷子答，可这节课是非常生动、非常活跃的，寓考于乐，用知识竞赛的方法答题或者用其他的方法，让学生动手拼一拼、圈一圈，用了很多学具，结果有人得优，有人得良，学生自己评分。实际上学生自己考试，把学生的成绩都考出来了。可见，不仅是一般的上课学生可以参与，考试也可以参与。可见，教育的全过程学生都可以参与，这也有各种模式。一个教育模式是单向模式，老师讲学生听，老师向学生提问，学生再回答；有的还可以向老师提问，现在咱们还没有做到这种双向。还有一个模式是多向的，学生之间展开讨论。越是多项，越能启发学生的思维，知识发生迁移，举一反三。第三点，要建立一个融洽、合作的师生关系，只有在这种气氛中，学生才能有积极性、主动性。融洽、合作的师生关系是基本条件，或者是根本的条件，因为师生关系是一个潜在的课程。潜在课程，不在课表上，是无形的，学校的环境、学校的一切设施，学校的氛围、教师集体的气氛、学生集体的气氛，都是潜在课程。还有一个很重要的就是师生关系，人际关系。过去我们讲师生关系是讲民主平等、团结的师生关系，这种讲法当然是不错的。但是我认为这种讲法还不够，因为我认为民主、平等、团结的关系，只是反映了有点带有法律性质的一种人际关系，还没有反映出师生之间情感上的亲密关系，民主、平等的关系拿到父子之间也应该这样子，但是父子之间的关系还不能只是民主、平等、团结吧，父子之间还有一个亲子的关系，还有在感情上、血缘上、情感上的关系吧。我觉得师生关系也有这一点。当然，师生关系和父子关系不一样，但是师生关系在情感上应该不亚于父子关系。所以，我要提出和谐、协作的师生关系。第四点，就是要使全体学生全面和谐地发展，这是愉快教育的目的，也是愉快教育的归宿，这是我国教育方针的要求。全面和谐地发展不是几个人，而是指全体学生。因为，过去我们的教育中也有使一部分学生愉快的，学得好的学生他们比较愉快，天资聪明一点的，他是愉快的，但是有很大一部分学生不愉快，学习差的学生不愉快。我们现在的愉快教育要使全体学生愉快地学习，要使全体学生和谐地发展。这个定义我想讲这四点内容。

第二个问题，愉快教育的教育学基础。

愉快教育的教育学基础，就是充分相信学生、信任学生、尊重学生、要求学生。20世纪40年代，马卡连柯有句名言，也是他一个很重要的教育原则，就是更多地尊重学生，并且更多地要求学生。既要尊重，又要严格要求。尊重学生是建立在相信学生、信任学生的基础上的，严格要求也是建立在相信学生、尊重学生的基础上。相信学生是我们教育工作者的基本出发点，如果我们不相信学生，那么我们又何必白费力气辛辛苦苦地去进行教育呢？如果我们明知道这个学生将来不能成器，还要教育他干吗？我们首先要相信他将来会成为一个人才。做到这一点很不容易。我当过小学、中学教师，当过四年教导处副主任，那时年轻，才20多岁，当教导主任时把学生管得服服帖帖，学生叫我凶主任，不愉快。当时没有愉快教育这个觉悟，就知道，老师说，学生就得听。后来，我很后悔，现在我的学生有当局长的，有的都被我训过。苏霍姆林斯基这样说过，做教师首先要想一想，要把儿童培养成什么样的人，他认为教育的理想就在于使所有的儿童都成为幸福的人，不仅他讲，我们毛主席1934年在苏区的教育方针里也讲，我们要使学生都能享有幸福，所有的人通过教育与生产劳动相结合，培养文明幸福的人。苏霍姆林斯基说，我们的教育理想是要使所有儿童成为幸福的人，使他们的心灵由于劳动的幸福而充满快乐。这幸福是心灵与劳动的幸福，劳动对学生来讲包括了学习。他还说，所谓和谐的发展，就是发现生长在每个人内心的财富，就是每个人在他天赋所及的领域中更充分地表现自己。人的充分表现，既是社会的幸福，也是个人的幸福。我们教育的责任是要把儿童内在的一切潜力充分地挖掘出来。苏霍姆林斯基还非常注意培养学生的精神生活，他说：我们时刻不要忘记，有一种东西是任何教育大纲、教科书，任何教学方法、方式都没有做出规定的，这就是儿童幸福而充实的精神生活。所以他说，不要让上课、评分充满一切活动领域。这句话对我们开展愉快教育很有意义。愉快教育也不是我们的新创造，苏霍姆林斯基把自己的学校称为快乐学校，当然，他没有用愉快教育这个名词。国外也没有这个词，学习本来就是愉快的。我们搞愉快教育，许多外国教师不理解，学习本来就是愉快的，为什么还要提愉快教育。我到许多国家看过，我十分羡慕他们。他们的儿童真幸福。这个幸福，不是指物质的，从物质来看，我们的儿童不比他们差，而是指他们的儿童受到的教师爱护比我们强。学习的时候，教师的作用，第一，是当观察者，观察孩子一天的活动情况、一天的活动情绪表现是什么，他就记录下来，贴在黑板上，家长来领孩子的时候，就把这条子领回去。学生画画，教师从来不纠正，从来不说你这画画得不像，你想画什么就画什么。但是教师也注意观察，观察以后就把它记录下来，最多有时候给学生描一描。第二，教师是当设计者，设计一个环境，幼儿园教师要设计环境，让学生自己去学，不是教师教着他学，而是学生自己通过自己的活动来学习。第三个作用是帮助者，教师帮助学生，学生画画，他不去纠正，但帮他描一描。比如，学生动手做果酱，他让学生自己做，他帮着削苹果，帮着不熟练的学生。尊重学生、相信学生不是不要严格要求。严格要求正是体现了我们对学生的信任。师生关系不好，其中有一条就是教师不敢要求学生，实质上学生是不喜欢这种教师的，只要我们的要求合理、合乎分寸，学生是会理解的。但是，我们在教育中经常遇到不尊重学生的现象，有的教师已经养成习惯了，总觉得儿童是小孩。还有的教师确实教育不得法，不太懂得教育规律。最近一位朋友对我讲，他孙女儿在一所顶呱呱的学校上学，回家讲，她是第二号种子选手，他觉得奇怪，她说，这是老师讲的，班上还有一个第一号的选手呢。还有一次她回家又讲，班里有八个笨蛋，她说，老师有一次问，谁是笨蛋站起来，一下子站起来八个。这样的教师也能够培养好儿童？

第三个问题，愉快教育的心理学基础。

心理学基础，就是使学生在情感上得到愉快的满足，或者叫满足的愉悦。这种情感的满足不仅仅是指感性上的快乐，而且是指完成学习任务后心理上得到的一种满足感，也就是前面讲到的苏霍姆林斯基讲的劳动的幸福。所以，这里我就想讲讲愉快教育和刻苦学习的关系。现在社会上不少人把两者对立起来，认为愉快教育就是不要学生刻苦学习。愉快教育与刻苦学习，不是矛盾的，而是统一的，统一在劳动的幸福，统一在学习以后获得心理上的满足。从心理学角度讲，愉快教育和刻苦学习是两个范畴，愉快属于心理学的情感范畴，刻苦学习属于心理学的意志范畴，愉快只是与痛苦对立的。刻苦跟懒惰、懈怠是对立的，是心理学上意志的表现。所以，愉快和刻苦完全是可以结合在一起的，而且两者是相互促进的，你对这件事感到愉快、感兴趣，就能刻苦地做，经过你的刻苦努力，胜利地完成了任务，心理上得到一种胜利的满足，那么你就愉快了。所以，愉快跟刻苦不仅不矛盾，而且它们是相辅相成的。学习愉快与对待挫折也不矛盾，学生遇到挫折以后，是一蹶不振，以后厌学不学了呢？还是我们帮他克服困难，使他战胜这个挫折，胜利地完成任务，使他们心理上得到满足？我们要的是后者。他们得到了心理上的满足，才会转化为内部动机，转为自己的要求，自己有内驱力，对学习也就感兴趣了。这种成功的喜悦，往往是外部动机转为内部动机的关键。这个例子可以说明：学生会遇到一些挫折，甚至个别时候会遇到一些痛苦，但是只要我们帮他克服困难和挫折，他就会愉快地接受教育。所以，愉快教育跟使学生经历挫折得到锻炼也不是矛盾的。愉快教育的心理学基础是不是这样，请老师们指正。

第三个问题再补充一点，为了使学生得到成功的喜悦，开展愉快教育，我们教师就要很好地了解学生，了解学生的发展水平、知识掌握的程度、能力发展的水平、个性特点、个别差异，从而因材施教。锡师附小的教风是：乐教、善教、严教，因材施教；学风是：乐学、好学、勤学、创造性学。这几句话很好，要因材施教，如果没有因材施教很难针对学生的实际情况开展愉快教育。不符合学生的具体情况，学生怎么会愉快呢？所以，我们要求教师要充分了解我们的学生。以上是第一步。第二步就是要精心设计。我认为以后写教案可改为教学设计。因为教学设计更广泛一点，当然教学设计从广义来讲包括课程设计，从狭义来讲指一堂课的设计，今后恐怕我们教学过程要慢慢起变化，就是现代教育技术手段的介入。现在现代教育技术手段用得还很不普遍，而且现在教学技术还仅是一个辅助的手段，还没有真正介入教学过程里来，将来真要介入，就不是辅助手段了，它要和文字教材一样，起到文字教材的作用。我们的教学过程，过去是由个别教育转到集体教育，于是就有了班级授课制。现在的趋势，逐渐又再向个别化转化。个别教育也是世界教育发展的趋势，所谓个别教学，不是回到过去原始的教育，一个教师教一个学生，现在有了现代化教学技术手段，学生完全可以自己动手。去年，我去日本参观一个学校，也是一所实验的学校，用计算机教国文课。我听了半节，可能他们是讲同义词、反义词。一开始，教师拿出一个画在纸上的大熊贴在黑板上，让孩子说这个熊的特点，孩子们说熊是高大的、强壮的、黑色的等十几个词，然后又拿出画的小白兔，学生就说出瘦小的、柔弱的、白色的等词。教师就把这些词写在黑板上。这种启发性教学，孩子非常活跃，这是集体教学。紧接着分组，两人一组，两人一台计算机，计算机里有软件，出来各种图形，高的房子，矮的房子，一种圆的，一种方的，让孩子们拼音，拼对了，计算机就给一个对了的信号。一组是10个题目，既学了拼音，又学了同义词、反义词的词义。学完一个，就再拿一个新的卡，可以得到像红花那样的东西。有两个孩子做得非常快，有的孩子做得比较慢，这就是个别差异了。我主张师范学校不仅要开教育学教材教法，还要开一门教学设计课。教学设计既有理论，还有教育学、心理学的一些规律，又由具体设计来反馈。国外不仅有微型课程，还有微型教室。一个教室隔成六个小教室，6个组，每组一台计算机，一台电视机，当中有一个主操纵台，你可以把讲课录下来，自己分析自己的课。这种设计，经过几次就设计得比较好了。我看将来师范学校要开这门课程，将来青年教师走上岗位就能胜任。

第四个问题是开展愉快教育的关键，就是转变我们教师的思想。我感到愉快教育不是一个方法问题，是一个思想观念转变的问题。思想观念转变了，你开展愉快教育也好，创造教育也好，都容易了。像昨天，江苏周主任讲的，我们提个口号，就是素质教育，至于如何提高素质，你可以有各种各样的办法，我基本上同意这个意见。愉快教育、创造教育还有许多教育，如李吉林老师创设的情境教育，都是一个目的，就是让儿童生动活泼主动地发展。旧的观念要转变，我几次讲话报告都不讲方法，因为我自己没有什么方法，这是一个原因，另一个很大的原因是，我认为每个人的方法都可以不同，方法可以多种多样，就像叶圣陶讲语文教学一样，教学有法，教无定法，这句话可以扩大，不仅是语文教学，整个教学都是教学有法，教无定法。方法问题都带有一定的个性。所谓带有个性就是说，有一点学校的个性，带有一点老师本人的个性。学校的个性，就是这个学校的特点、学校的条件。有的学校在山区，操场也没有，开展体育活动比较困难，就想另外一种方法。所以，我们到任何地方去学习，都不能学习方法。我从来不谈方法问题，只谈转变观念，那么转变什么观念？

首先是人才观，要树立正确的人才观。什么叫人才？有些人把人才看作天才，人才并不等于天才。人才不能用职业来划分，不能说从事某种职业的人是人才，从事另一种职业的人不是人才。当然，培养人才要有职业意识，我们要有职业教育意识，这是另外一个问题了。总之，每个人只要被精心地培养都可成为人才。我们基础教育，特别是小学是打基础的。打什么基础？我说是打三方面的基础，第一是打儿童身心发展的基础。我们基础教育特别是小学教育要让儿童身心得到充分发展。第二是打继续学习的基础，我说的继续学习并不等于升学，是终身学习的概念。在现代科学技术高度发展的情况下，人的一生都要受教育。第三是打将来就业的基础，打好将来就业的基础有两个方面，一个是就业技能的准备，另一个更重要的是培养学生就业的职业意识。

其次，要树立正确的学生观。什么叫好学生？什么叫差学生？不能用成绩来衡量学生的好坏，不能用学生的一时表现来给学生下结论。谁是种子选手谁是笨蛋，不能下这个结论，这是学生观的问题。师生关系是潜在的课程，是无形的教育力量，是教学过程的基本条件。过去我们对师生关系研究不透，没有看到它的重要教育力量。没有良好的师生关系，学生就不会很好地学习。要有良好的师生关系，就要有正确的学生观。

最后，要树立正确的教学观。我们对愉快教育要深入一步，就要把我们的教学活动的质量提高一步。因为，一个学生的大量时间用在课堂教学上，学科课程要相对减少，活动课程要增加，还要强调一个潜在的课程，这些意见都是对的，但不管减少多少学科课程，学科课程总是占优势，在学校里总的时间不可能减到太少，学科课程跟活动课程不是截然分开的，学科课程跟活动课程可以结合在一起。但是学科课程还是主要的，学校以教学为主，这条规律我们不能丢掉。教学过程要改进、变革，就要改变传统的教育观念。我觉得我们的教学观涉及学生的主体问题，提得更确切一些就是教师的指导作用、学生的主体作用。

当然，最后我们还要总结几条规律，这个我就没有时间讲了。开展愉快教育还有几条是必须坚持的，有了这几条，愉快教育就开展起来了。我举出几条，例如，要有明确的教学目标；生动活泼主动地发展；我们要有一个坚强的领导班子；教师要有正确的教育思想，正确的教学观念；融洽合作的师生关系；还有一个教师的集体；要有一个美化、优化的学校环境；要认真地设计学校教学。到底有哪几条我也没有想好。但只要遵循这几条原则，方法可以多种多样。我就讲到这里，我不想做报告，而是拉家常，不是拉家庭的事，而是拉学校的家常，我也是个教师，到底对不对，请大家批评指正，谢谢大家。

把书读活*
——纪念毛泽东诞辰 100 周年

毛泽东同志对于教育工作有过许多精辟的论述。这些论述丰富了马克思主义教育理论的宝库，是建设具有中国特色的社会主义教育科学体系的重要理论基础。毛泽东的教育思想对我们今天的教育工作仍具有重要的指导意义。

毛泽东的教育思想十分丰富，他论述了教育同政治经济的关系、教育的目的和方针、党对教育的领导和群众路线、思想政治教育、理论联系实际的教学方法、知识分子问题等。本文不准备全面论述毛泽东的教育思想。只想就其中一点谈点自己的学习体会，以此来寄托对我们的伟大的革命导师的缅怀。

我认为，毛泽东同志对教育的一个最重要的观点，也是最精辟的思想就是要把书读活。毛泽东同志在战争年代和新中国成立以后的社会主义建设时期写过许多文章，发表过许多指示和谈话，凡是涉及教育问题的，都要讲到理论联系实际，反对本本主义，反对死读书、读死书。他主张青年一代要德、智、体全面发展，不要有所偏废；主张学得生动，

---

* 原载《北京教育》，1993年第12期。

学得主动；主张教学采用启发式，反对注入式；主张把学生培养成有生气、有能力、有创造精神的、全面发展的一代新人。

毛泽东同志总是根据不同的时期、不同的任务和情况，提出对学习的要求。早在红军年代他就对干部教育提出十大教授法，第一条就是"启发式（废止注入式）"，提到要"由近及远、由浅入深"，"干部班要用讨论式"等，这些都是为了把书读活。抗日战争时期，延安整风，把整顿学风放在重要位置，毛泽东写了《改造我们的学习》《整顿学风党风文风》《反对党八股》三篇著名文章。文章提出，理论和实际的统一是马克思主义的基本原则，强调学习要联系中国革命的实际，要对客观实际进行调查研究，反对主观主义、党八股。他说："对于马克思主义的理论，要能够精通它、应用它，精通的目的全在于应用。如果你能应用马克思列宁主义的观点，说明一个两个实际问题，那就要受到称赞，就算有了几分成绩。被你说明的东西越多、越普遍、越深刻，你的成绩就越大。"这就是要把书读活。

新中国成立以后，毛泽东同志特别关心教育工作，关心下一代的成长。他也总是根据教育工作中存在的实际问题提出不同的要求。新中国成立初期，由于看到中国人民长期受到封建地主和官僚资本的剥削和压迫，青年学生体质虚弱，患病的众多，他因此提出"健康第一，学习第二"的口号，曾经两次写信给当时教育部部长马叙伦先生，提醒注意学生的身体健康问题。

1957年，当青年学生中有忽视政治的倾向时，毛泽东同志及时提出，青年学生要学习马克思主义，学习时事政治。他说："没有正确的政治观点，就等于没有灵魂。"并及时提出我国社会主义的教育方针：应该使受教育者在德育、智育、体育几方面都得到发展，成为有社会主义觉悟的、有文化的劳动者。这个时期，毛泽东同志特别强调又红又专。他一方面反对空头政治家，另一方面反对迷失方向的实际家。他再一次强调要理论联系实际，提倡教育同生产劳动相结合，让学生到社会实际生活中去锻炼。虽然由于当时的政治形势和"左"的思想路线的影响，教育也走向片面，但毛泽东同志总的教育思想是要求学习与实际结合起来。

到20世纪60年代初期，当时学校工作盲目追求升学率，学生的学习负担不断加重，影响学生的身心发展。毛泽东同志多次提出，要减轻学生负担，改革教育方法。最突出的是1964年他给北京铁路二中校长的一封信的指示："现在学校里课程太多，对学生压力太大，讲授又不甚得法。考试方法以学生为敌人，举行突然袭击。这三项都是不利于培养青年们在德、智、体诸方面生动活泼地主动地得到发展的。"在以后的多次谈话中，他都批评当时教育工作中呆读死记、脱离实际的缺点。虽然有些话是极而言之，说得过头，但其中心思想是要让学生学得生动、学得主动，有利于学生的全面发展。

综观毛泽东同志关于教育工作的指示，无论是在战争年代，还是在新中国成立以后，都是强调理论联系实际，强调把书读活，读书是为了应用，要做书的主人，不要做书的奴隶，读书要有利于人的全面发展。

我认为，把书读死，还是把书读活，不只是一种教育方法问题，而是教育思想、教育观念问题，是要把青年一代培养成什么人的问题。

把书读活，让学生生动活泼主动地得到发展，这是社会主义教育目的的要求。社会主义教育不同于封建主义教育，封建主义教育是培养照章办事的官吏，社会主义教育要培养有社会主义觉悟的建设者，而不是培养因循守旧、只懂书本知识的照章办事的官吏。社会主义是人类崭新的事业，需要有理想、有道德、有文化、有纪律的新人；而不是抱残守缺、没有抱负、碌碌无为的庸人。我国社会主义市场经济体系的建立更需要视野开阔、有竞争意识、敢想敢干、有创造精神的人才。这种人才靠读死书是培养不出来的。

把书读活，让学生生动活泼主动地得到发展，这是时代的要求。现代科学技术发展日新月异，新的知识层出不穷。据有关方面统计，全世界每年发表的科学论文有500万篇，登记的发明专利有30万件。学校不可能，也没有必要把全部知识教给学生，但是要把最基本的、最先进的知识教给他们，同时注意培养他们的能力。如果一个学生只会死读书，即使他把书背得滚瓜烂熟，也难以适应现代科学技术发展的需要。我们的时代要求一个人不仅要有书本知识，而且要善于动脑筋，有创造能力，善于不断探索，攀登科学文化的新高峰。

把书读活，让学生生动活泼主动地得到发展，这是青少年自身发展的需要。青少年时期是长身体、长知识的时期，是发展能力的大好时期。如果让青少年埋头读死书，就会压抑他们才能的发展，必然会像毛泽东同志批评的那样，读成书呆子，越读越蠢。只有让他们把书读活，才能满足他们旺盛的求知欲望，促进他们才能的发展。

怎样才能把书读活呢？

首先，就像毛泽东同志所说的，要减轻学生过重的课业负担，让学生有时间读自己想读的书，参加自己喜爱的活动，有时间把自己读的书到实际中去对照、去应用，从而培养独立钻研的能力、解决实际问题的能力。

其次，要改革教学方法，废除注入式，采用启发式，发挥学生的学习积极性和主动性。当前许多学校在开展"愉快教育""创造教育""成功教育"，目的都是为了让学生生动活泼主动地发展。

最后，最根本的是要广大教师转变教育观念，转变教育为了升学的观念。教育的最终目的就是要为社会培养人才。当前社会最需要的人才不是只会读书、背书，而是要有真才实学，能够在当今激烈竞争的世界中战胜自己的对手，为祖国争得荣誉，为社会主义建设创造财富，为社会主义文明建设做出贡献的一代新人。

今年是毛泽东同志诞辰100周年，当我今天提笔的时候，正是毛泽东同志逝世17周年纪念日，我们对毛泽东同志无比思念。作为一个教育工作者，尤其感到毛泽东同志关于教育的精辟论述时刻闪耀着时代的光芒，我们要认真学习和研究。研究的方法不是把毛泽东同志的论述一句一句来理解，而是研究他的论述的历史背景，研究其精神实质，研究它在当时的意义和今天的意义。也就是说，我们也需要把毛泽东同志的书读活。这也是我们对毛泽东同志最好的纪念。

教育督导是执行《教育法》的有力保障[*]

《中华人民共和国教育法》第24条规定："国家实行教育督导制度和学校及其他教育机构教育评估制度。"把教育督导作为一种制度以法律的形式固定下来，这是在总结国内外经验的基础上提出来的，它对我国基础教育的发展与巩固具有十分重要的意义。

督导制度是随着普及义务教育的实施而建立起来的。普及义务教育是工业革命的产物，工业革命以后的大工业机器生产需要工人具有一定的科学文化知识，再加上工人阶级逐渐认识到自身的价值，要求他们的子女有接受教育的权利，为此做了长期斗争，迫使资产阶级国家颁发实施普及义务教育的法令。但是颁布法令并不等于义务教育就能普及，需要监督和检查，于是各国在实施普及义务教育的同时都普遍建立了教育督导制度，把它作为落实教育法令的重要手段和教育管理的重要组成部分。

各国由于政治制度不同，文化传统不同，教育督导制度也不尽相同，有的国家从中央到地方建有一套督导制度；有的国家只在地方一级设立督导机构。至于督导的内容和形式更是迥然各异，而且总是随着全国政治经济体制的变化和教育事业的发展而不断变化。因此，我们在借鉴别

---

* 原载《教育督导》，1995年第4期。

国经验的同时，需要结合我国国情建立有中国特色的教育督导制度。

我国教育督导制度已经有10多年的历史，10多年来在监督各地义务教育的实施、落实中央教育方针政策方面起了重要作用。特别是我国实行国家督学制度，对各级地方政府及其较高行政部门落实教育法律和各项政策起了重要的促进作用。所以值得认真地总结，以便使我国的教育督导制度进一步完善。我想趁此机会提一点个人的看法，供教育督导机构参考。

第一，教育督导制度要逐步走向法制化。《中华人民共和国教育法》的颁布标志着我国教育走上法制的道路，国家实行教育督导制度就是要用它来保障教育法律的执行和落实。因此，教育督导制度自身应该法制化，建议国家教委尽快根据《中华人民共和国教育法》第24条制定中国教育督导制度的法规文件，明确教育督导的职责任务，教育督导机构的地位，督学的资格、任职、工作内容和形式等。督导制度法制化了，督导工作才有权威性。

第二，督学工作要逐步走向科学化。所谓科学化就是要有量和质的客观标准，要有科学的督导方法，不是凭督学的主观意愿来开展工作。这就需要与教育评估制度结合起来，建立科学的教育评估制度是教育督导走向科学化的重要条件。

第三，教育督导工作要做到民主化。教育督导制度建立100多年来，教育督导的任务、内容、方式已经发生了很大的变化。特别是第二次世界大战以后，政治的民主化、教育的民主化已经是不可阻挡的世界潮流。随着这种民主化运动的发展，教育督导工作也发生了深刻的变化。过去，督导被认为是上级对下级的监督、检查，督学被认为是很有威严的上司，学校和教师是处在被动地挨检查的地位。现在则完全不同，督学应是学校和教师的合作者、帮助者，应该成为校长和教师的良师益友。他要帮助学校和教师解决遇到的困难，和学校领导共同研究如何贯彻教育法律为学校规定的任务，如何完成预定的教育计划，改进学校工作，提高教育质量。因此，教育督导监督和检查的职能正在逐渐被合作与帮助所替代。当然，这种职能和方式的变化不能取消督导的权威性，而是把督导的权威性建筑在民主、合作的基础上。

目前，我国情况有所不同，我国义务教育还没有普及，实施义务教育的各种保障措施在不少地方还未落实。在这种情况下，监督和检查地方政府和教育行政部门执行教育法规的职能还不能削弱，有时候还需要行使行政手段，对不履行教育法律的行为加以监督。但督导机构毕竟不是行政领导机构，也不是执法机构，也还需要采用与地方教育行政部门、学校和教师合作的态度，特别是对学校工作的督导和对教师工作的评价，更需要听取学校和教师的意见，共同商讨，才能取得更好的督导效果。

第四，督学应该是教育专家。督导的权威性一是靠法制，二是靠督学本身的水平。所以，世界各国对督学的聘任都很严格，要求他们既有较高的学历，又有实际教育工作的经验。督学应该是教育专家。督学要监督检查别人的工作，如果自己不是行家里手，就不可能发现问题和解决问题，在被督导者的眼里就没有威信。督学必须具备教育理论知识，具有教育教学工作的实践经验；个人有较高的思想品质，行为端正，办事公正，还必须具备教育评价的知识和能力；在当前科学技术十分发达的条件下，还应该懂得一些教育技术的初步知识。总之，督学最好由有经验的优秀教师来担任，他能深切体会教师工作的艰辛，懂得学校工作规律。这样，他对学校工作和教师工作的评价和建议才能客观和中肯，才能得到被督导者的承认和尊重，才能有更好的督导效果。

教育教学工作不是一成不变的，随着科学技术的进步和教育理论的发展，教育教学工作也在不断变化。因此，督学也必须不断学习，不断提高自己的业务能力和思想水平，以适应时代的要求。

浅论素质教育的时代背景[*]

当前教育界讨论的一个热点问题是应试教育向素质教育转变的问题，意见很不一致，在实际工作中也遇到一些问题。对此，我想谈谈自己的看法。

我认为搞素质教育是必要的，但对素质教育先要做一个界定，否则公说公有理，婆说婆有理，缺乏统一的标准。我认为，所谓素质教育，是指以提高人的素质为目的的教育。它的提出有两个背景，第一个背景是当前中国基础教育中存在着以应付考试为目的的教育，即所谓应试教育的弊端；第二个背景是面向21世纪，教育需要培养高质量的人才，也即高素质的人才。

先说第一个背景。许多专家都强烈指出，我国基础教育的弊端是把学生束缚在考卷上，死记硬背，缺乏个性培养，缺乏创造能力和动手能力的培养。教师教得很苦，学生学得很苦。这种教育模式培养出来的人才，不能适应时代的要求。有的同志不同意由应试教育向素质教育转轨的提法。先不从理论上来分析，我们来看看，实际工作中存在不存在上述的弊端，实事求是地说，上述弊端是存在的。这种弊端存在的原因很多，从教育目的上来分析，它是以应付考试为目的进行教育的结果。因

---

* 原载《上海教育》，1997年第1期。

此转轨是必要的。

有的同志讲，考试是取消不了的，考试是评价教育质量的一种手段，也是选拔人才的一种手段。不错，考试是教育不可缺少的手段，但它不是教育的目的，把手段当作目的，就是当前教育的弊端。应试教育向素质教育的转轨，就是为了纠正这个偏差，使考试回到它应有的位置上。

有人说，有考试，就有应试教育。这里关键是考试这根指挥棒向何处指，当务之急是改革考试制度。这个主张是很有道理的，考试制度必须认真改革。但考试本身就有天生的缺陷。考试只能评价一个学生的学习成绩，或者学习能力，却很难评价学生的整体素质。

总之，从教育思想上说，需要承认教育中的弊端是存在的，把应付考试作为目的的现象是存在的，它所产生的后果也是严重的，因而转轨是有必要的。

再从时代背景上来看，当前教育面临着种种挑战。一是科学技术加速发展，知识量成倍增长的挑战，学校教育不可能也没有必要把人类的全部知识教给学生，让他们记住这些知识，重要的是培养他们获取知识的能力；二是科学技术在生产和生活中的应用带来了资源的浪费、环境的污染，需要从小培养学生的环境意识，保护自然、合理地利用自然的意识；三是科技革新和经济竞争越来越激烈，需要培养学生有开阔的视野，有开拓创新的精神和能力；四是经济增长带来了一部分人的享乐思想、个人主义，需要加强道德教育，培养学生关心社会、关心他人的高尚的思想品质。这些都说明，人的整体素质要提高，这样才能适应时代的要求。所以，20世纪80年代以来，各国教育的改革都以提高人的质量为重心。美国未来学会就提出，21世纪需要全面发展的人，每个人必须具备知识能力、个人能力和国民能力，它呼吁学校和家长改革传统的教育观念。美国如此，其他国家也如此。上述时代需要的人的质量（素质），用应试教育是不能完成的。

素质教育与全面发展教育是什么关系？提全面发展教育不是挺好吗？为什么又提一个新的口号？这是实际工作者困惑不解的问题。素质教育就是全面发展教育。或者说，素质教育是贯彻全面发展教育方针的教育。本来并不需要另提什么素质教育。但是，因为有应试教育的弊端存在，所以提出素质教育。全面发展教育讲了几十年了，许多学校是认真贯彻的，但不能否认，有些学校只把全面发展停留在口号上，并未认真贯彻执行。提出素质教育，是让人们更清醒地认识存在的问题。人们常常在日常生活中遇到许多不愉快的事，总会归结到"这个人的素质不高"一句话，不会讲"这个人的全面发展不够"。所以说，提高人的素质是人们的普遍要求。因此，素质教育与全面发展是不矛盾的。如果你的学校全面发展教育进行得很好，那就不必转轨；如果确实贯彻得不好，还是应该转轨，要采取实事求是的态度。

目前，在转轨过程的实际工作中出现了一些混乱现象。据说，有些地方硬性规定学时砍掉多少，作业砍掉多少，每个学生都要参加课外小组活动等，致使出现了教育质量滑坡的现象。这是对素质教育实质理解不够的结果。素质教育不是不要知识教育，不是不要考试，而是要使学校的一切工作为提高人的素质服务。

素质教育中一个重要的含义是要培养学生的个性。所谓发展人的个性，就是要因材施教，不要用考试一个模式来束缚学生的发展。有些同志把它理解为全面发展加特长，除了一张考卷之外又加上要有一技之长，或弹琴，或绘画等。实际上，这并未脱离应试教育的轨道，同样加重了学生的负担。个性发展的核心是创造性，没有创造能力、创新能力、判断能力，就不可能有个性。

提倡从应试教育向素质教育转轨是从教育思想的层面上提出来的，不是具体的教育模式的规定。不要把教育从一种特定的模式又硬塞到另一个模式之中。有的学校教育改革实验已搞了多年，如有的搞愉快教育，有的搞成功教育，有的搞和谐教育，有的是进行综合改革，这些都对提高人的素质有好处，也都是进行素质教育的模式。据说，有的学校为了搞素质教育把这些实验都停下来了，这是没有必要的。素质教育作为一种教育目的的指导思想，并不规定一种模式，需要多种模式的试验。

从应试教育向素质教育转轨，并非易事，因为应试教育的存在有许多原因，其中有社会原因、劳动人事制度的原因，也有传统思想的影响。因此，这是一项系统工程，要与其他改革配套进行，但是不能忽视教育思想的原因。从教育内部来讲，首先要从树立正确的教育思想开始，明确教育的目的在于培养人才，在于提高人的整体质量（素质），只有提高人的质量，才能更好地为社会主义现代化建设服务。与此同时，教育部门还要研究课程改革、考试改革；用人部门要研究劳动人事制度的改革；家长也要转变思想，要认识到人的能力是有差别的，社会的需求是多种多样的，只要努力工作，为社会做出贡献的就是人才；教育管理部门更要树立正确的教育思想，不要用分数指标去评学校、评教育，要深入、细致地帮助学校提高教育质量。

教育现代化与素质教育[*]

现在教育界有两个热门话题，一个是教育现代化，一个是素质教育。在实际工作中，许多教师搞不明白它们之间是什么关系，因此，有必要从理论上加以说明并澄清一些模糊认识。

实际上，这是从两个不同的侧面来谈当前的教育改革。教育现代化是我们追求的目标，素质教育是教育现代化的重要内容。社会的现代化包括人的现代化，教育的现代化是实现人的现代化的重要途径。《中国教育改革和发展纲要》明确提出了"经过几十年的努力，建立起比较成熟和完善的社会主义教育体系，实现教育的现代化"的目标。那么，什么是教育现代化？它包含哪些内容？教育现代化的内容很多，包括教育思想、教育内容（课程）、教育制度、教育手段和方法、教育管理等的现代化，而它的最终目的是要把人的素质提升到空前的高度，以适应现代社会对人的要求，这就是素质教育。

从总体来讲，中华人民共和国成立近50年来，我国教育是有很大成绩的。当前各级领导和技术骨干都是中华人民共和国成立以后培养起来的，这就是最好的证明。但是也应当承认，我国教育中存在着严重的弊端。目前，我国基础教育中存在的很大的弊端就是应试教育。它是以应

*　原载《中国教育学刊》，1998年第3期。

付升学考试，而不是以提高学生的素质为目的的。因而出现了忽视大多数学生，只重视少数能够考上学的学生；只重视智育，忽视德育、体育、美育和劳动技术教育；只重视知识的传授，忽视能力的培养；方法是死记硬背，题海战术，使得学生学业负担过重，一部分学生甚至厌学逃学。这种情况不改变，必然会影响到人才的培养。特别是近十多年来，由于人民生活水平有了较大的提高，对独生子女升学的期望值增高，这就与国家对教育发展的承受能力以及就业机会发生较大的矛盾，从而引发了考试的竞争。这是一种社会问题，是短期内改变不了的。但是，这种由升学竞争而引起的应试教育的弊端却不能不引起教育界的忧虑。因此，在这种情况下提出素质教育，也是十分自然和必要的。但这并不是提倡素质教育的全部原因。

素质教育的提出是时代的要求。不同的社会对教育有不同的要求。原始社会，由于生产水平很低，教育水平也很低，教育活动是在社会成员共同劳动和共同生活中进行的。人类进入阶级社会以后，生产力有了较大的发展，由于脑力劳动和体力劳动的分工，开始出现专门从事教育工作的教师，产生了专门的教育机构——学校。但是，学校教育却被少数统治者所垄断，教育目的是培养统治人才，教育内容主要是统治权术，方法是经院式的死记硬背。随着封建自然经济的解体，出现了资本主义生产，资本主义大工业生产需要掌握科学技术的人才和熟练工人，教育成为发展生产的必要条件，于是教育得以普及，各级各类学校才得以建立。因此我们说，现代教育是现代生产的产物，它是随着现代生产的发展而发展的。教育的目标、教育的内容也要随着现代社会的发展而发生变化。

现代社会如果从工业化开始算起的话，发展到今天已经进入了工业社会向信息社会发展的阶段。信息社会最基本的特征是信息化、智能化。信息社会的核心工业是"智力工业""知识工业"，信息社会的经济是"知识经济"。与之相适应，它要求教育培养出高素质的、具有现代意识的人才。这就是当前强调素质教育的根本意义。

知识经济时代（也即信息社会）的到来，必将引起教育的巨大变革。根据现有的认识，知识经济的基本特征是，知识和信息是社会生产的基本要素，是经济和社会发展的驱动力。如果说传统农业是以土地、劳动力为其基本的生产要素，传统工业是以资本为其基本的生产要素，那么知识经济则是以知识为其基本的生产要素。这种知识，不是我们一般理解的书本上的知识，而是不断创新的科学技术知识。知识的不断创新，必将引起生产的不断变革，从而促进整个国民经济的增长，促进社会的不断进步。知识是要靠人来掌握的，因此高素质人才的培养，即人才资本的投入，就成为知识经济发展的最重要的条件。

信息社会对人才的要求，不同于以往的社会。如果说在工业社会初期，在学校学习的书本知识就可以应付一生职业的需要，那么在今天，面对瞬息万变的世界，学生在学校学习的书本知识，可能到毕业的时候不少已经变得陈旧。因此，最好的方法就是在学校里不满足于学习现存知识，更重要的是学会学习，学会获取知识的方法，这就是我们常常提到的"能力"。教育不仅要教给学生知识，而且要培养学生的能力。培养能力是素质教育的重要内容。

现代高度发展的科学技术具有两重性。一方面，科学技术发展使社会生产力空前提高，给人类带来了丰富的物质财富；另一方面，盲目地运用它，也会带来资源的浪费、环境的污染、生态的破坏以及人们道德水准下降等社会问题。解决这些问题固然仍要靠科学技术的发展，但更需要人们具有高度的社会责任感、高尚的思想品质。面临社会种种危机，世界上许多有识之士提高了对教育的重要作用的认识，并提出新的人才培养的目标。联合国经济合作与发展组织（OECD）在1988年就提出一个人走向社会需要有3张教育通行证的看法。这3张教育通行证，一张是学术性的，一张是职业性的，一张是证明他有事业心和开拓精神的。1996年由雅克·德洛尔任主席的国际21世纪教育委员会向联合国教科文组织提交了一份报告，题为《教育——财富蕴藏其中》。在这份报告的序言中提出了教育的4大支柱：①学会认知。必须把相当广泛的常识与少量问题进行深入研究的可能性结合起来。这种常识是接受终身教育的许可证，它使人对终身学习产生兴趣并为其奠定基础。②学会做事。必须获得一种能力，能够应付各种情况，能促进集体劳动。③学会生存。21世纪要求人人都有较强的自主能力和判断能力，要求加强每个人在实现集体命运过程中的责任。这些能力包括记忆能力、推理能力、想象能力、体力、审美观、与他人交流的能力、领导者的天然气质等。④学会共同生活，即通过增进对他人及其历史、传统和精神价值的了解，共同生活。

可见，现代教育的基本内容，或者说基本要求，就是素质教育。其目的是提高人的素质。教育现代化是传统教育向现代教育转化的过程。传统教育是传授知识的教育，现代教育则是要在传授知识的基础上，培养人的能力，提高人的素质。知识、能力、素质是构成现代教育目标的3个基本要素。光有知识没有能力，知识就不可能应用于实际；有了知识和能力，缺乏高尚的思想品质和健康的心理素质，能力可能发挥不出来，或者知识被应用到邪道上。有的人知而不能，有的人有知有能就是不为，或者为而不当。只有把三者结合起来，才能构成一个完善的人，现代教育尤其如此。

素质教育不仅是基础教育的事，各级各类教育都要加强素质教育，都要把提高学生的素质放在重要位置上。这是因为，知识和能力还代替不了素质。固然知识是基础，人们素质的提高是建立在丰富的自然科学、社会人文科学知识的基础上的。但是，有了知识并不一定就有高的素质。高等学校是培养专门人才的地方，有的学生掌握了专门知识，却缺少高尚的思想品质和健康的身体心理素质，结果事业无成。基础教育是打基础的，是教育的奠基工程，更应该重视素质教育。

当前开展素质教育需要克服几个误区。

其一，把素质教育和考试对立起来。实施素质教育并不排除考试。考试是一种教育手段，是评价、检查学习效果的一种方法，也是选拔人才的方法，运用得法可以促进、激励学生学习。特别是检查性考试，可以反馈给学生，使其了解自己的学习效果，改进学习方法。但是如果把考试这种手段当作目的，以应付考试为目的，或者把它作为教育评价的唯一手段，则消极作用是非常大的。这是大家有目共睹的，不用赘述。

有些教师认为应付考试也是一种能力。例如，奥林匹克数学、物理、化学等竞赛，都是通过考试来进行的，必须有临场能力才能取得好成绩。的确是这样，包括高考，不能说考分高的，学生素质就不高。"高分低能"的说法不全面。但是，应试的能力应当建立在扎实的文化科学教育的基础上，而不是靠猜题、压题，或者是其他手段。更何况应试能力还包括健康的心理素质等多种因素。同时应该指出，我们今天反对应试教育，并不是不要学生具有应试的能力，而是从教育思想上来讲的。应试教育是一种错误的思想，它把应试当作目的，而不是手段；在具体做法上违背了教育规律，扼杀了学生的才能和特长，它造成了严重的后果。有些论者总喜欢偷梁换柱，似乎反对应试教育就是反对一切考试。只有走出这个误区，才能提高对素质教育重要意义的认识。

其二，把素质教育与全面发展教育对立起来。素质教育其实质就是全面发展教育。正是因为全面发展的教育方针受到应试教育的干扰，才提出素质教育来，目的在于克服应试教育的弊端，更好地贯彻全面发展的教育方针。

许多同志对"转轨"的提法有意见。似乎过去走的道路（轨道）错了，现在要转过来。对这个问题可以这样来理解：所谓"转轨"，不是指方向的问题，而是指方法的问题；是指教育思想的转变，不是指教育方针的转变；是克服弊端，非改变教育全部。我想"转轨"这个词不能确切表达当前教育改革的内涵，最好不要再使用这个词。

其三，把培养学生的特长当作素质教育。把素质教育理解为全面发展加特长，这也是一种误解。全面发展是使每个学生的智力和体力都得到充分的发展，而每个人的智力、体力的生理、心理基础是不同的，因此要因材施教，充分发挥学生的潜在能力。培养学生的特长，就是为了发挥某种特殊潜能，但这不是每个人都有的。

把培养特长变成每个人的必修课，势必会增加学生的负担，影响他正常潜能的发展。一个人的特长总是与他的兴趣爱好联系在一起的，只有顺其自然，为培养其兴趣爱好创造条件，他的特长才能得到发展。

其四，把课外活动当作素质教育的主渠道。一些学校在实施素质教育时不是在课堂教学上下功夫改革，而是大搞课外活动，而且把课外活动也排在课表中，名之为"活动课程"，结果形成所谓学科课程（课堂教学）是应试教育，活动课程（课外活动）是素质教育。实施素质教育首先要改革应试教育的课堂教学模式，让学生学得生动活泼主动，提高素质。课外活动是课堂教学的重要补充，是学生获取知识和培养能力，满足他的特殊的兴趣和爱好的另一个渠道。课外活动的特点是它的自主性、自愿性、趣味性。学生可以自愿参加、自主活动，不受法定的教学计划、教学大纲的束缚，没有心理负担和压力。把课外活动变成了活动课程，变成了第二课堂，就会失去课外活动的特点，增加学生的负担。

教育现代化的一个最重要内容，就是实现从传统的旧的教育思想到新的符合现代化要求的教育思想的转变。有的同志一听教育现代化，以为一定要有先进的校舍和设备。固然，教育现代化包括了教育条件（包括设备、手段）的现代化，但是更重要的是教育思想的现代化。只有教育思想现代化了，才能改变旧的教育传统。如果设备、手段等条件现代化了，但教育思想还是旧的，则只能成为教育投资的一种浪费。只要想一想，在抗日战争那样艰苦的条件下，西南联合大学怎么能培养出那么多高质量的人才？就是因为那里有一批学术造诣深厚、教育思想先进的教师。当然，现在时代不同了，先进的设备还是需要的，但要根据我国的财力而定，要随着我国经济的不断增长而不断改善，但教育思想不必等有了条件才改变，应该有超前性，这是任何条件下都能做到的。我希望广大教师能够认识到这一点。

成功教育　素质教育　教改形势[*]
——在全国第三届成功教育研讨会上的讲话

今天我讲三个问题：一是我对成功教育的认识，二是我对素质教育的认识，三是当前教育改革发展的形势。

成功教育

首先讲我对成功教育的认识。贺师礼教授说，成功教育就是让每个学生获得成功。我认为成功教育不仅要让学生在学业上获得成功，还可以扩展一点，让每个人对事业有成功的要求。贺教授在文章里讲到学生存在着差异，有好的学生，有后进的学生，也有跟不上学习的学生，所以我们要使每个学生都能够在学习上成功，这是一个非常先进的教育思想。成功教育不是一种模式，而是建立在先进的现代化教育思想体系上的教育思想；成功教育不是说每个学生都没有差异，人人都考一百分，而是让每个学生都建立一个成功的信念，有一种自信。学生是有差别的。比如，就思维来讲，有的学生形象思维强，有的学生逻辑思维强；

---

* 原载《无锡教育》，2000年第1期。

有的学生思维很敏捷，有的学生思维较缓慢；有的学生思维虽然敏捷，但他的逻辑性不强；有的学生思维缓慢，但他的逻辑性较强，想问题想得比较深刻；有的学生钻牛角尖，想问题不用发散性思维；有的学生天马行空，很有丰富的想象力。我们不可能用一种标准来要求每个人。从这个意义上讲，成功教育不是使每个人都能得到同样的分数，而是使其建立一种成功的信心，追求一种对事业的信心。

我去年在日本待了4个月，参观了一些学校。我点名要参观一所养护学校。所谓养护学校，就是残疾儿童、智力低下儿童、聋哑儿童就读的特殊教育学校。但是日本当地没有这样的学校，只有养护班。法律规定一个地区只要有两个残疾儿童，学校就要设养护班，最近几年又进一步规定只要有一个残疾儿童，就设养护班。我参观的养护班有6个学生。课后，我与校长和老师座谈。照一般人看来，残疾的孩子不可能像别的孩子一样追求什么成功，但是这里的校长、教师的思想就是要让每个学生都能建立自信心。他们解释：为什么不单独设特殊学校，而设养护班呢？因为这些孩子不是所有的时间都在养护班上课，有些课就同正常的孩子一起上。校长说，世界的潮流是要让智力障碍的孩子像正常人一样生活、上课，让他们有一个看法。他们只是在某些方面是残疾的，但是在某些方面却有自己的优势。所以，我们不搞特殊学校。其中有一个孩子电脑玩得很好，已经在电脑上学习意大利语。所谓障碍，如果从另外一个角度来考虑，就没有障碍了。如腿脚不灵便，坐轮椅上台阶对他来讲是一个障碍，但是如果你把台阶拆了，变成一个通道，对他来讲就没有障碍了。可见，对这些有障碍的人来讲，是可以没有障碍的，只要我们设法替他们创造一个环境，他就没有障碍了。校长就是这么讲的。我问他正常的孩子会不会对他们有歧视，会不会看不起他们。他说不会，我们教育正常孩子怎样关心这些残疾孩子，使他们知道残疾人的需要是什么，长大以后他们就能为残疾人考虑问题，不会对残疾人看不起，也不会伤害他们。相反，正常的孩子还能帮助这些残疾人，建立一种融洽的人际关系。从这里我们可以看出，虽然从生理上、心理上讲，人都是有差别的，但是每个人又都有他的优势，将来都有可能获得成功，所以我个人理解，成功教育就是建立每一个人都能成功的信念，建立在自尊、自信、自强这么一个心理基础上，让学生自己证明自己，有信心，自强，能够克服自己的弱点，达到事业上的成功。苏联著名教育家苏霍姆林斯基写了一本书《要相信孩子》，认为要相信每一个孩子。他说，给一年级的孩子上课，第一学期不给学生打分数，第二学期才打分数。第一次打分数时要非常慎重，绝不给孩子打不及格的分数，就是为了建立学生的信心。又说，如果一个学生对自己没有信心，以后他就会对自己的学习漠不关心；而如果一个孩子从小对自己的学习漠不关心，那么长大了对他还能有什么要求！这说明自信心、自尊心、自强心就是成功教育很重要的一个基础。

我觉得成功教育研讨会在江阴召开有特别的意义。有些同志对我讲，江阴乡镇企业搞了20年，靠哪些人？不是靠我们这些考上大学出去的，靠的是留在江阴的人，或者没有机会考大学的，或者是因为考大学没有录取的人，说得明白一点，就是落榜生，是他们把江阴建设起来了。他们成了企业家，你说他们是不是人才？什么叫人才？是不是上了大学的才是人才？是不是当了政治家、科学家的才是人才？我认为只要勤奋努力，为社会做出贡献的人就是人才。当然，人才有层次，有高级的人才，有一般的人才，但我们要建立这样一种人才观：我们教的学生将来人人都能成为人才，都能够为社会做出贡献，都能事业有成。我讲了每一个人有成功的信念，将来在事业上都能成功，然而在追求成功的过程中也可能会遇到许多挫折，包括学习上的挫折。我们的老师就要帮助他克服种种挫折，获得成功。

当前有的老师往往把学生分为三六九等，使师生关系极其紧张。我有一个朋友，他说他的孙女进入小学一年级，第二个礼拜就回来讲："爷爷，爷爷，我在班上是第二号种子，老师给我们排队，谁最聪明，我是第二号。"过了半年，她又回来说："爷爷，爷爷，我们班上有8个笨蛋，班主任说谁是笨蛋站起来，他们全站起来了。"孩子是很天真的，老师经常说这个孩子聪明，那个孩子笨，当着孩子的面议论孩子，会使孩子从小失去信心。

我有个异想天开的想法，前一段时间写了一篇文章，呼吁是不是以后不要再评三好学生，因为三好学生已经评滥了，该改为评进步奖，你有一定进步我就鼓励。我参观过一所初中——广东逸仙中学，它是一所薄弱学校，专门招收别的学校不要的学生。这个学校的办法就是鼓励进步，只要有一点儿进步就奖励，原来30多分考到40多分就表扬；原来70多分，这次考试考60分，就要批评；做了好事就表扬。这样每个人都得到了表扬，每一年都要树立一些进步的标兵。孩子很快就变了，家长也反映孩子变好了、变用功了，到初中毕业的时候几乎人人都及格，过去不及格的孩子到了这里也能及格了，所谓一所学校要办出特色，我想这就叫办出特色。我觉得评三好学生有利有弊，一方面鼓励学生，另一方面有的时候也不太公平。有的地方评三好学生甚至还有走后门的。最近有的地方录取大学保送生，有一个三好学生是优秀的学生干部，他不愿进保送的大学，宁愿考别的学校。校长就把他这个三好学生的头衔借给另外的学生。还有个地方领导的孩子年年是三好学生，有的家长不服气。我建议不要评三好学生，当然这是国家的政策，我也做不了主。但是我建议可以评进步生，不要把学生分成三六九等，这样容易取得进步。还有小干部，最好轮流当，不要变成一部分孩子是管人的，一部分是被人管的。成功教育应该考虑让人人都成功，人人都干。老师让听话的孩子当干部，这是与民主社会不相符合的。要建立平等、民主、和谐的师生关系。过去讲平等、民主，我觉得还应该加和谐。师生关系非常密切，学生把老师当作最亲密的人，很多心里话可以向他讲。我们中国的传统"一日为师，终身为父"，这种关系不是一般的民主平等关系所能表达的，应该是仅次于父母子女的血缘关系的一种和谐关系。只有建立在这种民主、平等、和谐的师生关系上，才能使你的学生人人都培养出自尊心、自信心。

可是，我现在感觉到师生关系非常紧张，两个月前，《北京晚报》登了一条消息，说成都有一所学校，老师经常训孩子，说得不好听是骂孩子，结果有几个孩子不想听老师训，吃了安眠药，吃过了量，只好赶快抢救。你说这种师生关系怎么能让学生获得成功？《北京晚报》上还有一条消息：北京有一所外语学校，学生分数考得好，可以先吃饭；分数低的晚吃饭。记者去访问："你这个做法对不对？"他说："这有什么不对，这公平嘛，考得好的先吃。"这种做法怎能培养学生健全、完善的人格？学生怎会有信心？

素质教育

第二个问题，素质教育。什么叫素质教育？说得明白点，就是以提高人的素质为目的的教育。提倡素质教育是不是不要考试？不是。考试是不能取消的。我们不是反对考试，是反对把考试作为目的。考试是手段。有的人讲，要考试，要高考，当然就要应试。但是应试不是我们的目的，而且考试制度也在改革。

我国高校升学率还很低，大约是5%左右，即使到2000年达到15%，也还有85%的人上不了大学。高考的问题，是一个教育资源分配问题，是解决教育需求和供给矛盾的问题。现在教育的需求越来越高，但是我们教育的供给却有限。当然也可以想别的办法，例如，鼓励上民办大学。但即使升学率提高了，也还是有一个升学率的问题。

这种供需矛盾不是靠改革考试所能解决的。因此，我们不能整天琢磨怎么考，而是要把精力放在提高学生的素质上。不提高人的素质，我们国家就没有希望。提高国民素质是时代的要求。教育的本质就是提高人的素质。从古到今，教育就是要培养人，也就是提高人的素质。今天提出的素质教育有两大背景。一个背景就是时代的要求，时代要求高质量的人才。古时候人的素质是"正人君子"，念"四书五经"，会背"四书五经"，会考"八股"。今天是现代社会、信息社会，知识经济已见端倪，对人的素质的要求跟过去大不一样了，这是一个方面。另一方面，我们的教育逐步从精英教育走向了大众教育，这也是时代的要求。50年以前，包括20世纪60年代，世界教育改革的指导思想还是精英教育思想。20世纪60年代世界教育曾有一次大改革，那次改革是为了培养精英，为什么呢？当时科学技术发展很快，要求能够掌握高科技的人才，特别是苏联人造卫星上天以后，美苏两国争霸，美国看到苏联发射人造卫星，科技的优势要被人家抢走，便通过了《国防教育法》，搞教育现代化，这就是一种精英教育思想，而20世纪八九十年代，改革的指导思想是大众教育思想。现在科技已经高度发达，人人都可以上网，人人也都可以接触新科技，所以要求人人都有高素质。当然，掌握高科技、新技术的精英还是需要的。现在是信息社会，需要人人都掌握科技，与20世纪五六十年代不一样，那时只是少数人懂得科技，大多数人可以不懂。所以，这一次的改革有一个很大的特点，就是大众教育的特点。素质要提高，除了科技素质要提高外，其他方面的素质也要提高。过去搞大工业，想不到要保护环境。可是现在要治理环境，国家要可持续发展，靠几个精英行吗？得靠我们大众啊！我们大众都得有环境意识、环保意识，大家都要保护生态平衡，不要破坏环境，不要乱砍森林。去年长江发大水，就是因为森林被砍掉。保护森林，保护生态，这就不能单靠精英，得靠大家，靠全民族文化素质的提高。所以，我认为素质教育是时代的要求，提高素质，不光是小学生的问题，每个公民包括大学生、研究生都要提高素质。第二个大背景，我们确实在教育上有些弊端。刚才讲的应试考试的弊端，你不承认也不行。现在学生负担很重，学校减轻负担，家长还不放心，还要请家庭教师，搞补习班。这是供需矛盾造成的。但是，我们学校也不是无能为力的，学校教育内容、教育方法要改革。作为教育工作者，我们要树立这样一个信念：不断提高学生素质，方法要正确，首先让学生有信心，有信心克服困难。

素质教育跟全面发展是什么关系？素质教育就是全面发展，没有什么区别。因为我们全面发展教育贯彻得不太好，有应试教育的干扰，所以我们要提素质教育。素质教育要重视培养个性。什么叫个性？有些学校把个性和特长混淆了，说全面发展加特长就叫个性，这是一种误解。我认为个性的核心就是创造性，就是要有创造思维，不盲从，不是说有特长就是有个性。不要把发展个性和特长混为一谈。个性发展的关键是创造性。有了特长如果没有创造性，特长也发挥不好。没有创造性就做不出成绩来。

基础教育打什么基础？三方面的基础。第一，打好儿童身心健康发展的基础。我们在北京请了几个院士座谈，怎么从小对学生进行科学教育。一位中科院院士说："我认为最主要的是不要去折磨孩子，基础教育最重要的是要引起学生学习的兴趣。"我觉得这句话非常重要，如果你折磨孩子，孩子的身心就不能得到健康的发展。许多教师喜爱听话的学生，对淘气的孩子往往采取不正确的方法，伤害他们的自尊心，可能教师的一句话就会影响到他的一生。所以要让学生身心健康发展，这句话很不容易做到，有时候教师往往为一些小事就伤害学生。第二，打好进一步学习、终身学习的基础。终身学习不仅仅是为升高一级的学校，而是不断学习。因为我们现在处在学习社会、信息社会的时代，只有终身学习，才能适应时代的要求，所以要教会学生自己学习。终身学习也是时代的要求。我国经济正在转型，许多职工下岗，要想再上岗就要再学习，再培训。《中华人民共和国教育法》的第11条、第41条都提到终身教育，提到要建立终身教育体制。如果离开了教师就不会学习，那怎么能终身学习？所以说打好终身学习基础也很重要，制度要改变、内容要改变、方法要改变，最重要的是我们的教育思想要改变。第三，打好走向社会的基础。不只是给学生一技之长，谋个职业，更重要的是要培养学生对社会的责任心。世界上很多国家强调公民教育，使学生毕业后能够关心社会、对社会有责任心。1988年，经济合作组织提出一个要求，一个人走向社会必须得到3张通行证：一张是知识的，学术的；一张是职业的，你能够承担一个职业；一张是开拓精神和事业心，强调要培养学生对社会的责任心，关心社会、关心环境、关心他人。如果打好了这三方面的基础，学生要成功就不言而喻了。建立自尊心、自信心，有一种成功的欲望、对成功的追求，他的素质才能提高。

教改形势

第三个问题说说国内国外教育改革的形势。20世纪80年代以来，不管是国内国外，教育改革层出不穷。1985年中共中央做出了关于教育体制改革的决定，开始提出要改革。国外也是这样，1983年美国教育高质量委员会发表一封公开信，题目是《国家处境危险，教育改革刻不容缓》，头一句话就是，我们很多优势正在被竞争对手夺走。美国人出于紧迫感，开始进行一系列改革，布什提出2000年教育计划，克林顿把2000年计划变成一个法案。英国、日本也都在不断改革。为什么？因为时代在不断地发展，社会在不断变革，所以改革也是无止境的。这是现代教育的一个特征。

教育改革的趋势是什么呢？

一是教育目标，强调要培养完善的人格。在我国就是要培养德、智、体、美全面发展的人才，要关心社会、关心环境、关心他人，对社会有责任感。

二是在教育内容上，正在酝酿着大的改革。历次教育的改革，都以教育内容为核心。这次教育部公布的《面向21世纪教育振兴行动计划》提到要研究课程改革。世界课程改革的形势是什么呢？从指导思想来讲，是由精英教育到大众教育。过去课程改革的目标总的是为了培养精英，新数学、新化学、新物理，都瞄准少数精英。所以后来课程改革失败了，因为大多数学生不能适应，教师不能适应，只有少数人能适应。你说它失败吧，也不完全是失败，确实培养了一批精英。现在改革的指导思想是大众教育，要面向大众，国外有一个口号："科学为人人。"从改革课程的目标来讲，过去改革的目标序列是"知识、能力、情感态度"，现在的目标顺序是"情感态度、能力和知识"，倒过来了。但这并不等于知识不重要，不是说不要知识，而是说要有不同的着重点。20世纪60年代的着重点是知识的掌握，现在更重要的是培养学生对科学的态度和情感。当然也要在知识的基础上，知识还是基础。拿科学教育来说，20世纪60年代只要让学生掌握基本的概念、基本的理论、基本的体系。现在不同了，科学教育要包括科学哲学、科学过程、科学史，要培养学生的科学素养。科学素养包括了对科学哲学的理解，对科学史的理解，对科学和社会关系的理解。这是科学教育改革的方向。在课程内容上，过去以学科为本，以升学为本，以学科为本编写教材；现在要以解决问题为本，以人的发展为本，要建立综合课程。初中，从世界各国来讲，只有少数几个国家是以学科分科课程教学的，其他世界各国的初中都是综合课。现在我国的浙江省在搞综合文科、综合理科。我前不久到日本去，参观了一所小学，他们从1998年6月起从小学三年级开始，设一门综合学习课，一直到初中，时数还很多，小学三年级105课时，等于一个星期3节课；到了初中，是100～130课时。所谓综合学习，就是结合本地的一些问题，结合社会环境的一些问题进行学习，包括人和自然、人和社会、人和人，一个月一个专题，每个学校都不一样，是自己设计的，不是国家规定的。我是主张课程要降低难度的。有些同志害怕降低难度以后会降低质量，甚至贻误人才。我认为，降低难度之后，人人都能学习成功，人人都能消化，智力高的学生还可以学习感兴趣的课程。难度降低一点，有才能的人还有余力去学习感兴趣的课，可能学得更好，可能更出人才。所以，现在改革的趋势就是要降低难度。日本有一所小学把自然课改叫地球课，社会课改叫人间课。我问他们："这有什么区别？"他们说："过去的自然课是我们做实验，讲自然，让孩子们在自然旁边研究自然；现在叫地球课，人就生活在地球上，是把人放在自然里来研究自然。过去的社会课，组织学生到火车站去看火车怎么开的，怎么卖票，怎么行驶；现在人间课，让学生自己当售票员，当检查员，体验生活，让学生站在社会里来了解社会。"他们还把美术课、音乐课改叫表现课。音乐、美术课不是要培养音乐家、美术家，也不是为了懂音乐、美术的技艺，而是让学生表现自己的情感。我看到学生在美术课上爱画什么就画什么，音乐课上教师让学生即兴弹出节奏来。这里有一些新的教育思想，有一些新的思路。教学内容的改革是一个很大的问题，全国大部分地方都在大力研究。

三是教学方法的改革，强调要"以学生为主体"。过去以教师为主，现在以学生为主，教师只起帮助和指导的作用。美国人叫设计者，设计环境让学生去学习。我问他们，教师起什么作用？他们说，一是观察者，观察孩子的成长变化，然后跟家长联系；二是设计者，设计一个学习环境；三是帮助者，学生有困难就去帮助他。

总的来讲，这些改革最关键的还是教育思想的改革，教育思想不变化，一切都是空谈。教育靠教师，教师要有改革的思想，有新的思路。教育改革中的教育思想是关键，教育内容是核心，教育制度、教育手段是保证。现在许多学校都在实现教育手段的现代化，利用多媒体进行教学。但是教育思想不改变，多媒体手段也是白费力气。要用多媒体手段一定要改变教育思想，才能发挥它的优势。手段变了，思想没有变，课还是死板的，学生还是没兴趣。

世纪的回顾与展望[*]
——中国教育的发展前景和任务

我们已经跨入了21世纪。对于我们这些在20世纪生活了大半辈子的人来说，不禁浮想联翩。20世纪是在世界风云变幻中走过来的。两次世界大战给人类带来了无穷的苦难，但正义总是会战胜邪恶，侵略者均以失败告终，人民赢得了胜利。我们期望着21世纪能够持续和平，全人类都能过上幸福的生活。

20世纪是创新的世纪，科学技术有了迅猛的发展，它推动了生产力的提高，为人类创造了丰富的物质财富，并把人类带入了信息化的新时代。但是，科学技术的发展又给人类带来了许多灾难，像科学技术制造了许多战争的武器，工业化带来的资源浪费、环境污染、道德滑坡，这些正在威胁着人类的生存。但我们相信，21世纪更是创新的世纪。人类已经认识到和自然的关系，认识自己的使命，将依靠自己的创造克服20世纪存在的种种弊端，解决疑难病症，提高人文精神，创造一个更美好的世界。

20世纪世界教育得到了空前的发展，并经历了激烈的变革，它对20

---

* 原载《中国教育学刊》，2001年第1期。

世纪科技的发展和社会的进步起着不可估量的作用。在21世纪，教育将有更大的发展，它将为科技创新提供最重要的基础。同时，教育将不再只是教人们学会谋生的工具，而且将会成为人们生活中不可缺少的一部分，学习将伴随着人的一生。

中国的教育在20世纪有了空前的发展。中国现代教育制度是随着帝国主义列强的战舰利炮打开中国的大门后，才从西方引进来的。如果从1902年清政府颁布《钦定学堂章程》算起，现代教育在中国正好实施了一个世纪。这一个世纪以来，中国现代教育的发展经历了三个历史时期。第一个时期是清末和民国时期。虽然现代教育制度得以建立，但在半殖民地半封建社会的旧中国，教育只是少数人的专利品，直到新中国成立前夕，学龄儿童的入学率还不足20%，而文盲人数却占总人口的80%。第二个时期是1949年新中国成立至1978年。在中国共产党和人民政府的领导和关怀下教育有了很大的发展，特别是广大工农群众及其子女享受到了教育的权利，新中国的教育为新中国的社会主义建设做出了不可磨灭的贡献。但是由于受到"左"的思想的干扰，尊重知识、尊重人才的思想始终没有树立起来，教育发展受到极大的限制。只有到第三个时期，也即改革开放以后，我国教育才进入一个健康发展的新阶段。在邓小平理论指导下，确立了教育在社会主义现代化建设中的战略地位，我国教育得到蓬勃发展。到20世纪末，全国基本上普及九年义务教育，基本上扫除文盲。在占全世界总人口1/5的大国中达到这个"双基"的目标，是一件了不起的大事，它不仅将对中国21世纪的社会主义现代化建设和使中国赶上中等发达国家的水平发挥巨大的作用，而且将对全世界社会的进步和繁荣产生不可估量的影响。

进入21世纪，我国教育将有更大的发展和提高。党的十五届五中全会通过的《中共中央关于制定国民经济和社会发展第十个五年计划的建议》提出：教育是培养人才的基础，对经济和社会发展具有先导性、全局性的作用，要适度超前发展。"教育要面向现代化、面向世界、面向未来，走改革和创新之路。"这就为21世纪初我国教育的发展指明了方向。在这世纪交替的时刻，我国教育正在经历着一场伟大的变革。知识经济的到来，信息网络化的发展，我国进入WTO后面临的国际竞争的挑战，都迫使我们不能不改革。但有一些同志还盲目地沉醉于过去的成绩中，以为我国的基础教育还是好的，质量高于外国，因而拒绝接受新事物，不愿改革，这是非常危险的。为了迎接新的挑战，我认为，基础教育要重点做好以下一些工作。

第一，21世纪初我国教育仍然应该把基础教育放在重中之重的地位，做好普九的巩固工作。九年义务教育虽然基本普及，但基础并不牢固，且不说地区发展不平衡，有些地区发展水平不高，如果在新的世纪里不重视巩固已有的成绩，就可能出现普及教育的滑坡。当前有些地区辍学率居高不下就是一个信号。现在社会上出现一股高教热。社会主义现代化建设需要大批掌握先进科学技术的人才，广大家长也希望自己的子女能够多读一些书，扩大高等学校招生规模是必要的。但是只有把基础教育办好，才能提高整个国民素质，才能促进国民经济的发展和社会进步，这样高等教育的发展也才有坚实的基础。

第二，要努力提高基础教育的水平和质量。要认真贯彻第三次全国教育工作会议和江泽民同志关于教育问题的谈话精神，深化教育改革，全面推进素质教育。我们培养的人才，是否具备全面发展的素质，有没有高尚的思想品质，有没有创新精神和实践能力，是事关参与国际竞争实力强弱，从而关系到国家前途命运的大事。要特别重视德育。思想品质是一个人的灵魂，它是把握人的行为方向的。一个人固然要有才，方能在事业上创新，做出成绩。但是如果方向不对，缺少应有的道德，越有才就越可能做出更大的坏事。在我国所谓提高基础教育的水平，不是单指提高知识程度，更重要的是要着力培养学生的创新精神和解决问题的实践能力。知识不等于智慧，也不等于能力。知识是基础，要通过知识的学习过程，增长智慧，获取能力。这就需要改革现有的教学内容（课程）和教学方法。

第三，要重视农村地区，特别是贫困地区的基础教育。我有一种感觉，今天谈教育改革，讲教育现代化，总是着眼于发达地区。先进的课程也好，网络教学也好，当前都只有发达地区或者中等发达地区的城市才能办到。大片农村地区，特别是贫困地区，恐怕连想都不敢想。广大农村地区、贫困地区的教育需要什么，如何帮助他们解决困难，似乎还很少有人研究。中国的现代化，没有农村的现代化是不可想象的。农村地区、贫困地区的教育应该引起我们的重视。

实施西部大开发战略是21世纪初我国社会主义建设实现第三步战略目标的重大举措。西部开发也应该把基础教育作为最基础的工程。因为西部的开发归根到底要依靠西部人民，依靠西部人民的整体素质的提高。资金可以引进，先进技术可以引进，甚至高科技人才也能重金聘用，但老百姓的高素质能引进吗？显然不能。只有靠教育，特别是靠基础教育才能得到提高。

第四，要重视教师队伍的建设。教育发展和提高的关键在于教师。尊重知识，尊重人才，首先要尊重教师。作为教师，要努力提高自己的业务能力和思想水平，特别是要转变旧的教育观念，树立新的教育观念。在当今信息化、网络化的时代，教育具有新的特点。只有研究这些新特点，树立新观念，运用新方法，才能取得最优效果。社会越是现代化，越是需要多种多样的人才，这些人才不是只从升学一条道路中形成的，教育要有长远的眼光，要着眼于学生的发展；同时要认识到，每一个学生的兴趣爱好、气质、潜能都是有差别的，要因材施教，发展他们的个性；人的个性表现在各自的创造性中，因此，要充分发展学生的创造性；还要认识到，未来社会学习无论是在时间上还是在空间上都将大于、广于教育，教师已经不可能再是知识的唯一载体。教师应该成为学生的学习伙伴，启发学生学习，和学生共同学习。

第五，要重视教育科学研究。现代教育的基本特征是它的科学性，即教育实践对教育科学研究的依赖性。现代教育不仅仅要凭经验，而且要依赖科学的决策，依靠教育科学使教育行为更加理性。教育决策的失误往往会影响整个教育的发展，甚至整个社会的发展。因此，要加强对教育科学研究的力度，教育科学研究也要克服理论脱离实际的现象，重视教育改革和发展中的重大理论问题，真正为决策服务，为中小学提高教育质量服务。科学研究要认真贯彻双百方针，学术无禁区，要实事求是、平心静气地讨论问题，要通过争鸣逐步认识真理。

我们刚刚跨入新千年，我们对未来充满着憧憬和希望，对我国教育的发展和提高充满着无比的信心。

课程改革的世纪回顾与瞻望*

一、20世纪的三次课程改革

教育改革是永恒的主题，社会在不断变革，就要求教育也不断变革。在教育改革中，课程的改革是核心。20世纪的100年中，教育经历了三次大的变革都是从课程改革开始的。

第一次教育改革在20世纪初。简单地说就是以杜威进步主义教育为代表的现代教育批判了传统教育的课堂中心、课本中心、教师中心，提出活动中心、儿童中心、儿童的兴趣中心的主张。改革的核心是课程。杜威主张"教育即生活""学校即社会"。他批评传统教育的"最大浪费是由于儿童在学校中不能完全、自由地运用他在校外所获得的经验；同时，另一方面，他又不能把学校里所学的东西应用于日常生活"。①他提出"从做中学"的教学原则，并从这个原则出发，课程必须考虑到能适应社会生活的需要，强调课程教材要与儿童生活经验相联系。杜威的教育思想影响了美国教育几十年，而且影响到世界各国。

第二次教育改革在20世纪五六十年代。20世纪50年代后期，美国学

---

* 原载《教育研究》，2001年第7期。

① ［美］杜威：《学校与社会》，见《杜威教育论著选》，赵祥麟、王承绪编译，52页，上海，华东师范大学出版社，1981。

术界许多人士对"生活适应"的功利主义教育提出了强烈的批评，同时批评当时的课程内容只反映了19世纪的科学成果，没有反映20世纪科学所取得的成就，强烈要求改革。1957年苏联人造卫星上天，促进了这次改革。这次改革的核心仍然是课程。

1958年美国国会通过了《国防教育法》，提出加强数学、科学、现代外语三门基本课程。于是出现了新数学、新物理等一系列新教材。虽然这些教材由于太深太难不能为教师和学生所接受，到20世纪70年代初就被弃之不用，但它的影响是十分深远的，影响到世界各国的教育改革。

第三次教育改革是20世纪80年代初开始的。改革的动力来自教育的外部和教育的内部。教育的外部因素是科学技术的迅猛发展，并由此带来生产的不断变革和社会的深刻变化；国际局势趋于缓和而经济竞争日益激烈。教育内部的因素是：一方面，中等教育的普及和终身教育思潮的兴起；另一方面，中小学教育质量的下降。1983年美国高质量教育委员会发表的公开信《国家处境危险，教育改革刻不容缓》就反映了这个问题。之后，美国朝野提出了一系列改革方案，包括1991年布什总统提出的《2000年教育规划》和克林顿总统完成的《2000年目标：美国教育法》。与此同时，日本、英国、法国也在进行教育改革。这次教育改革的核心依旧是课程。

为什么每次教育改革都是以课程改革为核心？道理很简单，任何教育目标都要依靠一套课程来实现。当然，每一次课程改革总是以某种教育思想、教育观念为指导，同时要求采用新的方法来保证，否则，课程改革也难以实现。

二、第二次课程改革的经验和教训

20世纪五六十年代的课程改革是在20世纪教育大发展、教育大改革中开始的，对后来的改革有巨大的影响，值得认真总结。20世纪五六十年代是冷战的年代。一方面，资本主义和社会主义两个阵营严重对立，大家都在扩军备战。另一方面，第二次世界大战作为试验场，科学技术的应用有了飞速发展，为各国的军备竞赛提供了条件。培养掌握新科技的人才就是当务之急。课程改革就是在这样的背景下提出来的。此次课程改革呈现了以下一些特点。

（1）课程改革的指导思想是"精英教育"。美国一些科学家认为，美国科学对第二次世界大战的胜利做出的重大贡献在很大程度上依赖于"借来的人才"，即在欧洲接受教育而后来移居美国的科学家。如果美国教育制度不能培养出数量充足的有能力的科学家，在未来社会中美国的优势就不能保证，因而要培养美国的精英。

（2）课程改革的理论基础是结构主义。布鲁纳在《教育过程》一书中就强调学科的结构。他说："不论我们选教什么学科，务必使学生理解该学科的基本结构。……与其说是单纯地掌握事实和技巧，不如说是教授和学习结构。"[①]

（3）新的课程在内容和结构上与传统的课程迥然不同。新课程要求学生尽可能地感到像一名科学家那样，不仅使用科学家的工具，还要以科学家的眼光看问题；不仅仅只体验科学家的劳动成果，还要体验科学家从事智力活动的欢乐。因此要把科学方法，即"探究""问题解决""发现教学"和"科学方法"作为教学的主要目标。在新课程中，教师不再是所有知识的源泉，而是教师用探究的方式教会学生学习。在教学过程中，学生是积极主动的，是通过发现过程建构概念的人。

（4）此次教育改革是由第一流科学家推动的，课程的编制也是由专家进行的。例如，当时的新数学、新物理、新化学、新生物课本都是由

---

① ［美］杰罗姆·S.布鲁纳：《教育过程》，8页，上海，上海人民出版社，1973。

大学或专门委员会编写的。这就使得教材脱离普通教师，也为它的实施带来了困难。社会各界对新的课程寄予很大的希望，但是并没有获得改革家们所期望的成功。据美国教育署1964—1965年的调查，只有20%的学生选学新的PSSC物理课程。到20世纪70年代，在一片"回到基础教育"的呼声中，新的教材逐渐消失。人们对这次大规模的课程改革，普遍认为是失败的，但公允地说，其对世界教育改革起的作用是不可估量的。

自20世纪70年代以来，教育界、科学界进行了深入的反思，对改革失败的原因做了多方面的探讨，吸取改革的经验教训，认为改革失败的原因是多方面的。

从外部原因来看，20世纪六七十年代初，社会动荡、种族歧视、越南战争、大中学生的"反文化"运动等，特别是20世纪70年代初的经济危机使得人们不能安心于学习。另外，由于工业化带来的环境污染，战争对人类前途的威胁，在西方国家兴起了反科学运动，无疑对科学教育的改革产生了不利的影响。

从内部原因来看，改革本身存在以下一些问题。

（1）在目标上存在着精英主义思想，有着重视提高、轻视普及的倾向。正如科南特曾经设想的，要在高中另开一门课程，这门课程是中等以下水平的学生难以通过的。新课程基本上体现了这种思想。

（2）改革忽视了教育理论在课程发展中的指导作用。主持课程改革的人都是来自大学的科学家，缺少教育专家，特别是缺少中学教师的参与。正如美国科学基金会指出的，改革的"重点放在教材上，而不是在教育学上"。因而教师不能接受，学生不能接受。

（3）改革的过程和方法不尽合理。有人把这次课程改革的模式叫作RDDA模式，即研究（Research）、开发（Development）、传播（Diffusion）、采用（Adoption）。也叫"中心—边缘"模式，即课程目标是由"中心"专家制定的,再由他们主持课程开发和传播,而课程的实施则由处于"边缘"的教师来完成。教师处于被动地位,也缺少参与意识和参与机会。许多教师对课程改革持否定态度或反应冷淡。

这次课程改革虽然不尽如人意,但是对世界教育改革却产生了深远的影响。

(1)实现了教育内容的现代化。20世纪上半叶科学所取得的成就被吸收到课程和教材中,陈旧的内容被删除,如物理不再强调热学、声学、静电学,而更加注重波;在化学教材里,无机化学内容减少,强调与化学键有关的理论;数学增加了集合、矩阵、环等内容;生物按生态学原理、细胞的性质与功能或生物有机体的功能把各个不同部分整合起来。

(2)重视探索和实验室教学。20世纪50年代以前,教材多是描述性的,改革以后,重视实验,学生通过学习科学获得一些探究的能力。但不足也很明显:一是削弱了对科学应用的重视程度,把科学与技术应用分开;二是没有吸收当代科学哲学的研究成果,没有把其作为理论基础,新课程的哲学基础仍然是归纳主义的或逻辑经验主义的,例如,过分强调归纳法;三是对发现法不适当的强调。

三、第三次课程改革及其特点

第三次课程改革是从20世纪80年代初开始的,延续到今天还没有结束。这次改革的动力来自以下几方面。

(1)中等教育走向普及。中等教育已经不再是大学教育的准备,而是培养青年走向社会,使原先那种高度选择性的、学术性的学校教育逐渐变为对学龄人口提供普通教育。

(2)终身教育思潮的兴起。成人也需要学习,终身教育成为教育增长的主要领域。中小学教育必须为学生提供他们以后赖以发展和接受继续教育的基础，中学毕业生都应有探究能力，以便终身学习。

（3）科学技术，特别是微电子技术的发展引起了新信息技术的发展，要求大众理解新的科技发展。20世纪60年代的精英教育的改革策略已不合时宜了。

（4）中学教育质量的下降引起了人们的不安。1983年美国高质量教育委员会的公开信中举出了大量质量下降的事实。信中列举了13项危险指标，并忧心忡忡地指出："我们正在培养一代科学和技术文盲的美国人。"[①]在几次国际数学和科学测试中，美国的成绩都很差。20世纪80年代的课程改革没有像20世纪60年代那样大张旗鼓，也没有编写核心教材，但却在不断地进行。现举几个国家为例。

美国自1983年公开信以后，又有一系列的报告出台，其中最有影响的是以下几项。

- 美国促进科学协会于1985年开始提出一项跨世纪科学教育改革计划。组织了由26名杰出科学家和教育家组成的专家组，研究从幼儿园到高中的学生应该掌握的科学知识、能力和思维习惯，并于1989年提出一份研究报告，即《普及科学——美国2061计划》。

- 在上述报告的基础上，1994年提出了《科学素养的基准》，1996年又制定了《国家科学教育标准》。

- 1989年布什总统提出美国教育在2000年应达到的六项教育目标，并于1991年提出《2000年教育规划》。克林顿执政以后，以追求教育质量优异为目标的教育改革进一步深入发展。在他第一任

---

① 教育发展与政策研究中心：《发达国家教育改革的动向和趋势（第1集）》，5页，北京，人民教育出版社，1986。

期内，提出并由国会通过了《2000年目标：美国教育法》，而把布什提出的国家教育目标完成了立法程序。

英国20世纪80年代以来，也开始了新一轮的教育改革。1988年英国议会通过了《1988年教育改革法案》。该法案以法令的形式规定从1989年起，全国所有公立中小学实行统一课程，这在英国历史上还是第一次。法案规定开设两类课程：核心课程与基础课程。制定统一标准，改革考试制度：学生要参加4次全国统考，以新的中学教育证书取代一般水平普通教育证书和中等教育证书。

日本1984年开始拉开了日本第三次教育改革的序幕。当年中曾根首相成立了临时教育审议会，三年中提交了4次咨询报告。在第一次咨询报告中提出了8项基本指导思想：①重视个性原则；②重视基础；③培养创造性思考能力和表达能力；④扩大选择受教育的机会；⑤教育环境中的人与人之间的关系；⑥向终身教育体系过渡；⑦适应国际化社会；⑧适应信息化社会。

日本教育课程审议会于1997年11月发表了有关课程调研的报告，对中小学课程改革提出了一系列建议：日本面向21世纪教育改革的基本目标是，使之具有丰富的人性，充满生机的健康体魄，具有自己发现问题、自己学习、独立思考、自主判断与行动、妥善处理问题、克己自律、善于与他人协调以及迅速准确地适应社会变化的能力。

1998年6月中央教育审议会又提交了《从幼儿期开始的心灵教育》的咨询报告。报告认为，教育的核心是学生的心灵教育，其主要内容为"生活能力的培养""伦理观念的建立""关怀他人的习惯""遵守社会道德的品质"，强调家庭、社区都要参与。

中国自1985年开始大规模的教育改革。时年，《中共中央关于教育体制改革的决定》（以下简称《决定》）拉开了教育改革的序幕。《决定》提出在全国范围内普及九年义务教育，改革办学体制。1986年，原国家教委成立了中小学教材审定委员会，并着手编制义务教育的教学计划和教学大纲，同时实施"一纲多本"，编写多种教材。这项工作一直持续到今天。同时，根据1998年教育部公布的《面向21世纪教育振兴行动计划》，开展了新一轮的课程改革，此项工作还正在进行之中。

第三次课程改革有如下一些特点。

（1）课程改革的指导思想是"大众教育"，与20世纪60年代的课程改革有很大的不同。这主要表现在科学教育的指导思想上。这次改革强调"科学为人人"（Science for All），要求培养学生的科学素养，促进学生有意识地学习科学，以提高教学质量。

（2）课程改革的理论基础是建构主义。心理学家皮亚杰把主体的动作——主客体的相互作用看作一切经验和知识的源泉。他既反对纯粹来自感官经验的经验主义，也反对知识来自纯理性的理性主义，他认为知识的性质就是"知识基本上就是建构"。传统的认识论视客观存在为认识的对象，建构主义则把认识限定在人类经验领域内，承认客观存在，但人的心理无法直接接触它。传统认识论视知识为客观真理，建构主义认为应抛弃真理的概念，代之以"可行性"，它只是一种解释，一种假设。

（3）这种认识论反映在科学教育目标上则强调科学素养的培养。对于科学素养的理解，20世纪80年代与20世纪60年代也有所不同。20世纪60年代科学素养被理解为：①科学的主要概念与原理；②科学的探究过程；③科学与一般文化的关系。20世纪80年代对科学素养的理解包括三个方面：①科学哲学，即科学的本质、科学的价值等；②科学发展的历史；③科学与社会的关系，注重"科学与社会""科学与人文""科学与技术"等范畴，强调"解决问题"的能力。

从上述特点可以窥见，20世纪80年代以来的课程改革重点不在教材上，而是在课程目标和指导思想上。当然，课程目标总是要落实到教材上，但它更重要的是影响教师的教学思想，并引起教学过程、教学手段和教学方法的一系列改革。

四、教育改革发展的未来展望

当前的改革已不限于课程改革，实际上涉及整个教育系统，包括教育思想、教育目标、教育制度、教育内容和方法。特别是信息网络技术的发展，引起了教育观念、教育方式的一系列变革。科技在不断进步，时代在不断发展，社会在不断变革，因而教育改革也未有穷期，似乎上一次改革还没有完成，新一轮的改革又在兴起。对于今后课程改革的发展趋势，实在难以预测，只好在与过去相比较中谈点看法。

（1）在课程改革的指导思想上，强调大众教育，所谓"教育为大众""科学为人人"。科学技术已经不是神秘的东西。在当今科学技术广泛应用的时代，人人都要懂得科学技术。当然，这种大众教育并不排除培养少数精英，使他们掌握科学技术发展的前沿，创造更新的技术。但是，培养少数精英也需要建立在提高大众教育水平的基础上。为此，课程要有灵活性，把必修课的标准定在大多数学生能接受的水准上，同时为不同的学生设置各种选修课，允许学生选学不同的课程。

（2）在课程设置上，过去过分强调课程的工具性，课程要适应经济建设的需要，为社会服务。现在更强调人的发展。教育的本质是提高人的素质，也即个体的发展。强调人的发展与教育为社会发展和经济建设服务是不矛盾的，个体只有在得到发展的基础上才能更好地为社会发展服务。国民素质提高了，自然有利于经济建设和社会进步。因此，把为人的发展服务与为社会发展和经济建设服务统一起来，要重视学生的个性发展，因材施教。

（3）在课程目标上，过去强调掌握知识、发展能力，现在更强调培养学生对事物的情感、态度、价值观。不是知识不重要，而是出发点不同。不是为知识而学习，而是要对所学的知识有一种认识。例如，学习了地理，就要有保护环境的意识；学习了水，就要知道节约用水；学习了抗日战争的历史，就要激发爱国主义感情等。

（4）在课程编制上，过去以学科系统为依据，现在强调要以社会实际为依据。过去学习是为了升学，现在学习是为了走向社会。除了学科课程外，强调设置实践性课程，通过实践活动培养学生综合运用在学科课程中学到的知识的能力，培养他们的创新精神和实践能力。

（5）在知识内容上，过去强调学习各学科的系统知识，现在更强调知识的综合性、整合性，强调学科之间的联系。许多国家都设置综合学习课程，把自然科学和人文社会科学结合起来。

（6）在教学过程中过去强调以教师为中心，现在则强调学生的自主性。网络化时代的到来必然会引起教学的变革，变革的趋势是学生自主学习将加强，学生对教师的依赖性将降低。因此，无论在课程设置上，还是在教学中，都要注意给学生留有自主学习的空间。

（7）由此而引起的教师角色的转变。教师已经不是知识的主要载体，教师的作用主要表现在帮助学生设计正确的学习路线，选择正确的学习方法，指导和帮助学生处理各种信息，抵制不良信息，也就是帮助学生学习。未来的学生可以从多种渠道获取信息和知识，他们的信息和知识可能比教师知道得还早、还多，因此，教师也要不断学习，才能跟上学生的需要。所以，未来的教师将是与学生共同学习的伙伴。有人认为，在网络时代教师的职业将消失。笔者不认为这是正确的。教师的角色会有变化，但不等于教师将消失。青少年是长知识的时期，他们尚不成熟，他们处理信息的能力还很差，判断是非的能力还很弱，需要教师的指导和帮助。何况教师的身教言传，教师行为风范对学生潜移默化的影响，是任何事物都不可替代的。

（8）教学方法、评价制度也要相应地改革。由于篇幅有限，在这个问题上不能展开，需要专文论述。这里只做简要的提示。笔者认为，教学方法的改革可以简单地归纳为以下几点：一是重视学生的主体性，引导学生积极参与教学活动；二是不仅重视学习的结果，更重视学习的过程，在教学中留有足够的时间和空间让学生自己思考；三是鼓励学生创新，敢于提出与众不同、与教师不同的见解，敢于坚持自己正确的意见；四是评价标准多元化，很多问题不是只有一种答案，尤其是社会科学，要允许有不同的见解。

总之，时代的发展、科技的进步、社会的变革要求学校课程不断改革，而课程改革又会引起教学过程的一系列变革，其关键在于教师的教育观念要跟上这种变革。

【参考资料】

［1］［美］杰罗姆・S.布鲁纳.教育过程［M］.上海：上海人民出版社，1973.

［2］教育发展与政策研究中心.发达国家教育改革的动向和趋势（第1~5集）［M］.北京：人民教育出版社，1986.

［3］钟启泉.现代课程论［M］.上海：上海教育出版社，1989.

［4］日本文部省中央教育审议会1997年咨询报告。

［5］日本文部省教育课程审议会1996年咨询报告。

［6］［日］横地清.对日本中教审和课程审议咨询报告的评价［J］.比较教育研究，2000，（2）.

［7］丁邦平.国际科学教育理论研究［D］.北京：北京师范大学，1999.

［8］李建华.当代美国数学课程改革与发展的比较研究［D］.北京：北京师范大学，2009.

全面发展，与时俱进[*]

江泽民同志"七一"讲话中关于"马克思主义与时俱进的理论品质"的重要论断，以及对人的全面发展思想的深刻论述，对我们创造性地理解和发展马克思主义关于人的全面发展学说，并在新的历史条件下更好地贯彻党的全面发展教育方针指明了方向。我们要以学习、贯彻"七一"讲话精神为契机，结合全面推进素质教育和深化教育改革的工作实际，解放思想，开动脑筋，积极探索全面发展理论的时代内涵。

在新的历史条件下，深入学习江泽民同志"七一"讲话精神，正确理解和创造性地发展人的全面发展理论，我有以下几点粗浅的体会。

第一，要把人的全面发展与社会可持续发展结合起来。马克思主义关于人的全面发展理论是在大工业生产的基础上提出来的。马克思认为，它是关系到大工业的生死攸关的问题，是关系到大工业生产可持续发展的问题。今天人类已进入信息时代，人的全面发展更是关系到社会可持续发展的大问题。如何理解可持续发展？如果说传统发展观强调一事物自己的运动和发展，那么可持续发展更加关注多个事物的联合发展和相关运动；如果说传统发展观强调每一主体的个人发展，自己掌握自己命运，那么可持续发展则主张"让我们共同决定我们共同的未来"。

---

*　原载《中国教育学刊》，2002年第1期。

可持续发展非常注重发展的联动效应和持续效应，注重长远效益，致力于推动发展的不同阶段、不同主体、不同侧面的良性循环。当前，推进素质教育，使青少年得以全面发展，就是为了确保人的可持续发展和社会的可持续发展。学校教育不能急功近利地为一时考试成绩，包括高考成绩，而牺牲支撑学生一生发展的身心健康和主体精神的发展，从而使学生不能在社会发展中充分体现其价值。

第二，要把人的全面发展和终身学习结合起来。终身教育、终身学习这一理念，自20世纪中叶提出以来，受到全世界的广泛关注和支持。终身教育是科学技术迅猛发展的需要，也是人的全面发展的需要。在信息化社会，一个人只有不断学习、终身学习，才能与时俱进，不断提高自身发展的水平。因此，要真正培养全面发展的人才，就需要克服教育中的功利主义，着眼人的未来，培养学生终身学习的理念和能力。在未来社会，学习不仅是谋生的手段，而且是人的生活的一部分，是提高生活质量的必要条件。

第三，要把人的全面发展与个性发展结合起来。全面发展不是平均发展，只有个性的充分发展才能达到人的全面发展。因为每个人的智力和体力是有差别的，只要每个人的智力和体力得到了充分的发展就是人的全面发展。我们以往所理解的全面发展教育，着重在发展的各个"面"的"全"上，而与个性发展对立起来。所以，往往在同一个时间内用同一个标准、同一个规格、同一个考试、同一个要求去对待千差万别的学生。这样就造成了"千人一面""千篇一律"的人才，人才缺乏个性，缺乏创造性，导致人的"平面化"甚至"平庸化"。因此，要培养全面发展的人才，就要注意发展每个学生的个性，使他的智力和体力能够充分发展。

第四，要把人的全面发展与树立创造奉献的价值观结合起来。江泽民同志多次强调，创新是一个民族进步的灵魂，是一个国家兴旺发达的不竭动力。"七一"讲话的发表，"三个代表"重要思想的提出，对"马克思主义与时俱进的理论品质"的论述，向我们表明，在知识经济时代，一个人也好，一个政党也好，一个民族也好，最宝贵的品质是创造奉献，与时俱进。每一个人的个人发展，只有成为全人类可持续发展链条中的有效一环，才能够使自己的发展更有价值；每一个中华儿女的个人发展，只有成为中华民族伟大复兴事业中的有机组成部分，才能够找到个人发展的正确价值定位；人的每一个时期的发展，只有努力为以后各个时期的发展创造条件，提供便利，才能够保持个人发展的可持续性。要实现上述要求，在教育中就必须改变以往那种单纯以考试成绩、知识的多少来评价学生质量的标准，而要采用多种评价标准，特别要重视学生的创造能力和奉献精神，提倡以奉献引导创造，以创造奉献为人生最高追求的"创造奉献价值观"。所以，素质教育要特别强调着重培养人的创新精神和实践能力。总之，教育是人走向创造的助跑，是对人的生命质量和价值的提升，是国家、民族乃至全人类一代代的创造接力。只有努力培养创造主体，推动人的终身学习、终身发展、终身创造，才是抓住了教育的灵魂。江泽民同志"七一"讲话内涵无比丰富、博大精深。我们需要进一步学习，深刻领会，并在实际教育工作中努力贯彻，为推进教育改革，为实现中华民族的伟大复兴贡献力量。

课堂教学：一把"双刃剑"[*]

课堂教学是创新教育的基本环节。有的教师课讲得又多又细，只注重教学结果，学生只会死记硬背，不会举一反三。有的教师注重教学过程，给学生留有思考余地，结果学生能触类旁通。可见，课堂教学既能培养，也能抑制学生的创新精神。

现在大家都在谈论创新教育，其实创新教育并非是一种独特的教育，它是素质教育的重点。怎样培养学生的创新精神？课堂教学是最基本的环节。不仅因为课堂教学是学生的主要活动，还因为课堂教学的主要任务是传授知识和发展能力。一个人没有知识，何来创新？没有基本能力（包括思维、记忆、想象等），何来创新？创新要有两个必要条件：一是扎实的基础知识，二是创造性思维。创新并非异想天开，而是在扎实的基础知识上掌握相关学科的前沿知识，运用创造性思维，举一反三，发现和创造新的知识。因此，教师要努力改进课堂教学，使学生既掌握好基本知识，又充分发展他的创造性思维能力。能否做到这一点，关键在于教师的教学思想。

课堂教学是教师讲得越多越细好呢，还是留有余地，让学生多思考一下好？有一种教师，教学很认真，对课文分析得又细又透，结果学生

* 原载《辽宁日报》，2002年2月1日。

能准确地掌握教师教的结论，却不会去思考别的结论。另一种教师只讲解课文的基本要点，更多的是提出问题，并留有足够空间让学生自己去思考，结果可能得出多种结论，学生的思维得到了训练。我想大家都会赞成第二种教师。但是为什么第一种教师在现实生活中还大量存在呢？我想有两个原因：一是怕考试指挥棒，考试往往只考知识，不考能力；二是思想不解放，不相信学生的能力发展了更有利于知识的掌握。都是好心，结果却适得其反。

教学是重结果还是重过程又是两种不同的教学观念。传统的教学观念往往只重视学习的结果，学生能够把教师讲的结论记住就能考一个好分数。但学生对某种结论往往只知其然而不知其所以然，因而他掌握的知识也只是一种死的知识。这种学习过程很难培养学生的创新精神。为了培养学生的创新精神，课堂教学要以学生为主体，充分发挥学生学习的积极性和主动性。教师的主导作用在于引导学生积极参与教学过程。学生在这个过程中积极思维，提出不同的问题和见解，从而培养起独立思考、既不盲从又不固执己见的创新精神。

课堂教学可以培养学生的创新精神，也可以抑制学生的创新精神。如果教师的教学思想正确，在教学中能够重视学生的主体性，引导他们主动参与，积极思考，鼓励他们敢于提出不同意见，就能培养学生的创新精神。如果教师处处越俎代庖，不引导学生参与，不启发学生思考，不重视学生的不同意见，久而久之，学生就产生一种依赖性，创新意识就会被压抑。

创新精神和实践能力好似一对孪生兄弟，彼此不能分开。学生光有扎实的基础知识还不够，还必须与实际相接触。如果只有扎实的基础知识，而不去与实际相联系，不去进一步思考，这种知识是死的知识，没有生命力的知识。只有在实际中才会有各种各样意想不到的情况和问题，学生在实践中遇到各种问题，运用课堂上学到的知识去分析它、思考它、解决它，就培养了实践能力，同时也就培养了创新精神。

在现实生活中，有些教师不愿意让学生到实践中去，生怕耽误了学习，影响考试成绩。实际上学生的知识不只来源于书本，还来源于生活。学生在生活中获得的知识是活生生的知识，如果把它与书本知识相结合，就能获得真正的知识。陶行知先生说："我们是在行动中追求真知识。行动遇着困难便不能不思想，思想贯通便取得了真知识。运用真知识以行动，便走上了创造之路。"因此，我们的教育应该把培养学生的创新精神和实践能力结合起来。

培养创造型人才：不能模仿和灌输[*]

　　21世纪是知识经济的社会，也必然是学习社会，学习社会是与知识经济相辅相成的。在传统经济为主导的社会，学习主要是一种继承性的过程，其目的在于运用既有的知识去应付可重复发生的情况。但富于不确定性的信息社会则要求人们不断地对付和处理各种新的挑战与危机，这意味着创造性学习将变得比以往任何时代都重要。因此，创造性也是学习社会的一个核心特征。

　　当然，创造性并不是未来社会的唯一特征，创造性也不是对人才的唯一要求，但创造性无疑是21世纪人才必须具备的品质。教育肩负着培养人才的重任，我们的教育是否能够适应培养新世纪人才、特别是创造性人才的需要，是需要教育界回答的重大问题，也是全社会关注的核心问题。近年来，来自教育内部和外部的种种批评，使我们看到我们还没有建立起一套比较成熟的培养创造性人才的机制。1999年第三次全国教育工作会议确立了全面推进素质教育的基本方向，为消除长期以来我国教育存在的种种弊端，构建一个充满生机的有中国特色的社会主义教育体系提供了政策指南。但是，如何全面推进素质教育，如何激发所有学生和整个民族的创造力，并不是一个简单的问题。如我们应该建立什么

---

*　原载《辽宁日报》，2002年2月22日。

样的人才观，如何采用合理的人才评价方式，如何通过课程改革促进儿童的创造性，如何推行教育的信息化，如何通过教育制度的改革为学生提供发展的良好的外部环境等，都是需要进一步研究的问题。

关于培养创造性人才的问题。第一是促进学生主动发展的问题。当提出培养创新精神和实践能力的问题以后，便有人提出由教知识变为教能力、由练知识变为练能力、由考知识变为考能力的观点。我必须指出，这仍然是一种旧的思维方式的延续。我一直主张，不仅要让学生全面发展，还要有利于他们的主动发展，因为，创造性内在于人的潜在素质，它不靠外在的灌输而获得。相反，模仿和掌握外在灌输和训练的东西，虽然有时有助于创造性的发挥，但它本身并不是创造性。任何创造都是主动的，我们的教育就是要创造宽松的环境，让受教育者自由、主动地进行自我发展，使他们身上内隐的创造性素质外显出来。第二是面向全体的问题。有人认为创造性只是少数人特有的素质，总是把眼光盯在少数尖子身上，热衷于进行所谓精英教育。实际上，这正是窒息创造性的教育。创造性的培养需要一定的外部环境和条件，如果整个社会的氛围是循规蹈矩的，如果大多数人的思维是因循守旧的，那么特立独行的人也很难脱颖而出，精英队伍也只能是无源之水和无本之木。相反，只有真正激发每个人的创造力，整个民族的活力才能被真正地焕发起来。要培养创造性的人才，教育本身就应该具有创造性，就应该具有自我革新的内在活力。

教育均衡发展是教育平等的问题，是人权问题[*]

我已经去过寿光三次了。这篇报道反映了寿光的实际情况。

我们的义务教育发展到今天，确实有一个均衡发展的问题。实际上，教育均衡发展是教育平等的问题，说到底还是一个人权问题，现在世界各国都在强调这个问题。人的权利就包括受教育权、发展权。人的发展权是指人除了吃饱穿暖以外还要发展。我们是尊重人权的，但是有一个发展的过程，因为我们是发展中国家，经济发展很不平衡，城乡发展不平衡、东西部发展不平衡等。人权首先就是生命权———衣食住行是第一位的，但我们的义务教育既然已经实现了"两基"，在这种情况下，教育就要求平衡发展，我们不讲平均发展。

素质教育现在"步履维艰"，之所以"步履维艰"，一个很大的原因就是不均衡。"不均衡"有一个量的问题，也有一个质的问题。中国现在教育最主要的矛盾就是资源不足和需求之间的矛盾，这既表现在量上也表现在质上，表现在量上就是高等教育资源不足，都想上高等学校。当然，即便是发达国家也不可能人人都上高等学校，但是我们还是太少了，经过三年的发展到了11%。高等教育也不能发展太快了，发展太快

---

[*] 原载《人民教育》，2002年第4期。

了就有一个质量的问题，也有一个条件的问题，还有一个就业问题。有的省靠贷款发展高等教育，这也是一条路子，但贷款发展就有风险，这是一个很现实的问题。银行前几年很愿意贷款给高等学校，认为贷给高等学校风险不是很大，现在发现贷给高等学校风险也很大，怕还不了了，所以这几年都不愿意贷了。因此学校如何还贷是一个问题，需要认真研究。

国外有个专家叫罗尔斯，他对教育公平的理解有三种：一是机会公平；二是过程公平，就是学校提供的条件、设备、教师等方面的水平差不多；三是结果公平，结果公平不是说人人都上大学，而是能够考虑到学生的差别，要给学生最好的出路，这个学生适合上大学就上了大学，这个学生适合搞手艺就给他一技之长和相应的职业，让他能够就业。结果公平不是说上同一所学校就是公平，结果公平是指根据每一个人的能力和条件得到相应的发展。我觉得我们每一个区域搞公平也不是说全部都搞普通教育才叫公平，全部都上一种课程就叫公平，不是这样。首先是要解决机会均等，第二个是解决因材施教，能够按照学生的能力给学生以适当的教育，这就是公平。这些问题不是笼统的，需要好好研究。

另外，我也发现对教育均衡发展不是没有异议的，特别是一些重点中学的校长，认为办优质教育是必然的，发展不平衡是必然的。邓小平同志讲过，少数人先富起来，为什么不能讲少数人先上好的学校？在一次教育论坛上，与会者有一个对话，对话过程中有很多不同意见，有人认为在目前的条件下，就是要强调办好重点学校。其实一部分人心里就不赞成均衡发展，而且有些公立学校拥有雄厚的国家资源却想用它来谋利益，这就不太公平。对均衡发展这个问题并不是人人都赞成，现在大力宣传，非常有必要。教育部领导的态度非常明确，王湛同志的批示讲得很好，教育均衡发展是由我们社会主义的性质决定的。邓小平同志讲少数人先富起来，是从经济上来讲的，教育不完全是这样，也不能套到教育上来。经济上最低收入者应该有保障，这是由社会主义性质决定的，是由现代民主化的社会决定的。至于说人是有不同的，人的能力也是有不同的，在均衡发展过程中并不排除培养精英，高中可以设很多选修课，可以供学生选择，但是机会平等、过程平等、结果平等应该是要给予的。

寿光经验非常好。当然寿光的经济条件比较好，但是也不完全是经济条件的问题，有些地方经济不是很好也在搞均衡发展，有些地方经济条件好也不一定愿意搞，这还是一个教育观念的问题。江泽民同志"三个代表"重要思想讲要代表最广大人民群众的利益，先进生产力、先进文化，说到底还是为了最广大人民群众的利益。

教育需要爱与艺术*
——一名老教师的教育体验

从1948年在上海当小学教师算起，至今也已经有54个年头了，我也算得上是一名老教师。虽然其中有几年是在大学里学习，但学的也是教育，常常要到中小学去见习或实习，所以说，这一辈子没有离开过教师的岗位。当然，除了那些特殊的年代，被迫去当了几年工人和农民。

有的人问我，当了一辈子教师，有什么经验？我说，教育是一件很复杂的工作。因为教育的对象是活生生的人，是正在成长着的儿童和青少年，他们有主观能动性，因而不能用一种固定的眼光去看他们，也不能用一种方法去教育他们。因此，我至今还没有摸索出教育的规律，说不上有什么经验。但有一点是坚信不疑的，就是每一个儿童都是可以教育的。如果说有的学生表现很差，那么先不要去责怪学生，先想想自己的教育行为有什么不当之处。用现在时髦的话来说，就是"反思"。我就常常反思，发现许多教育行为不当。由反思而学习，不断地探索教育

---

* 原载《中国教师》，2003年第4期。

的规律。经过多年的探索，我也悟出一点道理，总结起来就是两句话：没有爱就没有教育，没有兴趣就没有学习。

没有爱就没有教育，可能每个教师都知道这一点。但要做到这一点恐怕并不容易。首先，要能爱每一个学生。有的教师只爱好学生，即学习成绩好的、听话的学生，不大能爱学习不太好、不听话的学生，或者有点毛病的学生。这就不能叫真正爱学生。其次，要懂得如何爱学生。最近看到一些学校和家庭的暴力，我在想，那个被孩子杀害的父母难道是因为他们不爱孩子吗？又看到报纸上报道，有的孩子因为愧对父母深深的"爱"而自杀。为什么对这样的"爱"孩子接受不了呢？我们许多好心的教师不也是因为"爱"学生把重重的学习负担压在学生身上，时时用分数这柄达摩克利斯剑悬在学生的头上吗？这能有好结果吗？这能叫真正的爱吗？爱应该有一个重要的基础，这就是信赖和理解。教师要相信每一个学生都是有能力也有愿望进步的，只要教育得法，他们人人都能成才；同时，我们要理解他们，他们和成人一样有各种需要，除了学习以外，他们有休息的需要、娱乐的需要、交友的需要，特别是有保持人格尊严的权利。如果父母或教师不能理解他们，不能满足他们最迫切的需要，教育就得不到应有的效果。

没有兴趣就没有学习。这可以说是每个人的经验之谈。强迫学习可以奏效一时，但却不能坚持到长久。许多科学家说，他们的科学发明大多出于他们的兴趣。这不是没有道理的。因此，教师的教学首先要启发学生的兴趣。学生一旦对你教的学科发生了兴趣，你就不用担心他这门学科学不好。兴趣不是天生的，是需要培养的。培养的方式很多，教师精湛的教学艺术可以培养学生的兴趣，学生的实践活动更能培养学生的兴趣。语文教师指导学生读一本饶有趣味的课外读物，往往会激发学生学习语文的兴趣；生物教师带学生到野外去旅行，往往会激发学生学习生物的兴趣。兴趣是学习的动力、成功的基础。

教育需要智慧，教育需要艺术。智慧和艺术从哪里来？从学习得来。有的教师一提学习，总是迫不及待地和提高教学质量挂钩，希望立竿见影。这是不可能的。学习在于提高自身的整体素质，从而悟出智慧来。因此，我总是反对把教师的继续教育局限在教材教法上。数学教师不妨学学音乐，语文教师不妨学学生物，学习的知识越广泛，生活越丰富，越能悟出点道理来，教育的智慧和艺术自然会形成。

以上就是我作为一名老教师想给大家说的普普通通的话。

从语言的功能谈到小学外语教学[*]
——在 2003 年小学外语教学国际论坛上的发言

  语言对一个人的发展有着特别重要的意义，我想这一点是不言而喻的。一字不识的村妇，生下孩子，就知道要教他说话。为什么？因为语言是交流的工具。有了语言，母子就可以沟通。语言又分口语和书面语。口语不易保存和传播，书面语的传播在时间和空间上都有极大的优势。当然现在发明了录音机，可以把口头语录下来，但已是近代的事。我国古代书面语和口语是不一样的。这可能与我国的方块字有关，我国语言不是拼音，无法把口语用音符记录下来，方块字又很难写，于是我国书面文字就很简洁，但也很难学。《论语》中说："学而不思则罔，思而不学则殆。"要翻译成口语，就要写一大段。后来五四运动提倡白话文，书面语和口语就接近了，大大便利了儿童学习。但是，还是有不相同的地方。我国著名语言学家吕叔湘说：语言和文字既是一回事，又不是一回事。他说："口语和书面语，一个用嘴说，一个用手写、用眼睛看，当然不是一回事。可是口语也可以记下来，用手写的也可以念出来，用的字眼基本上相同，词句的组织更没有多大差别，自然也不能说

---

* 原载《基础教育外语教学研究》，2003年第8期。

是两回事。"①实际上口头语和书面语还是很不一样的。我国口语中的方言多得不计其数，许多方言无法用文字写出来。汉语的书面语却是全国统一的。正因为这样，所以我们学校教育要用很长的时间来学习语文。

语言不仅是交流的工具，而且是人的发展的工具。人的发展主要有两方面：一是智力（包括道德），二是体力。智力发展的核心是思维的发展。语言是思维的外壳，没有语言，思维就无法表达，也无法发展。当然，先有语言还是先有思维，还有争论。但这是讲人的起源的时候的状况。一旦人类的语言发达了，人就靠语言来思维。所以，不同的语言方式就有不同的思维方式。不同的民族语言就有不同的思维方式。因此，小学生学语文不仅是学习字、词、句、篇的语文知识，更重要的是发展他们的思维。

语言还是文化的载体。语言不是简单的思维外壳，语言里面装着思想，装着文化。语文课文中装着多少我国民族文化的宝藏啊！更不用说中国几千年来浩瀚的文献了。我想不用多说，每个老师都能体会到。语言不仅装着我们民族的文化，而且语言本身就是民族文化的重要组成部分。一个民族的语言是这个民族世代创造的文明结晶，它反映着民族精神、民族生活的全部历史。语言本身的发展就反映着这个民族的发展。正如俄罗斯伟大教育家乌申斯基所说："语言不仅表现为一个民族的生命力，而且它正是民族生命的本身。民族的语言一旦消失，这个民族也就不复存在了！"②所以，每个国家、每个民族都十分重视本国语言，重视本民族的语文教育。

今天的研讨会是讲小学外语教学，我为什么讲这么多的题外话呢？就是因为我认为，小学首先要把母语学好。母语学不好，就不能发展思

---

① 吕叔湘：《吕叔湘自选集》，395～396页，上海，上海教育出版社，1989。
② 张焕庭：《西方资产阶级教育论著选》，488页，北京，人民教育出版社，1979。

维，更不能发展智力；母语学不好，就掌握不了民族的文化遗产，自身的文化素质就会受到影响；母语学不好，就无法交流，连本民族间都无法交流，怎么和外国人交流。学习外语的目的是与外国人交流，包括学习外国的先进文化和科学技术，与外国机构开展交流和合作，和外国人做生意、搞外交等。所以，学外语不能仅仅只学语言的外壳，更重要的是要学习目的语国家的思维方式和民族文化。这样外语才能学得好。

学习语言的最佳期是小学阶段。这里就遇到一个极大的矛盾：在小学要不要学习外语？学习外语会不会影响母语的学习？我认为矛盾肯定是存在的，互相影响也是肯定的。我们只能在利弊得失中趋利避害，选择最佳方案，使之达到最佳效果。

我个人的意见是：不宜在小学低年级开设外语。理由很简单，小学低年级是思维发展最快的时期，也是最关键的时期，是具体思维向抽象思维过渡的时期，这个时期应该集中力量发展学生母语的思维能力，掌握母语的本质，将来他才能运用母语去掌握民族文化的精髓。外语最好在小学三年级开始，这样既不影响母语的学习，又不至于错过外语学习的最佳阶段。当然，小学低年级，甚至幼儿园儿童，不是不可以接触外语，但应有主有从。儿童接触外语可以从单词开始，如阿猫阿狗、叔叔阿姨、你好再见。这样简单的单词甚至简单的单句，把它们与母语对应起来学习，较早地积累一些外语词汇是可以的。但不能放在外语的思维上。因为真正学好外语，需要用外语思维。我们常常听人说，你说的是中国式外语，就是说，你没有掌握外国人的思维方式，是用了外国的词说中国的话。但是，如果从小就让儿童用外语思维，必然会影响母语思维。我曾看到中央电视台的一个节目，主持人讲了一个故事说：一家人，小孩的爸爸是学英语的，妈妈是学日语的，爷爷奶奶只会说汉语。全家约定，为了让孩子成为语言天才，从小和孩子说话，爸爸说英语，妈妈说日语，爷爷奶奶说汉语。结果现在孩子说出来的话谁也听不懂。

不知道这是不是真事。但我相信，如果真这样教孩子，这样的结果是不稀奇的。因此，在小学开设外语课要特别慎重。

在小学使用双语教学我是不赞成的。所谓双语教学，就不是开设外语课的问题了，而是把外语作为教学语言来使用。小学里学的都是最基本的知识，通过这些基本知识来发展学生的思维（智力），用双语教学不利于小学生思维的发展。双语教学应该放到中学，而且主要应在高中。在高中，学生的母语思维已经发展成熟，用另一种思维来学习，不会影响母语思维。

双语教学的目的是什么？无非是为学生创造良好的语言环境，有利于外语的学习。中国人学外语确实是一件难事。因为，汉语的语系与欧美的语言体系截然不同。欧美人学习同语系中的别国语言很容易，三个月就可以过关。中国人学外语，几年也过不了关。所以大家想着让孩子小时候就学，什么课都与外语挂钩。其实这样未必成功。双语教学有一个必要的条件，就是要用外国的教材。否则，用的是中国教材，老师用外语讲课，书面语和口语是矛盾的，接不上茬，恐怕对外语学习帮助不大。中华人民共和国成立前，我们数学、物理用的是原本，数学用的是范氏大代数，似乎对我们的外语学习帮助并不大。另外，能用外语上专业课的老师外语水平有多高？恐怕也是个问题。如果用"洋泾浜"的外语来教专业课，恐怕只有坏处没有好处。

话要说两面。我不是反对双语教学。中国人学外语确实需要从早期开始，确实需要创造各种语言环境，问题是我们要有目的地开展外语教学，要重实效，不搞形式主义，不搞花架子。我们可以开展一些实验研究，看哪一种效果最好。同时，各个地区、各个学校也不能一刀切，要因地制宜。不是所有的课都用双语教学，也不只在课堂上，课外环境中更需要营造外语的环境。以上意见可能很错误，甚至不合研讨会的要求，仅供参考。

后　记

上文是参加2003年小学外语教学国际论坛上的发言稿。听了其他专家的发言和观摩了上海世界外国语小学的两节课以后，我对上文想补充几点。

第一，说话不等于语言能力。语言能力包括听、说、读、写，不仅包括口头语和书面语两个方面的能力，而且还应包括思维能力、表达能力。说话是人人都会的，除了聋哑人。语言能力却不是生下来就有的，需要精心培养。外语教学在小学低年级可以培养口头语，即以说话能力为主，不要太注重书面语言。

第二，"双语教学"与外语教学，两者概念不同。所谓"双语教学"通常是指用外语作为教学用语。虽然这种称谓不太确切，但已约定俗成。

第三，上文讲到，我不赞成在小学开展"双语教学"。观摩了上海世界外国语小学两节课以后，我对自己的观点有所修正。我现在认为，小学可以有条件地开展"双语教学"。

教学质量及其保障体系[*]

随着教育的普及和发展，教育质量问题就凸显出来了。20世纪80年代以来，世界各国都把提高教育质量作为教育改革的重要内容。1983年，美国高质量教育委员会的报告《国家处境危险——教育改革刻不容缓》，首先提出美国存在教育质量问题。随后，布什总统提出的《2000年教育规划》以及克林顿提出的《2000年目标：美国教育法》，都围绕着教育质量问题。我国于2000年在全国范围内基本普及九年义务教育，普及以后的问题就是质量问题。这几年大力推行"素质教育"，也就是提高质量的问题。

当然，教育质量问题的提出，不仅因为教育的普及，还因为在21世纪到来的时刻，教育面临着生存威胁的挑战。例如，面临着科学技术日新月异的挑战、生态环境被破坏等。要应付这些挑战，教育只有进一步改革，探索提高教育质量的途径，质量保障体系也就是在这样的背景下提出来的，提出教学质量体系是在高等教育领域，后逐渐深入中小学教育。为了认识教育质量及其保障体系的重要性，需要对教学质量和教学质量保障体系有一个清晰的概念。

---

[*]　原载《中国基础教育》，2004年第1期。

一、教学质量的概念

什么叫教学质量？人们天天在讲要提高教学质量，但很少研究什么叫教学质量。因为我们的教学实践就是在努力提高教学质量，习以为常，似乎不需要解释就可以明白。其实，对教学质量的理解是多元的，不同的教育主体，对教学质量的认识是不同的。政府认为按照政府制定的教育方针、教学计划进行教学就符合质量要求；教师认为把预定的教学内容让学生掌握了就达到教学质量的要求；家长认为能让自己的孩子考上高一级的名牌学校的教学就是高质量的教学。因此，所谓教学质量，是指人们对于学校培养人才活动的期望，反映人们对教育的一种需要，或者说教育质量（包含教学质量）是满足个人、群体、社会明显或隐含需要的特性的总和，是对教育活动的价值判断。

那么，教学质量是不是没有什么客观标准呢？当然不是。教学目标是根据国家的教育方针，青少年发展的特点和科学技术发展的水平而制定出来的，是政府、学校、家长所公认的，是升学和就业选拔的标准。因此，一般认为教学活动能达到教育目标就是高质量的。正如英国学者Christopher Ball所说的，质量在本质上就是对目标的满足和符合。

事实上，教学目标也是难以测量的。教学目标包括了学生经过教学活动获得的知识和技能的多少和质量，还包括学生由此而得到的智力的增长。前者比较容易测量，后者就难以测量，因此，人们通常把最终的考试成绩作为衡量教学质量的标准，其实这是很不全面的。

二、教学质量保障体系的概念

教学质量保障体系自20世纪80年代中期以来，首先在高等学校提出，是一种新的教学质量管理思想方法，是各种形式的评价活动在高等学校领域经常化、系统化、体制化发展的结果。这里有几点要说明。

其一，教学质量保障体系首先是在高等学校中提出来的。当然中小学也可以把它借用过来，但是中小学的管理与高等学校管理不同，要简单得多。因此，作为管理思维方法的教学保障体系也应有所不同。

其二，教学质量保障体系是从评价活动开始的。就是说要建立一个评价体系来确保教学质量，而不是指一般的教学管理。有些学者把教学过程的所有环节都称之为教学质量保障体系，这当然有一定的道理，但未免过于广泛。当然，评价活动不仅是指最终的总结评价，只有对教学过程所有环节进行评价和监督，也即通常讲的形成性评价，才能起到教学质量保障体系的作用。但这种活动是一种评价活动，也就是教学质量保障体系是和评价体系联系在一起的。

因此，所谓教学质量保障体系是指以学校的评价为主的质量管理活动，通过这种活动来促进教学活动的不断改进，以达到高质量的教学目标。

三、我国中小学教学质量保障体系的建立

我国高等教育评估已开展了十多年。1990年国家教委颁布了《普通高等学校教育评估暂行规定》，规定了政府对高等学校教育质量评估的领导和组织地位，并把高等学校教育质量评估分为合格评估、办学评估、选优评估和学校内部评估，从而确立了政府对高等学校教育质量评估的基本框架，但是对中小学还没有建立教育质量评估体系。对中小学教育质量的监督评估主要以学校毕业生的考试成绩为依据。各地方教育行政部门和各个学校都十分重视学生的升学率，尤其是初中升入普通高中，特别是重点高中的比例，以及高中升入大学的比例。这就造成了考试的竞争，使学生学业负担过重，影响了学生的身体健康和创造能力的培养，

出现了"应试教育"的弊端。虽然教育行政部门施行素质教育，取消小学的升学考试，就近入学，改造薄弱学校，但这种升学竞争至今仍未见有所减弱。

另一个对中小学教育质量的监督评估系统是督学系统。1983年，中国教育部提出《建立教育督导制度的意见》，教育部门建立了督导司，后改为督导团，各地方政府也成立了督导室，代表国家政府及其教育部门在管辖地区内执行教育督导任务。但至今为止，中国的督学主要是协助各级政府监督检查下级政府执行教育法的情况，包括教育经费是否按时按量地投入，是否对学校危房进行维修改造，学校是否达到教育部规定的办学条件指标以及执行教育方针的情况等，很少涉及学校教学质量问题。所以，中国的督导制度强调的是"督政"，而不是"督学"。但随着义务教育的普及，今后的工作就应该把重点转移到督学上来。

从上述情况可以看出，虽然我们天天在讲提高教学质量，但至今还没有建立起一个完整的、有效的教学质量保障体系。

我认为，建立中小学教学质量保障体系势在必行。

教学质量保障体系可以分为校外和校内两个体系。校外体系是各级教育行政部门和督导机构。校内体系是各级教学管理机构和教师。两个体系中应以校内教学质量保障体系为主，只有学校自己有了质量保障措施，校外教学质量体系才有效。

根据我国教学质量管理的经验，教学质量保障活动可以分为教学输入、教学过程和教学输出三个部分。这三个部分大致可以反映在表1内。

（1）教学目标：是指通过贯彻教育方针，使学生在德、智、体、美、劳诸方面得到发展。教学既要传授知识，又要发展学生智力和体力，要对学生进行思想道德教育。

（2）教师资源：教师是影响学校质量的主要因素。教师资源是指全校教师的总数量、结构、水平和师生的比例。我国对教师的资格要求偏低。小学教师只要求有中等师范学校毕业的学历，初中是大专学历，高中是大学本科学历。近年来已经提出小学教师要达到大学专科水平，取消了中师的建制。中学教师要具备大学本科的学历。

表1　教学质量保障活动

教学目标	
教学输入	教师资源 学生资源 教学条件（校舍、设备、图书） 教学信息（课程和教材）
教学过程	教学组织（班级的组织、教师备课等组织活动） 课堂教学 课外活动 考试与检查
教学输出	人才培养的质量 办学效益

中小学师生的比例较大，一般为小学1：23.74，初中为1：17.18，高中为1：15.38。当然各省市的情况不同。中小学教师每周上课时数为18节左右，但班级比较大，每个班级的学生数都在50人左右，有的小学班级达到60～70人。中小学教师职称按照教师的学历和资历评定，分二级教师、一级教师、高级教师，有突出成绩的可以被评为特级教师。教师职称分布反映了学校的办学水平。

（3）学生资源：包括学生入学时的水平、群体结构、学习态度和学习投入的程度等。争取好的生源是各校特别重视的事。对于家长来讲则要求进高质量的学校。

（4）教学条件：包括校舍、实验设备、教育技术设备、图书资料以及学校环境等。教育部对学校生均场地、校舍面积、生均图书都有明文规定。

（5）教学信息：专指课程和教材。新的课程标准已由教育部统一设置，教材由各地编写，学校可以从已审定的教材中选用。课程标准中规定有校本课程，各校可以根据各自的特点设立选修课，编写校本教材。

（6）教学组织：包括班级的组织和编排，如是不是文理分科，是否按学生的成绩、能力分班等。教学组织包括教师的备课和教研的组织。

（7）课堂教学：课堂教学组织和进行是保障教学质量的关键，各校都十分重视。一般要求教师写出教案，重视课堂教学的组织，教师是否能够把教学的重点和难点讲清楚，是否能启发学生的思维和积极性。为了促进课堂教学的质量，许多学校内部或学校之间组织听课，所谓观摩课、公开课，就是让别的教师听课，然后评论。

（8）课外活动：学生获取知识和身心发展要依靠课堂教学，还要通过课外种种渠道。优秀的学校都十分重视课外活动的组织。许多学校把课外活动当作学生身心发展的第二渠道，有的还称它为第二课堂。一般分学科性和文体性两种小组活动，此外还有群众性的课外活动，如少先队活动、远足、社会公益活动等。

（9）考试与检查：包括平时的作业检查和各种测试、期末考试、入学考试等。它是教学评估的重要手段。考试这种评估手段要运用得当。如运用不当会使教师和学生陷入"应试教育"的泥坑，影响学生创造力的培养。

（10）人才培养的质量：通过各种考核可以测量学生最后的质量，这种考核要把最终考核和初试成绩结合起来研究才有意义。如果有显著进步，说明教学质量是高的；如果退步，说明教学质量不高。但是通常外界，特别是家长只以最终成绩来判断学校的好坏。这对一所学校，尤其是基础较差、生源较差的学校是不公平的。

（11）办学效益：指产出和投入的比例。产出多和好，而投入少的是高效益，产出少而投入多的是低效益。有些学校虽然成绩很大，但投入很多，产出与投入的比例较小，这说明这所学校办学的效益并不高。例如，学校投入很大的资金购置了大批电脑设备，但利用率却不高，在教学中没有发挥它应有的作用，这就是一种浪费。但一般人们很少去检查办学效益，往往用学校硬件的先进与否来衡量学校教学质量的高低，这是一种误解。

教学质量保障体系的这几个环节的运行还需要学校有一套科学的管理系统才能实现。

学校外部教学质量保障体系主要是由各级教育行政部门来执行的。我们就不去讨论了。

当前青少年道德教育的现状迫切需要加强中华美德教育[*]

中华民族有着优秀的文化传统，它对于中华民族的成长壮大，对于推动中国社会的发展，有着极为重要的作用，是中华民族发展的内在思想源泉。中华文明绵延几千年而不衰，原因固然很多，但其中一个很重要的原因，就是我们有着共同的、优秀的文化传统。它具有强大的民族凝聚力。只要是炎黄子孙，无论是生活在祖国的大地上，还是远离祖国，都忘不了这种传统。它像我们祖先的血液一样，流动在我们每一个中国人的血管中，只要一提到中华民族，每个中国人都会热血沸腾，情绪激扬。

在中华民族的文化传统中，经典古籍构成了它的核心。经典古籍不仅传承着中华民族奋斗的历史，而且传承着中华民族的基本精神。中华文化被称为伦理型文化。它的精华被世界誉为中华美德。它对于增强民族凝聚力、振奋民族精神、整合群体价值、协调社会秩序有着极其重要的作用。中华传统美德有着丰富的、系统的内容。它包含着个人与国家的关系，例如，"天下兴亡，匹夫有责""先天下之忧而忧，后天下之乐而乐"等；个人与他人的关系，例如，"与人为善""诚信待人""己所

---

* 原载《中国青年报》，2004年5月24日。

不欲，勿施于人"等；个人自身修养的问题，例如，"志存高远""自强不息""富贵不能淫，贫贱不能移，威武不能屈"等；而且把个人、集体、国家联成一体，例如，"修身、齐家、治国、平天下"。这样一种伦理价值体系，在别的国家是很少见的。中华传统美德构成了中华民族的精神。

今天，弘扬中华传统美德有着十分重要的现实意义，原因如下。

第一，社会的现代化带来了价值观念的冲突。

新的价值思想体系的建立不是凭空臆造的，而是在对旧的价值思想体系的批判和改造中发展起来的。今天我们提倡弘扬中华传统美德就是要把中国传统价值思想体系中的优秀精华发扬光大，把它和现代化结合起来，创建社会主义现代化的新文明，促进社会主义现代化建设。邓小平理论提出要建设有中国特色的社会主义强国，特色在哪里？我的理解一是社会主义的，二是有中国文化底蕴的。弘扬中华传统美德才能把我国的社会主义建设得有特色。

第二，在频繁的国际交往中带来了许多外来的，特别是西方的价值观念。

我们不是一概排斥，而是要加以选择和改造。选择先进的、优秀的精华，例如，它们的科学精神、民主精神、开放意识、进取精神等。

弘扬中华传统美德就是要振奋民族精神，抵制一切不健康的价值观念的侵蚀，树立健康的社会主义新美德。

第三，当前青少年道德教育的现状迫切需要加强中华美德的教育。长期以来，我国道德教育中存在理想化、空泛化、形式化的缺点。青少年知道一些空洞的大道理，但对最初步的道德要求却不清楚、不实行，不能判断现实生活中丑恶的东西，有人甚至还受到社会上丑恶行为的影响。因此，急需告诉他们中华美德是什么，让他们知道中华民族创造了中华传统美德，同时又是在中华传统美德的哺育下壮大发展起来的。今天我们要建设祖国，复兴中华，需要身体力行，发扬中华传统美德，遵守"爱国守法、明礼诚信、团结友善、勤俭自强、敬业奉献"的公民道德。

中华传统美德教育要从小抓起。从小让他们身体力行，形成习惯。

选择代表先进文化的中华传统美德的格言编纂成册，让青少年广为传诵，并指导他们努力实践，从而推动社会精神文明建设。比如，高等教育出版社汇编出版的《中华文化经典基础教育丛书》，很有意义。选择经典古籍中适合青少年阅读、并具有时代生命力的内容，让青少年阅读背诵，会让他们受用一辈子。有些内容可能一时还不能理解，但随着年龄学识的增长，他就会懂得其中深奥的道理。我小时候也读过一点"四书五经"，如小时候背《大学》，"大学之道，在明明德，在亲民，在止于至善"，当时并不明白，现在才理解它教人做人的道理。"己所不欲，勿施于人"也是小时候读《论语》时背诵的，现在成为我的座右铭。

教是为了让学生学*
——谈学习和智慧

　　学习的主体是谁？毫无疑问是学生。但是学生学习又是在教学过程中，在教师指导下进行的。那么，学生在教学中还是不是主体？有些教师就犹豫起来。教师要起主导作用，教师要讲解教材，于是就把学生应有的地位忘记了。就像唱戏的，如果不管听众听不听，自顾自唱戏，陶醉于自己的艺术，这叫孤芳自赏，不能叫演出。演出是要让听众欣赏的。演戏的主角是演员，但整个演出的主体却是听众。教师和演员不同，演员可以孤芳自赏，一个人在家里自唱自乐，却不会有哪一个教师在家里自教自乐的。教师总是和学生在一起的。教就是为了让学生学。因此，不能忘记学生的主体地位。但是，教师仍然要起主导作用，这种主导作用就在于教师要钻研教材、钻研学生、设计教学、优化教学过程，其中包括启发学生的主体性，引导他们饶有兴趣地、正确地学习。

　　要培养学生的学习兴趣。没有兴趣就没有学习。兴趣是学习之母，是学习的动力，或者叫作学习动机。学习动机有两种：一种叫外部动机，一种叫内部动机。各种外部的压力和奖励都能产生外部动力，但这

---

* 原载《教书育人》，2005年Z1期。

种动机是不能持久的，压力取消了，或者压力产生了反压力，学习的动力就会消失；奖励得到了，或者因为得不到奖励，动力也会消失。内部动机是对学习本身的兴趣，是出自内心的需要，这才是长久的。当然，有时外部动机也能转化为内部动机，例如，学生本来不爱写作文，但偶然一次作文受到教师的好评和鼓励，激发了他的兴趣，他喜欢起作文来了。因此，兴趣才是学生持久学习的内部动力，如果一个学生对某门学科不感兴趣，他就不可能去学习和钻研这个学科；如果他对这个学科发生了兴趣，他就会想方设法去探究。

那么，兴趣从何而来？一是来自儿童的天性，儿童生来就有好奇心。孩子从会说话开始就对外部世界充满了新鲜感，总想问一个为什么。随着知识的增长，问题会更多。教师就要积极诱导，培养他们对学习的兴趣。二是来自活动。儿童在活动中会产生很多疑问，总想寻求答案，所以教师要组织学生活动来激活他的思维、激发他的兴趣。课堂教学中如果只有教师讲，学生被动地听，学生没有活动，思维激活不起来，学生对学习就会缺乏兴趣。学生对学习缺乏兴趣往往与我们教育不得法有关。同时，师生关系如果不好，也会影响到学生的学习兴趣。

改善教学方法，提高学习效率也是培养学生学习兴趣的关键问题。教学方法千千万，很难说哪种方法好，哪种方法坏，问题在于运用得法。好的方法总能启发学生的思维。只有通过思维才能增长智慧。孔子说："学而不思则罔。"学习而不思考，学习的知识就不能理解透彻，就不能举一反三。因此，引导学生在学习中思考是教师应该研究的问题。

学习是一种积极紧张的脑力活动。学习的时候获得的信息在大脑中会引起紧张、繁忙的活动。神经细胞要对新的信息加以识别，引起联想，从旧的贮存着的信息中迅速地检索，看有没有类似的信息，并加以比较、分析、综合、归纳，把新的信息与旧的有关信息相联系，思索二者之间的关系等，这就是我们通常讲的思维活动。在积极的思维活动中，必然会产生矛盾，从而引起不少疑问。因此，在学习中提出问题，是积极思维的结果。学问学问，就是学习一定要问，问了才能有学问。我曾经说过，不会提问的学生不能算是好学生。因此，教师要鼓励学生发现问题、提出问题。启发式教学与注入式教学的区别就在于能不能启发学生的思维。启发式教学不能理解为教师提出问题让学生思考回答，更重要的是去启发学生思考然后提出问题。

这就要求我们一改过去重结果、轻过程的传统。我们往往把现存的结论告诉学生，学生记住了这些结论就算掌握了知识。这只是死知识，不是活知识。活的知识应该知道它的源头在哪里，怎样流过来的，还将流到哪里去。也就是让学生了解知识产生的过程，思考知识未来的发展。科学的发现和发明，一方面要靠知识的积累，另一方面要靠对原有知识的质疑，指出它的不足和谬误，科学才能向前发展。我们要培养学生的创新精神和创造思维，就要在平时的教学中重视引导学生提出问题。

这就需要给学生留有思考的空间。我们在课堂上满讲满灌，在课下又布置了许多作业，让学生用什么时间去思考？要减轻课业负担，让学生有时间思考，有时间去广泛学习其他知识。知识面拓宽了，思路打开了，就会提出更多的问题。

重视非智力素养的培养也是一个不可忽视的问题。非智力素养和智慧是有密切联系的。思想品德高尚，心性开朗，有坚韧不拔的毅力，学习执着，就能产生智慧。一个心胸狭窄、自我封闭，或者见异思迁、缺乏毅力的人，很难成为大智大勇的人。

2003年看到有关诺贝尔奖获得者的报道，我感慨万分。报纸上是这样报道的，摘要如下：

法新社芝加哥10月6日电：保罗·劳特布尔对他获得诺贝尔医学奖感到意外，尽管几年来人们一直认为他理应得到这份荣誉。他在办公室对记者说："我感到意外。这始终是个意外，即使人们可能有时会说，他们认为这项成就理应得到这样的承认。当这份承认真的到来时，这始终是一个意外。"他又说："许多方面还在继续改进，这些改进使磁共振成像成为一个更为有效的医学诊断工具。"

据路透社报道，另一名诺贝尔医学奖获得者彼得·曼斯菲尔德从妻子那里得到了获奖消息，他竟以为这只是个玩笑。他对记者说："我根本没有想到这些事。如果有人说你获得了诺贝尔奖，那么90%的人都会说：'哦，算了吧，去蒙别人吧。'"

另一篇报道是路透社芝加哥10月7日电：今年诺贝尔物理学奖3名获奖者之一的安东尼·莱格特今天表示，在他的学术道路上他最先感兴趣的是古典文学，当时他并无意从事物理这个给他带来荣誉的学科。他说："在我很小的时候和青年时代，我脑子里最不愿想的事就是物理。"他又说："我的爸爸是（中学的）物理老师，但是我的第一个学士学位是古典文学。"他说大学快结束时发生了两件事使他对物理产生了兴趣：一是，苏联1957年发射了第一颗人造卫星斯普特尼克1号；二是，一个过去曾当过数学教师的退休牧师"照顾着我，教给我很多事情""让我有了学习的信心"。他后来重新开始，拿到了第二个学位——物理学学士。

这三篇报道，不仅反映了诺贝尔奖获得者的高度谦虚，怀着一颗平常人的心，而且说明，诺贝尔奖获得者不是培养出来的，而且靠他们自己对研究的兴趣、执着、勤奋而获得的。如果说教育有所功劳的话，那就是学校教育培养了这些诺贝尔奖获奖者求知的兴趣、执着的精神和坚韧不拔的意志。这就是大智大勇的范例。我们不是可以从中得到一些启示吗？

关于评选"三好学生"的几点思考[*]

去年（2004年）5月20日，我在"上海教育论坛"上提出废除评选"三好学生"的建议，引起了各界的关注。赞成者有之，反对者有之。许多媒体也很关注，约我访谈。但终因时间的限制，不能尽其所言。因此想在这里较为详细地论述一下。

其实这个建议并非今天提出来的。早在1998年我就写过一篇短文，名叫《不要把学生分成三六九等》，最初发表在上海《教育参考》1998年第6期上；2000年又在中央人民广播电台《中午一小时》节目中与一位"三好学生"和她的班主任一起座谈。我的观点是：评选"三好学生"，过去也许曾经起过鼓励优秀的作用，但是近些年来已流于形式，而且把它与升学联系起来，不仅失去了鼓励先进的作用，还产生了许多弊端，不利于学生身心健康的发展。

这要从基础教育的任务说起。什么叫基础教育？基础教育就是为人一生的发展打基础的教育。基础教育对于个体的发展来说，犹如楼宇的基础，打得坚实，楼宇就能盖得高大。个体的基础打好了，他将来的发展空间就大。基础教育要打好什么基础？我认为主要是打好三方面的基础：一是少年儿童身心健康发展的基础，二是终身学习的基础，三是走

---

* 原载《思想理论教育》，2005年第2期。

向社会的基础。

打好少年儿童身心健康发展的基础是基础教育中最重要的任务，是基础的基础。没有这个基础，终身学习和走向社会都不可能发生。但是，在现实生活中，家庭和学校往往只重视少年儿童的身体发育，不大重视他们的心理健康的发展，有时甚至会有意无意地伤害他们的心理。把学生分成三六九等就是对少年儿童的一种伤害。少年儿童的心理是非常脆弱的，需要家长和老师的细心呵护，当然也需要锻炼，使他们将来经得起风浪。

我在《不要把学生分成三六九等》的短文中写过："自尊心是一个人的基本品质，丧失了自尊心，也就丧失了人格。而自尊心是要通过老师和家长对孩子从小尊重而培养起来的。"我又写过："自尊心又是和自信心连接在一起的。有了自尊心就会建立起自信心；反过来，有了自信心就会促进自尊心的确立。因此，对于中小学生来说，自尊心和自信心是一种巨大的教育力量，有了它，学生就能够自己教育自己。因此，每个老师都要重视它，从小培养学生的自尊心和自信心。"

评选"三好学生"是把成人中评先进的办法运用到少年儿童身上，这是不符合教育规律的。少年儿童在成长过程中，一切还不定型，不能说哪个学生优秀，哪个学生不优秀。他们正在变化中，他们的发展不是线性的，有时会犯这样那样的错误。如果不从发展的观点来看待学生，总认为好学生永远是好学生，坏学生永远是坏学生，既不符合学生发展的规律，也不利于对学生的教育。把成人评先进的办法运用于少年儿童，这恐怕是中国文化的特色。西方国家就没有这种观念。《报刊文摘》有一期刊登了一篇小短文，大意是讲在美国盐湖城召开冬奥会期间，我国奥委会代表团参观一所学校时，带去了两个熊猫玩具。团长对校长说，一个送给你们学校最优秀的男生，一个送给你们学校最优秀的女生。这下为难了校长。他说，我们学校学生个个都是优秀的，没有最优秀的。有的学生学习优秀，有的学生运动优秀，有的学生做义工优秀。最后，校长只好把两个熊猫玩具陈列在学校的展览柜里，供所有学生欣赏。他们的教育也许很多方面不如中国，但平等地对待每个学生这一点，不是值得我们借鉴吗？

评选"三好学生"，一小部分学生受到鼓励，但却会伤害大多数学生。当然，也会有一部分学生受到刺激，以"三好学生"为榜样，争取也能当上"三好学生"。但"三好学生"的名额是极少的，因此对大多数学生来说，可望而不可即，其实是起不到激励作用的，对培养他们的自信心和自尊心也是不利的。

再从我国的教育方针上来讲，我国的教育方针是使学生在德、智、体、美等方面都得到发展，成为社会主义事业的建设者和接班人。教育方针要求每个学生都是全面发展的。那么，为什么只有极少数学生是"三好"呢？因此，评选"三好学生"显然与教育方针相悖。如果真要评选"三好学生"，那么，应该百分之九十以上的学生都是"三好学生"。这才说明我们认真地贯彻了教育方针，我们的教育是有成效的，是成功的。的确，"三好学生"曾经激励过一部分优秀学生，恐怕当前各条战线的骨干都曾经是"三好学生"。但是，从教育工作者的角度来讲，我们最重要的信条是，相信每个学生都能成才，我们面对的是每一个学生，而不是一部分学生。

评选"三好学生"的制度，当初的用意是好的，也曾经起过一些激励的作用，但是近些年来越来越片面化。第一，评选的标准从"三好"变成了"一好"，主要是学习成绩要好。或者有些老师认为思想好就是"听话"。第二，不少地区对"三好学生"给予升学的优惠，或者作为保送高一级重点学校的条件，或者直接加分，把评选"三好学生"纳入应试教育的轨道。于是，争"三好"已经不是争优秀，而是争升学。于是，各种弊端应运而生，为了争"三好"，向老师送礼者有之，向老师施加压力者有之，与同学讲关系者有之。成人社会中的一些腐败恶俗侵蚀着学生幼小纯洁的心灵。这种对学生心灵的伤害，作为一名教育工作者能听之任之吗？

有的人说，孩子是需要激励的，评选"三好学生"是对学生的一种激励，不能因为现在出现一些弊端而废之，不要"因噎废食"。"孩子是需要激励的"，这句话千真万确。问题是，"三好学生"到底能激励多少孩子？对多少孩子有伤害？有没有别的激励办法？任何一个制度不能是永远不变的。所谓与时俱进，就是当一种制度不能适应时代的需要时就应该变革。教育制度也是如此。有没有别的激励办法？当然有，而且可以有很多办法。只要我们的思想从传统教育思想中解放出来，每所学校、每位老师都会想出许多办法。我曾经在七八年前参观过广东省中山市一所初级中学，叫杨仙逸中学。这是一所薄弱学校，拿校长的话来说，别的中学不要的学生都进入了这所中学，生源之差可想而知。但学校没有嫌弃他们，而是开展"激励教育"，激励每个学生。他们设立了许多奖项，有"学习进步奖"，只要这次考试比上一次考试有进步，就可以获得"学习进步奖"；有"学雷锋精神奖"，只要做一点好事，就可以获得"学雷锋精神奖"；还有其他各种奖，每个月发一次。优秀的学生一年最多可以获得十个奖，差的学生每年也能获得两三个奖。有一个所谓后进生，从小就没有人夸过他，有的总是批评、呵责，到这所学校以后居然也能得到奖。他拿到奖的时候的激动心情是难以形容的，并从此走上进步之路。有的家长也反映，自己的孩子进了这所学校以后变了，变得懂事了。这所学校"激励教育"的成功经验不是值得推广吗？其实各地还有许多激励学生的经验。因此，评选"三好学生"的制度是可以有许多更好的办法替代的，激励学生的方法是很多的。我们要有一个信念，即每个学生都是能够成才的，没有教不好的学生，只有不会教的老师。表现差的学生是教育不当的结果，他们更需要老师的呵护和激励。

从经济学的观点来讲，任何改革都需要成本，制度的改革是一种利益的再分配。教育改革也不例外。废除"三好学生"的评选，也是一种教育制度的改革，也需要付出成本。有些人赞成、有些人反对是不足为奇的。我作为一名教育界的老兵，提出这个建议，并非心血来潮，也不是为了新闻炒作，而是出于对教育的忠诚，对少年儿童的爱护。但我这也只是一家之言，欢迎大家讨论，取得一致的认识，对教育发展有利，对儿童身心健康发展有利，这是一个教育老兵的心愿。

学习中不该鼓励竞争*

教育周刊：上海市去年下半年取消了小学期中考试。据新华社消息，辽宁省也将逐步取消中小学的期中考试。期中考试长期以来，一直作为考核学生学习效果、评估教师教学质量的办法而存在。现在取消期中考试的出发点是什么？

顾明远：关于考试，我的观点是：考试是一种教育手段，无所谓好坏，主要看如何运用。不能说考试是与素质教育对立的。考试的目的有两类：一是诊断性的，即平时的考试，起到检查教学效果，改进教学方法、学习方法，激励学生的作用。二是选拔性的，升学、就职考试属于这种。期中考试应该是属于第一类的，即诊断性考试。因此，考与不考都是可以的。即如果利用平时观察、测验可以诊断教学效果，认识到如何进一步改进教和学，那就不一定要期中考试。问题是我们过去学校中的期中考试走偏了方向，把期中考试赋予竞争、选择的功能，考试完了要排队，对学生施加压力。这样就增加了学生的心理负担，违背了原来期中考试应有的目的。取消期中考试，减轻学生的心理压力，让学生自主地生动活泼地学习，这种做法值得赞赏。

教育周刊：取消期中考试地区学校的家长对这种做法似乎存有疑

---

* 原载《光明日报》，2005年3月2日。

虑，如害怕学生没有压力，孩子学习的动力有所下降，造成成绩下降；把期中考试的压力均摊到平时，孩子的压力并未减轻；学校也担心难以保障教学质量。也就是说，大家还倾向于认为期中考试并不一定都是负面作用。

顾明远：上海、辽宁等地取消期中考试的做法值得推广，但其他措施要跟上，不能简单取消了之。

首先，要做好教师和家长的思想工作，明确取消期中考试的目的是减轻学生的负担，特别是心理压力，因此，不能另外给学生施加压力，使学生能够有自主的空间，生动活泼主动地发展。

其次，要积极改进教学，启发学生的学习兴趣和积极性，使学生在没有考试压力下学得更好。

最后，要改进评价方法。在平时发现学生的优势和不足，时时和学生、家长沟通，使他们心里有数，使学生知道自己的状况和努力的方向。

如果取消了期中考试，而把压力转移到平时，这就违背了取消期中考试的初衷，是不值得提倡的，是应该反对的。所以，最关键的还在于用什么教育理念来指导教育改革：是彻底转变观念，重视学生整体素质提高，体脑得到和谐发展，还是形式的改变？只有从根本上转变观念，从根本上减轻学生的负担，才能有利于学生生动活泼主动地发展。而减轻学生负担，最主要的是减轻学生的心理负担、心理压力。因此，不论是期中考试还是平时考试，都不应该在学生中排队，要把学生的成绩看作学生及其家长的隐私，在同学中保密。这样才能彻底减轻学生的心理压力。

教育周刊：许多人认为，考试可以激发学生间的竞争，进而将压力转化为学习动力。

顾明远：我的观点是，在学习中本来就不应该鼓励竞争。教师的责任就是用高质量的教学吸引学生学习，引起学生的学习兴趣，指导他们学习，使学生得到充分的发展。学生的智力在教师的指导下得到了充分的发展，教育的目的就达到了，还要什么竞争？同时，学生的资质不同，有的学生很喜欢数学，有的喜欢美术，这两个人怎么竞争？如何竞争？

教育周刊：学习中不该鼓励竞争，您的这个观点很重要。但在学习过程中，竞争一点益处都没有吗？

顾明远：现在学校中提倡的竞争只是抑杀个性的竞争，是不值得提倡的。没有压力学生会学得更好。我只想再强调一下，要做好教师、家长的工作，要让他们认识到，学生在没有压力的情况下会学得更好。我在《参考消息》上看到2003年诺贝尔奖获得者的谈话，很有感触。他们都说，从来没有想到自己会得奖，听到这个消息，还以为别人和他开玩笑。他们的意思都是说，就是因为对自己的事业很热爱、很有兴趣、很执着，就做出了成绩。从他们的谈话中我体会到，诺贝尔奖获得者不是强迫学生学习就能培养出来的。基础教育的重要任务是培养学生对学习的兴趣，对某个学科的兴趣，教给他们学习的方法，同时要培养他们的执着精神、坚韧不拔的精神。有了这些，他们将来一定能做出成绩。把这句话化为一个公式就是：成功=兴趣+执着。

陶行知教育思想的现实意义*

今天我非常高兴来参加中国陶行知研究会第四次先进集体和先进个人表彰大会，让我代表中国教育学会向获奖的先进集体和先进个人表示热烈的祝贺。

陶行知先生是我国伟大的人民教育家，他的教育思想至今仍闪耀着光芒，仍然有着非常现实的意义。他用"爱满天下"精神把一生献给了教育事业。他对教育事业的爱、对人民的爱、对每个孩子的爱是我们每一个教育工作者都应该永远学习的。没有爱就没有教育，敬业爱生是教师职业道德的最高境界。我们要像陶行知先生那样用爱来浇灌每一个孩子，使他们健康成长。

陶行知先生教导我们，学习要理论联系实际，要从实践中来又回到实践中去。陶行知先生把他老师杜威的教育原则倒了过来。杜威提的是：教育即生活，学校即社会，做中学。陶行知先生则提出：生活即教育，社会即学校，教学做合一。陶行知先生在解释为什么这样倒过来时如下说。

"教育即生活"是拿教育做生活，好教育固然是好生活，八股的教

---

* 本文是2006年2月7日在中国陶行知研究会工作会议上的演讲。

育也就造成八股的生活。"生活即教育"，根本上可以免除这种毛病。

"生活即教育"，教育极其广阔自由，如同一只鸟放在林子里面；"教育即生活"，将教育和生活关在学校大门里，如同一只鸟关在笼子里。

"生活即教育"，是承认一切非正式的东西都在教育范围以内，这是极有力量的。譬如与农民做朋友，是极好的教育，但平常都被摈弃在课程以外。其他有效力的东西，也是如此。

"生活即教育"，是叫教育从书本的到人生的，从狭隘的到广阔的，从字面的到手脑相长的，从耳目到身心全顾的。

他在解释"社会即学校"时说：我们主张"社会即学校"，是因为在"学校即社会"的主张下，学校里面的东西太少，不如反过来主张"社会即学校"，教育的材料、教育的方法、教育的工具、教育的环境都可以大大增加，学生、先生也可以更多起来。因为在这样的办法下，不论校内校外的人，都可以做师生的。"学校即社会"，一切都减少，校外有经验的农夫，就没有人愿意去领教；校内有价值的活动，外人也不得受益。

从陶行知先生的解释中可以看出，陶行知先生是从中国国情出发的，不仅关心平民大众的教育，且要以平民大众为师，主张大教育观，在生活中受教育，一反传统的学校教育、本本教育。这就是我们现在所提倡的大教育观念，陶行知先生在80年以前就提出了。

陶行知先生特别关心农村教育。他认为中国农村的出路在教育。他身体力行，脱下长衫，卷起裤腿，到农村去办教育，把教育和劳动结合起来，用知识来改造农村。陶行知先生的农村教育思想在今天尤其有现实意义。农村教育是我国教育的重中之重，是解决"三农"问题的关键。"三农"问题的出路是农业要工业化，农村要城镇化，农民要知识化。农村教育要和解决"三农"问题联系起来，提高农民的素质，用知识改造农业，改造农村。

这几年来，中国陶行知研究会在方明同志的领导下，遵循陶行知先生的遗志，重视对农村教育的研究和实验，培养了许多先进典型，为农村教育树立了榜样。我们要向方明同志那种锲而不舍的精神学习，也要向今天受表彰的先进单位和个人学习，扩大、推广他们的经验，使我国的教育在为社会主义现代化建设服务、为人民服务中做出应有的贡献。

论学校文化建设[*]

2003年3月我曾经在清华大学关于创办一流大学研讨会上做过一个简短的发言，题目叫作"铸造大学的灵魂"。我认为："一所学校要有一个文化的底蕴。文化的底蕴越深厚，学校的基础越深厚。大学本来就是文化的产物，是研究文化、创造知识、创造文化的场所。如果一所大学没有文化的底蕴，是创造不出新的文化来的。"一所大学是如此，一所中小学也是如此。近几年来，学校文化建设已经被学术界和学校所重视，大家都在讨论如何建设学校文化的问题。我想就这个问题发表一点看法。

一、学校文化是什么？

为了说明学校文化是什么，首先要了解什么是文化。文化的定义据说已有几百种之多。我认为，张岱年和程宜山先生著的《中国文化与文化论争》一书中所下的定义最科学、最全面。他们说："文化是人类在处理人与世界关系中所采取的精神活动与实践活动的方式及其所创造出来的物质和精神成果的总和，是活动方式与活动成果的辩证统

---

* 原载《西南师范大学学报（人文社会科学版）》，2006年第5期。

一。"为什么说这个定义最科学、最全面？因为它运用了马克思主义唯物辩证法分析了文化的内容和它的本质特征，既强调人类活动的成果，又强调人类活动的方式。不仅人类的活动成果是文化，人类活动的方式本身也是文化。也就是说，文化既是静态的，也是动态的，是静态和动态的统一；人类的活动方式包括实践活动和精神活动两个方面，是外显活动与内在活动的统一；活动成果也是多方面的，既包含着物质成果，又包含着精神成果。这就把文化说得很科学、很全面了。人类是由各种民族、种族、集群组成的，因此，文化是各种民族、种族、集群创造的。因此，也可以说，文化是一定民族经过长期的物质活动和实践活动积累起来的为一定民族（或种族或集群）共同认同的活动方式及其产生的物质成果和非物质成果，包括民族心理和价值观念的总体。所以，具体文化形态总是民族的，又可以称为民族文化。文化具有民族性，同时又具有时代性。它是动态的、发展的，随着时代的进步而不断发展、不断积累，同时不断创造着新的文化。

文化包含着多个层面，有二分法、三分法、四分法。二分法指物质层面和精神层面；三分法指物质层面、制度层面、精神层面；四分法则是在三个层面之后再加上行为习俗层面。而其核心是精神层面的价值观念和民族心理意识。

学校文化是整个文化的一部分，是社会文化的亚文化。学校文化可以定义为：经过长期发展和历史积淀而形成的全校师生（包括员工，下同）的教育实践活动方式及其所创造的成果的总和。这里面同样包含了物质层面（校园建设）、制度层面（各种规章制度）、精神层面和行为层面（师生的行为举止），而其核心是精神层面中的价值观念、办学思想、教育理念、群体的心理意识等。

学校文化是一定社会文化的一部分，是社会文化的子文化，又称亚文化。它与社会主流文化有一致的地方，也有不同的地方。一致的地方是学校文化总是处在社会政治经济文化的影响之下，社会文化的任何变化都会迅速地反映到学校文化中来，学校文化总是反映着整个社会主流文化的基本精神。不同的地方是学校是培养人才的地方，学校的群体以教师、学生为主体，因此，学校文化总是有选择地接受、传播、批判社会文化，选择有利于学生身心发展的社会主流文化的基本精神，批判和剔除有害于学生发展的社会非主流文化。

学校文化有以下一些特点。

（一）学校文化具有教育性

任何文化都有教化的作用和教育的意义。但是，社会文化对社会成员的教化作用大多是无组织、无意识的。社会文化中的消极因素会对社会成员起到不良影响。学校文化是学校教师（包括校长和其他教育工作人员）根据国家的教育方针和学生成长的规律有意识营造的，是经过学校师生长期的教育实践活动积淀起来的。它反映了学校的办学思想和培养目标，具有很强的目的性和教育性。虽然学校文化也可能会有消极因素，但在学校文化建设中是要设法消除的。

（二）学校文化具有选择性

学校是传递文化的专门场所，但是它不是无选择地传递人类所有文化遗产，而是有选择的，并且经过一定的改造，然后才传递给学生。任何一种文化都是有精华和糟粕的，学校传递的文化应该是文化中的精华，而不是糟粕。因此，对已有的文化就要有所选择。选择的标准是国家对人才的要求和儿童青少年成长的规律。例如，中华民族文化是世界上最优秀的文化之一，但是其中也有一些落后的糟粕，如重男轻女、不讲科学、不讲卫生、重人情轻制度等，在学校文化传承中就要批判和剔除；又如，当前西方文化大量涌入，有些文化如讲科学、讲民主、讲开放、讲效率的思想，我们应该大胆吸收，但是诸如个人中心主义、极端自由主义、放任主义、物欲主义等就应加以批判和摒弃，不能让它们在青少年中蔓延。学校中作为教育内容的文化都是以学科课程为载体组织起来的，更要根据教育目标和课程标准，根据学生的认知规律加以选择和编制。

（三）学校文化具有创造性

学校文化传统是学校师生在教育实践中长期创造积累形成的，但学校文化不是静态不变的、不是消极地接受前人创造的传统，而是与时俱进的，不断地根据时代的要求和新的形势创造新的学校文化。学校，尤其是大学，是创造知识的地方，是创造新的思维方式、新的价值观的场所。创新是学校文化的本质特征。

（四）学校文化的个性、差异性

一种学校文化是一所学校师生在教育实践中创造的，因此每个学校的文化都不可能相同，学校文化具有个性。这种个性就体现在各校的办学特色上。通常人们对学校办学特色有一种误解，认为学校办一些特长班，或者组织一些特长小组团队，就是学校的办学特色。其实，学校真正的特色就在于学校的文化建设上。例如，清华大学和北京大学的文化就不同，清华大学讲究科学、严谨，北京大学则继承蔡元培校长的传统，讲究学术自由、兼容并蓄；北京师范大学又是另一种文化，讲究"学为人师，行为世范"，突出了师范教育的特色。中小学虽然不像大学那样是文化的中心，但是由于各校的历史不同、地域环境不同、办学的理念不同，各校文化也会有自己的特色。

（五）学校文化建设是冲突和融合的过程

学校文化的形成和发展过程是教师和学生之间的冲突和融合、对立与统一的过程。教师和学生之间是知与不知或者知与知之不确之间的矛盾和冲突，经过教师的教育、引导和学生的自主学习、领悟，逐渐达成共识。正是在这种不断的冲突与融合的过程中，学校文化发挥了教育年青一代的功能。

二、为什么要重视学校文化的建设?

学校本来就是传递文化、创造文化的特定机构,学校文化的建设是学校应有之义。但是,不是说,学校一建立起来就有学校文化。学校文化的特定含义是经过全校师生长期的努力建立起来的具有本校独立品格的文化传统。这种学校文化传统一旦建立起来,就具有指导学校办学方向、统一价值观念、引领师生教与学行为的作用,就能凝聚全校力量,为实现学校的办学目标而努力。学校文化是学校的灵魂。一个没有独立品格的文化传统的学校,师生员工就会如一盘散沙,缺乏努力的方向和动力。

建设学校文化的意义有以下几个方面。

(一)学校文化具有统率作用

学校文化是学校的灵魂。学校的办学思想、教育理念一旦成为全校师生的共同信念,就会体现在每个师生的价值取向、期望、态度、行为上,体现在学校的各项活动之中。例如,把"爱一切学生"作为学校文化的核心理念,学校教师头脑中就不会有差生的概念,就不会把学生分成三六九等;同学之间就会互相尊重,共同进步。如果把"人与自然的和谐发展"作为学校文化的重要理念,全校师生就会处处爱护自然、保护环境。总之,学校文化中蕴含的核心价值观会体现在全校师生的思想、感情和行为中。

(二)学校文化具有规范作用

学校文化建设中很重要的内容是制度建设。经过师生的长期教育实践,学校总结出了一套行之有效的规章制度,它可以规范师生的行为,使学校办事有章可循、有条不紊。如果缺乏制度建设,学校就会杂乱无章,遇事找不到人负责。学校的制度不是随意制定出来的,不是学校领导或者少数人制定出来去约束师生行为的。制度建设作为一种文化,是师生在教与学的活动中，经过长期的实践、总结、提炼而制定出来的，是反映了师生的意愿，为师生共同认可的，只有这种制度才能被全校师生所遵守。

（三）学校文化具有激励作用

优秀的学校文化总是有愿景、有期望的，使师生身心舒畅、人际关系融洽、生活朝气蓬勃，能激励师生开拓进取、不怕困难、追求卓越，努力把学校的各项任务完成得出色。在这种优秀的文化氛围中，全校师生具有一种责任感、荣誉感，驱使他们努力教和学，不断创造新的经验和成绩。

（四）学校文化具有熔炉作用

传统的力量是无穷的，学校文化如果形成了传统，就会成为一股无形的力量，引导着师生的思维方式、生活态度和行为作风等。师生会自动地、不假思索地按照学校的思维去思考、去行动。学校文化像一块吸铁石，把师生员工凝聚在一起。学校文化又如一个大熔炉，学校里如果来了一位新成员，会立即熔化在这个文化传统之中。

（五）学校文化建设的过程就是教育的过程

学校文化建设是长期的过程，是连续的过程。学校文化建设一方面要继承前人建设的成果，同时要创新，随着时代的前进、社会的进步而不断创新。无论是继承还是创新，都要靠在校师生。因此，全校师生在创建学校文化的过程中必然会受到教育。

三、学校文化建设的内容是什么？

前面讲到，学校文化与整个人类文化一样具有多个层面，因此，学校文化建设也要注意到这几个层面。

学校文化建设最主要的内容是要建设学校的精神文化。学校文化的核心是学校的办学思想、教育理念、价值观念、思维方式。因此，学校文化建设首要在这些方面下功夫。办学思想、教育理念首先表现在人才观上，即培养目标上，即培养什么人的问题。毫无疑问，学校的目标是育人，按照国家的教育方针，要培育德智体美全面发展的社会主义建设者和接班人。这一条大家都能背出来。但事实上是不是这样呢？有的学校并不是这样，而是把目标放在追求升学率上。升学率也是需要的，没有升学率家长不答应，社会不满意。但是升学率要建立在育人的基础上。育人，包括道德品质的形成、体质的增强，也包括知识的增长。在学生的素质全面提高以后，升学率也自然会上去。现在有些学校为少数尖子学生开小灶，搞特殊，恐怕不是在建设学校文化，而是在破坏学校文化。

学校的精神文化建设还体现在学生观、师生观上。要树立人人都能成才的观念，热爱每一个学生，不歧视任何学生，哪怕他身上有不少缺点；师生的关系是平等的、民主的、互相理解和信赖的、和谐的。有了这样的师生关系，教育就能顺利进行。"没有爱就没有教育，没有兴趣就没有学习"，这是我的教育信条，恐怕也是学校文化建设中需要建立的观念。

学校文化建设还表现在课程上、教学上。当然，课程本身包含着知识文化的传承。但是，全校师生如何看待课程和教学却是值得探讨的问题。有两种态度：一种是按部就班，上级规定什么课程学校就开什么课程，领导说怎么教就怎么教，不去认识、探讨课程和教学的文化内涵；另一种态度是，认识到课程和教学是文化的载体，努力去探讨国家课程标准的文化内涵，同时结合学校的具体条件，创设学校的校本课程，教学中重视教材中的文化内涵，不仅传授知识，而且重视价值观、思想情感的熏陶。

学校文化建设说到底是校风的建设。什么是校风？校风是指一个学校的思维方式、治学态度。从思维方式来讲，就是学校怎么办，办成什么样子，有什么办学思路。治学态度表现在教师怎么教，学生怎么学的问题上。校风表现在学校的方方面面，表现在领导班子身上就是有没有先进的办学理念，有没有人文管理的精神，有没有组织团队不断学习、不断进步的规划；表现在教师身上就是有没有敬业笃学的精神、教书育人的品质；表现在学生身上就是有没有刻苦钻研的态度、开拓进取的精神等。

优良校风不是一代人就能建立起来的，而是经过几代人的努力，一代一代传下来，成为全校师生的共识，形成传统。有了这样的传统，学校就有了灵魂。

学校的制度建设也很重要。有了制度就会有条不紊。学校工作的头绪很多，有教学工作、思想工作、后勤保障工作。学校是人群集聚的地方，是最活跃的场所，有人群、有活动就会产生各种矛盾和问题。学校要有成文或不成文的制度，使全校师生知道哪些可以做，哪些不可以做，哪些是谁负责等，使制度明确、职责分明。制度的建设必须和办学理念相结合，而以办学理念为指导。也就是说，制度建设服从于学校的精神文化建设。制度建设也不是少数人一朝一夕能够建立起来的，也需要几代人的努力实践、总结、修订，使之成为全校师生的共同愿望并自觉遵守，成为学校文化的一部分。

学校文化的物质建设包括校舍的建设、校园的设计、环境的布置等。学校的物质文化建设不仅是学校教育教学工作的保证，而且体现着一个学校的精神，是学校文化外显的部分。学校的物质文化建设要以人为本，特别是要以学生为本。有些学校的建设只重视教室的安排，不注意学生活动场所的建设，如把运动场地安排在离教室很远的地方，不便于学生课间、课后的活动。学生没有活动场地，而学校的运动场地利用率又不高，这就不是以人为本的设计。校园文化建设体现学校的主流文化，要让师生感到舒适、多样、整洁、欢快，愿意在这样的环境中学习、生活。学校要重视仪式、标志的建设。一条校训、一枚校徽、一支校歌往往反映了学校的精神面貌。总之，要让学校的一草一木都有教育意义。

学校文化要有特色。前面我们讲到一些学校文化建设的基本内容，是根据教育的一般规律、办学的基本要求提出来的，各个学校的文化建设都应该有这几方面的内容。但是，各个学校必须要有自己的特色。前面说到，学校文化不是一朝一夕能够建立起来的，是几代人努力积淀起来的。而各个学校的历史不同、地域环境不同、发展水平不同，因此，积淀起来的文化传统也不同。今天我们提倡学校的文化建设，不是说抛弃传统，另建一套，相反，就是要去挖掘历史传统，同时根据现在的办学环境、时代要求，在传统的基础上创造新的学校文化。因此，它是继承和创新的统一。

四、怎样建设学校文化？

学校文化是社会文化的组成部分，因此学校文化首先要认同社会的主流文化。当代我国社会的主流文化是改革开放、继承创新，弘扬中华优秀传统文化，汲取人类一切优秀文明成果，创造社会主义新文化。社会主义荣辱观是社会主义精神文明建设和建设和谐社会的基础工程，也是培养社会主义建设者和接班人的重要内容。因此，社会主义荣辱观应该成为学校文化建设的核心内容。

学校文化建设需要精心策划、细心培育。校长要努力学习，了解学校的历史，挖掘学校的优秀文化传统，学习当前的形势和教育理论，认真思考办学思路，策划学校文化建设，提出设想，和全校师生共同讨论，形成共识，然后精心设计，共同努力，把理念化为现实。

学校文化建设不是校长一个人的事，而是师生共同努力的结果。师生要积极参与，努力实践，在实践中不断总结、提炼、充实。

学习是学校文化建设的动力和源泉。在我国建设学习型和谐社会的今天，学习已经成为每个公民、每个组织的必需，学校应该成为学习的典范。通过学习求学校的发展，通过学习求师生的发展，使学习成为学校的主流文化。

【参考文献】

［1］顾明远. 铸造大学的灵魂［G］//教育：传统与变革. 北京：人民教育出版社，2004.

［2］张岱年，程宜山. 中国文化与文化论争［M］. 北京：中国人民大学出版社，1990.

［3］陶西平. 培育学校良好的教育生态［N］. 中国教育报，2006-06-20.

改革考核评价制度，推进素质教育*

推行素质教育已经家喻户晓，但是在学校实际工作中却常常停留在口号上，不能得到切实的落实。我和许多校长、老师讨论过，为什么推行素质教育如此困难。许多校长和老师都反映，主要是存在着考试竞争的压力。有些老师甚至认为，高考是指挥棒，不取消高考就难以推进素质教育。这是很现实的问题。现在选拔人才的方法只有考试一途。作为家长，谁不希望自己的孩子能够在考试中胜人一等，获得高考的成功。每一个校长也都希望自己的学生更多地考上重点中学，考上大学。因此，只要有考试存在，就会有应试教育的存在。但是，在中国的国情下，考试是取消不了的，高考更不能随意取消。这是大家都明白的。因此，需要研究一种途径，恰当地处理好素质教育与考核的关系。也就是说，考试评价制度需要改革，以适应素质教育的要求。

今年教师节前夕，温家宝总理视察北京市黄城根小学时精辟地论述了素质教育与考核的关系，而且提出解决这个问题的重要思路。他说：素质教育绝不是不要考核，而是要求考核具有综合性、全面性和经常性。他还详细地解释了什么叫综合性、全面性、经常性。总理的这些意见非常有针对性、现实性。可以看出，这不是总理即时发表的意见，而

---

* 原载《光明日报》，2006年9月27日。

是在深入调查研究的基础上，经过深思熟虑后提出来的。总理非常关心教育问题，最近召开一系列座谈会听取专家和第一线教师的意见。我有幸参加了一次座谈会。总理对教育的重视和研究的深入，使我们与会的同志都为之十分感动。总理在黄城根小学的讲话切中当前教育问题的要害，有着非常重要的意义，为当前的教育改革指明了方向。认真学习总理的讲话，领会总理讲话的精神，改革考试和评估制度，就能找到一条推进素质教育的出路。

素质教育与考核是不矛盾的。素质教育是目的，是培养什么人的问题。考核是方法，是考核人才有没有达到素质教育的要求，是评价人才的方法。方法是为目的服务的，因此，考核是为素质教育服务的。现在之所以产生矛盾，是考核的方法过于单一、过于功利，把考试当成了目的。教育有了两个目的，当然就产生了矛盾。考核确实也起到指挥棒的作用，考什么就教什么。这就反客为主，把目的和方法颠倒过来了。因此，现在的问题是要摆正考核的地位，改进考核的方法，使它真正发挥检查、督促、评价、改进教师的教和学生的学的作用，促进人才素质的提高。

总理明确提出，素质教育绝不是不要考核，而是要求考核具有综合性、全面性和经常性。这就深刻地揭示了考核的规律，体现了考核是为素质教育，为培养人才这个目的服务的。他对"三性"的解释又具体指明了考核的内容和方法，具有可操作性。总理讲，所谓综合性，就是要教学生既会动脑，又会动手。人的素质是综合的，既能动脑，又能动手，因此考核也应该有综合性，既考核学生的用脑的能力，又应考核他动手的能力。总理讲，所谓全面性，就是要使学生德、智、体、美全面发展。全面发展是我国的教育方针，是人才的培养目标，因此考核也要有德、智、体、美全面发展的内容，不能只考知识，不顾其他。总理讲，所谓经常性，就是要根据学生长期的学习表现决定成绩。这是符合学生成长规律的。中小学生正在长身体、长知识的时期，在成长过程中会有曲折，不能凭一时一事来评定学生素质的高低，更不能一考定终身，需要长期考察，综合评定。

怎样落实总理的指示？首先还是要从认识入手，广大教师要认真学习总理的精辟讲话，深刻理解素质教育和考核的关系，充分认识素质教育，即培养人才的重要性。考核是为培养人才服务的，决不能颠倒过来，把考核，特别是考试作为目的。

其次，要改进教育教学工作。学校的教育教学工作才是培养人才的核心，考核只是一种辅助手段。考核不只是考核学生的学习成绩，也包括考核教师的教育教学工作。它是检验、督促、改进教育教学工作和学生学习的手段。因此，推进素质教育首先要求学校工作全面贯彻教育方针，改进和完善教育内容和方法，不断提高教育教学质量。总理在黄城根小学提出的第二个问题，实际上指明了教育教学改革的方向。他说，要给学生们更多的时间接触世界、接触事物、接触生活，学习更多的知识、做更多的事、思考更多的问题，培养独立思维和创造能力。推行素质教育，除了使学生掌握基础知识和基本技能，还要使学生了解世界，学会思考，学会创造。因此，改进教育教学工作，提高教育质量才是培养人才的根本。

最后，要改革考核评价制度。按照总理提出的综合性、全面性、经常性来改进现在的考核评价制度。中小学校要重视平时对学生的考核，考核的方式也要多样化。中小学生个体差异很大，要承认学生的差异性，不要用一个标准来评价所有学生；要提倡发展性评价，即重视学生的发展，学生有发展、有进步，就是成绩，就值得赞赏，不能只看绝对成绩的高低；要多鼓励学生进步，不要把考核作为逼迫学生的手段；要营造一个良好的学习环境，让学生在这个环境中生动活泼主动地得到发展。

当前大家最关心的，也是最棘手的问题是高考制度如何改革。恐怕绝大多数人都不会同意取消高考，但认为改革是必要的。改革的方向也应该体现综合性、全面性、经常性。

我个人有个设想，高校招生能否分三个层次：第一个层次是高等职业教育中科技含量较低的专业，或者国家急需的专业，不设高等教育入学考试，只凭中学平时考核的成绩录取，这就可以解放一部分学生；第二个层次是高等职业学校和现行高考第二批、第三批录取的本科院校设一次考试，姑且称它为普通水平考试，考试的内容可以是基础性的、全面性的，它可以指挥中学的教学不要向深奥的方面去钻研；第三个层次是全国重点大学的考试，姑且称它为高水平考试，考试的内容要求高一些，可以考得深一些、难一些。高等学校也可以有自主加试一些科目的权力。第二层次的考生，如果考试成绩很好，又想进一步报考重点大学，在一定的分数线上的可以再报考第三层次高水平考试。同时，录取的时候再结合学生三年的平时成绩、参加社会活动的表现等综合考核成绩。这种分层考试组织起来可能有一定的难度，但它可以避免用一张考卷考所有学生的弊端。如果组织得好，包括对学生平时的考核能够跟上，可能会减轻学生的负担，也能更好地选拔人才。国外实行全国统一考试的国家也都不是一次考试定终身，而是有多次考试的机会，如美国的SAT考试。日本也是在全国统考以后，还有一次各学校的考试，把两者结合起来。美国名牌大学的录取还要看学生在高中选修学科的情况，为了考察学生的品德和能力，还要考察学生在中学期间有没有参加过社会公益工作等。这些都值得我们借鉴。当然，这只是我个人的设想，不一定可行，说出来可以引起大家的讨论。高考是涉及千家万户的事情，改革需要十分慎重，要经过充分的论证，稳妥地进行。

送给孩子们阳光般的心境*

值此全国中小学心理健康教育优秀成果颁奖大会暨高峰论坛召开之际，谨向大会表示热烈的祝贺。

学生心理健康教育是素质教育的重要组成部分，是帮助学生身心健康成长的重要手段。学校应该把学生的心理健康教育放在重要的位置。

当今世界，环境异常复杂，竞争十分激烈，作为一名新世纪的人才，不仅要有知识和技能，而且要拥有优良的心理素质，才能获得事业的成功。良好的心理素质也是我国当今建设和谐社会的需要。社会要和谐，家庭首先要和谐，父母子女要和谐；学校要和谐，师生要和谐，这就要求家庭和学校每个成员都有优良的心理素质。

心情开朗、积极进取、敢于面对困难、善于与人相处，这都是优良心理素质的表现。学校和家庭都应该关心孩子的心理健康，了解他们的需要，理解他们的苦恼，帮助他们克服困难。

心理健康教育不是只通过什么课程来进行的，更重要的是靠家长和老师本身的心理素质来影响学生，并利用各种机会培养学生愉快的心情、积极向上的精神和克服困难的信心。

---

* 原载《中小学心理健康教育》，2006年第10期。

学生心理健康教育不仅是学校的事，家庭要重视，社区要重视，全社会都应该重视。

让我们通过心理健康教育送给孩子们阳光般的心境，让他们体验美丽青春的生命价值。

最后祝大会和论坛圆满成功！

教育是构建和谐社会的基础[*]

2006年可以说是我国重要的教育年。6月29日第十届全国人大常委会通过了《中华人民共和国义务教育法》修订稿，决定彻底实施免费的义务教育；8月29日中央政治局第34次集体学习讨论了教育问题，在学习会上，胡锦涛总书记发表了重要讲话，强调坚定不移地实施科教兴国战略和人才强国战略，切实把教育摆在优先发展的战略地位；10月11日党的六中全会决定，再一次把教育优先发展、促进教育公平作为建设和谐社会的主要内容；7月至11月温家宝总理连续召开了四次座谈会讨论教育问题，对教育工作发表了重要讲话。这一切说明党中央和国务院对教育工作的高度重视。

2007年该是全国全社会认真落实中央指示和决策的时候了。

教育界首先要认真学习领会中央关于教育工作的指示精神，坚持教育优先发展，促进教育公平，为构建社会主义和谐社会做出贡献。

教育是关系到千家万户的事情，没有教育的和谐就不可能有社会的和谐；没有公民素质的提高，也难以建设和谐社会。当前教育的热点主要表现在两个方面：一是教育公平问题，二是素质教育问题。实现教育公平，这是政府的责任。国家正在采取各种措施缩小地区间的差距，对

西部地区、农村地区实施免费教育、教育投入倾斜等政策；各级政府也正在采取多种办法促进地区教育的均衡发展。当然，问题不可能立马解决，但正在向均衡发展的方向行进。

落实素质教育，则应该是我们基层教育部门和每一所学校应负的责任，是学校内涵发展、提高教育质量的主要内容，是每一个基层教育工作者和每名教师都应该研究和改进的问题。

胡锦涛总书记在学习会上指出，全面实施素质教育，核心是解决好培养什么人、怎样培养人的重大问题，这应该成为教育工作的主题。总书记还对素质教育的内涵做了详细的解释。我们应该认真学习这个重要讲话，并把讲话的精神落到实处。

说到素质教育，第一线的校长和教师会说，大的环境不改变，考试制度不改变，素质教育就难以推行。我觉得，考试制度是必须改革的，而且也正在改革之中，大的环境一时恐怕难以有大的变化。在这种情况下，学校是不是就无所作为呢？我想并非如此。学校推进素质教育的空间还是很大的，关键是校长要转变观念，老师要转变观念。观念转变了，办法就会产生。素质教育与考核是不矛盾的。素质教育是目的，是培养什么人的问题。考核是方法，考核人才有没有达到素质教育的要求，是评价人才的方法。方法是为目的服务的，因此，考核是为素质教育服务的。现在之所以产生矛盾，是考核的方法过于单一、过于功利，把考试当成了目的。考核确实也起到指挥棒的作用，考什么就教什么，这就反客为主，把目的和方法颠倒过来了。因此，现在的问题是要摆正考核的地位、改进考核的方法，使它真正发挥检查、督促、评价、改进教师的教和学生的学的作用，促进人才素质的提高。

2006年9月8日，温家宝总理视察北京黄城根小学并与教师座谈，在座谈会上总理对素质教育与考核做了精辟的讲话。他说，素质教育绝不是不要考核，而是要求考核具有综合性、全面性和经常性。他还详细地解释了什么叫综合性、全面性、经常性。这就深刻地揭示了考核的规律，体现了考核是为素质教育、为培养人才这个目的服务的。他对"三性"的解释又具体指明了考核的内容和方法，具有可操作性。总理讲，所谓综合性，就是要教学生既会动脑，又会动手。人的素质是综合的，既能动脑，又能动手，因此考核也应该有综合性，既考核学生的用脑的能力，又应该考核他动手的能力。总理讲，所谓全面性，就是要使学生德智体美全面发展。全面发展是我国的教育方针，是人才的培养目标，因此，考核也要有德智体美全面发展的内容，不能只考知识，不顾其他。总理讲，所谓经常性，就是要根据学生长期的学习表现决定成绩。这是符合学生成长规律的。中小学生正在长身体、长知识的时期，在成长的过程中会有曲折，不能凭一时一事来评定学生素质的高低，更不能一考定终身，需要长期考察，综合评定。

怎样落实总理的指示？第一，还是要从认识入手，广大教师要认真学习总理的精辟讲话，深刻理解素质教育和考核的关系，充分认识素质教育，即培养人才的重要性。考核是为培养人才服务的，决不能颠倒过来，把考核特别是考试作为目的。

第二，要改进教育教学工作。推进素质教育工作首先要求学校工作要全面贯彻教育方针，改进和完善教育内容和方法，不断提高教育教学质量。总理在黄城根小学提出的第二个问题实际上指明了教育教学改革的方向。他说，要给学生们更多的时间接触世界、接触事物、接触生活，学习更多的知识、做更多的事、思考更多的问题，培养独立思维和创造能力。推行素质教育，除了使学生掌握基础知识和基本技能，还要让学生了解世界、学会思考、学会创造。因此，改进教育教学工作，提高教育质量才是培养人才的根本。

教育是一门科学，要研究学生成长的规律，按照教育规律办事。中小学生个别差异很大，要承认学生的差异性，不要用一个标准来评价所有学生。我们的教育要提倡平等而差异。每一个人受教育的机会是平等的，但每一个人的发展是有差异的。因此，我们要提倡发展性评价，即重视每一个学生的不同发展，学生有发展、有进步，就是成绩，就值得赞赏，不能只看绝对成绩的高低。教育又是一门艺术，在教育教学的过程中要不断钻研、不断创新，要多鼓励学生进步，要营造一个良好的学习环境，让学生在这个环境中生动活泼主动地得到发展。

教育界的同行们，让我们大家努力吧，在新的一年里为落实中央教育工作的重要决策做出应有的贡献！

素质教育评价与学生发展[*]

素质教育与评价制度是第一线教师最关心的问题。没有促进素质教育的有力评价制度，素质教育就难以推行。2006年9月8日，温家宝总理视察北京黄城根小学并与教师座谈，在座谈会上总理对素质教育的评价做了精辟的讲话。他说，素质教育绝不是不要考核，而是要求考核具有综合性、全面性和经常性。他还详细地解释了什么叫综合性、全面性、经常性。总理的这些意见非常有针对性、现实性，符合教育规律。认真学习总理的讲话，领会总理讲话的精神，改革考试和评估制度，就能找出一条推进素质教育的出路。素质教育与考核是不矛盾的。素质教育是目的，是培养什么人的问题。考核是方法，是考核人才有没有达到素质教育的要求，是评价人才的方法。方法是为目的服务的，因此，考核是为素质教育服务的。现在之所以产生矛盾，是考核的方法过于单一、过于功利，把考试当成了目的。教育有了两个目的，当然就产生了矛盾。考核确实也起到了指挥棒的作用，考什么就教什么。这就反客为主，把目的和方法颠倒过来了。

---

* 原载《湖南农业大学学报（社会科学版·素质教育研究）》，2007年第2期。本文根据作者在大连教育学院的演讲整理。

首先，现在的问题是要摆正考核的地位，改进考核的方法，使它真正发挥检查、督促、评价、改进教师的教和学生的学的作用，促进人才素质的提高。总理明确提出，素质教育绝不是不要考核，而是要求考核具有综合性、全面性和经常性。这就深刻地揭示了考核的规律，体现了考核是为素质教育、为培养人才这个目的服务的。他对三性的解释又具有可操作性。总理讲，所谓综合性，就是要教学生既会动脑，又会动手。人的素质是综合的，既能动脑，又能动手，因此，考核也应该有综合性，既考核学生用脑的能力，又考核他动手的能力。总理讲，所谓全面性，就是要学生德智体美全面发展。全面发展是我国的教育方针，是人才的培养目标，因此，考核也要有德智体美全面发展内容，不能只考知识，不顾其他。总理讲，所谓经常性，就是要根据学生长期的学习表现决定成绩。这是符合学生成长规律的。中小学生正处在长身体、长知识的时期，在成长的过程中会有曲折，不能凭一时一事来评定学生素质的高低，更不能一考定终身，需要长期考察，综合评定。

其次，要改进教育教学工作。学校的教育教学工作才是培养人才的核心，考核只是一种辅助手段。考核不只是考核学生的学习成绩，也包括考核教师的教育教学工作。它是检验、督促、改进教育教学工作和学生学习的手段。因此，推进素质教育工作首先要求学校工作要全面贯彻教育方针，改进和完善教育内容和方法，不断提高教育教学质量。总理在黄城根小学提出的第二个问题，实际上指明了教育教学改革的方向。因此，改进教育教学工作，提高教育质量才是人才培养的根本。

最后，要改革考核评价制度。按照总理提出的综合性、全面性、经常性要求来改进现在的考核评价制度。中小学校要重视平时对学生的考核，考核的方式也要多样化。中小学生个别差异很大，要承认学生的差异性，不要用一个标准来评价所有学生。我们的教育要提倡平等而有差异。每一个人受教育的机会是平等的，但每一个人的发展是有差异的。因此，我们的评价要提倡发展性评价，即重视每一名学生的不同发展，学生有发展有进步，就是成绩，就值得赞赏，不能只看绝对成绩的高低；要多鼓励学生进步，不要把考核作为逼迫学生的手段；要营造一个良好的学习环境，让学生在这个环境中生动活泼主动地得到发展。

中国教育改革与发展中的热点问题[*]

一、改革开放以来教育取得的成绩

改革开放以来我国各级各类教育发展迅速，国民素质显著提高。改革开放30年，是我国教育发展最快的30年，表现在如下几方面：95%的地区人口普及了九年义务教育；青壮年文盲率降低到4%左右；高中阶段的教育有了很大发展，毛入学率已达53%（1993年为22%）；高等教育毛入学率2007年的统计数字是22%，实际数字可能还要大一点（1998年为9.8%），我们的高等教育已由精英教育阶段进入到大众教育阶段。

根据《中华人民共和国义务教育法》，国务院提出免除西部地区农村义务教育的学杂费，2007年推到全国农村并逐渐向城市推进。这是一个很重要的转折点。这个转折点就是从"人民教育人民办"到"人民教育政府办"。过去普及九年义务教育时有一句口号是"人民教育人民办"，九年义务教育是在很艰难的条件下普及的。农村地区主要靠农民，农民出资，农民支持了义务教育的普及。但是现在，社会改革以后，农村就再也没有力量支撑如此大规模的教育了。义务教育应该是国家的义务，所以《中华人民共和国义务教育法》提出义务教育应当是免费教

* 原载《大连教育学院学报》，2007年第3期。

育，逐渐从农村一直到全国免费，真正从"人民教育人民办"到"人民教育政府办"。

另外，高等教育实现了跨越式发展。1998年在校大学生780万人，每年招生50万～70万人。1999年全国教育工作会议后，高等教育有了一个大发展，当年招生人数就近100万，增加了43%。2007年在校生人数已达2 500万人，研究生已接近100万。高等教育大发展以后，社会也有很多舆论，质疑高等教育的质量。我认为，精英教育和大众教育毕竟是两个阶段，不能用大众教育来衡量精英教育。具体说，不能用清华北大的标准来衡量所有的高等教育。高等教育可以说基本保持了原有的质量，甚至有一定的提高。当然，也有的学校教育质量降低了，有些学校盲目升格，条件还不成熟的情况下专科就升到了本科，质量自然有所下降。另外，现在师生数量之比不合理，2006年的师生之比最低为1：6或1：7；现在的比例达到了1：18或1：20。从这个角度来看，教师的投入与学生比例的增长有差距。从这个意义上来讲，教育质量肯定有所下降，但总体来说，高等教育的质量还是有所提高的。特别是最近几年科学研究有了很大的发展，表现在国外不少国家逐步承认我国的学历，与欧盟已达成学历互认的协议。另外，高等学校已成为科技创新的主力军。2004年高校获得了64.3%的国家自然科学奖、60%的国家技术发明奖、55.1%的国家科技进步奖。社会科学的研究力量80%在高校。从这方面来看，质量还是有所提高的。

职业教育也有很大发展，每年有500万中职毕业生和300万高职毕业生进入劳动力市场。2006年职业高中扩招100万人，2007年再扩招100万人，在校生达到750万人。成人教育也有很大发展，各级各类在校生达到了3 000万人。

我国已经成为世界人力资源大国。我国拥有世界上最大规模的教育——2.6亿人在学习。其中，100万研究生，2 400万本专科生，4 000

万高中生，6 300万初中生，1.1亿小学生，2 200万幼儿园儿童。每年教师的进修培训达到了5 500万人。这些成就是在我国还处在欠发达的情况下取得的。我国是发展中国家，但是我们已经做到了从世界人口资源大国转变为世界人力资源大国。

2005年我国人均GDP为1 700美元，但我国大中小三级教育毛入学率已相当于GDP3 000美元国家的平均水平。GDP3 000美元已经达到了中等发展国家的水平。根据联合国关于《全民教育2005年全球监测报告》公布的2001年127个国家全民教育发展指数，我国排名第54位，现在已经上升了，处于中等偏上水平。我们在不发达的情况下，教育能够发展到这种程度，成就是比较大的。这与全国人民的努力、党和国家的关怀是分不开的。

二、教育面临的问题和困难

（一）教育投入不足

我国的办学条件和投入水平低于世界水平。1993年中央和国务院发布的《中国教育改革和发展纲要》提出，2000年教育投入要达到世界平均水平，即占GDP的4%。但至今没有达到，近几年反而倒退到2004年的2.79%、2005年的2.8%，最高的一年曾达到了3.32%。而世界平均水平又已提高到了4.5%。

我们的国民收入已达到1 700美元，但教育经费的支出还只等于低收入国家。这表明我国的教育经费投入远远不足。我国的人均教育经费比起发达国家更是少得可怜。可喜的是温家宝总理在今年的政府工作报告中已经承诺教育投入要逐步达到4%。

（二）城乡之间、区域之间发展不平衡

城乡之间不平衡，东西部之间不平衡，重点学校与薄弱学校之间

不平衡。发达地区与不发达地区的生均教育经费可以相差810倍，同一地区重点学校与薄弱学校之间的经费也能相差数倍。由于教育发展不平衡，就出现了教育不公平和激烈的教育竞争问题。

（三）素质教育推进步履维艰

我国在20世纪80年代末就提出了素质教育，但是到现在20年了，素质教育推进步履维艰。学校教育重智育轻德育，有的学校德育没人管，有的学校对德育不够重视，有的学校把管智育和德育的人分开，管智育的人不管德育。管德育的人就是班主任，其他的任课教师不管。从培养模式来讲，重知识轻能力，不重视对学生能力的培养。评价体系重分数轻素质，忽视个性发展，学生课业负担过重，体质显著下降，学生缺乏分析问题的能力、创新精神和实践能力。世界教育发展的总目标强调提高素质、提高质量，包括提高学生的思想品德水平、学习成绩以及能力，重视学生对事物的判断力和教育观培养。我们的教育要符合世界教育发展的总趋势，就要重视素质教育。新一轮的课程改革就想从课程的角度推进素质教育。新课改的理念是很好的，符合世界教育的总趋势，但是在推行的过程中也遇到很多问题。

我常常讲，课程改革可以分三个层次：①理想课程。制定的课程标准符合新的教育理念，符合世界发展的趋势，所以它是一个理想的课程。②开发课程。即教材怎么根据课程标准编写出来，课程之间怎么联系，课标怎么实施。现在我们国家在这个环节上有很多问题。例如，初中课程实行综合课，理科综合、文科综合，也可以分科。但在编写综合课教材的时候就出现了问题，理科怎么综合，文科怎么综合。综合之后，文科思想政治、职业道德、历史、经济、地理各占多少比例，这些就成了问题。高中课程强调必修的和选修的内容，八个模块，哪些是选修，这些是开发课程遇到的问题。③实施课程。课程有了，标准有了，具体由教师来实施。教师若对教育目标不理解，教材编得再好也教不好。如果教师的观念是先进的，符合理想课程，对理想课程理解得很透彻，即使教材写得不太好，教师也能弥补。实施课程关键在教师。一些教师不能真正按照课程的理想来组织课程，主要是思想准备不足，技术上的准备也不足。思想准备是指教师的观念要转变过来；技术准备是指教师的培训、对课标的掌握、对教材的掌握、对现代科学技术的掌握和对方法的掌握。

课程改革是教育的核心，任何改革都离不开课程改革。课程改革不是一两天可以解决的，需要一个漫长的过程。往往等到课程改革还没有完全实现的时候，一种新的改革就开始了。第二次世界大战后各国的课程改革已有三次，分别在20世纪60年代、20世纪80年代和现在。总结过去的改革经验，如果没有第一线的教师参与，课程改革很难取得成功。教育观念的转变要从参与中来，改变不能只喊口号。当前我国基础教育中的问题很多，我认为，最缺乏的一是教师队伍的道德，二是创造精神。我们为什么培养不出诺贝尔奖得主，是因为我们长期以来没有要求培养学生的创造性，没有研究怎样去培养学生的创造性、发展学生的个性。很多人认为我们的教育和美国人比较，基础教育还是比较扎实的，在奥林匹克数学竞赛、化学竞赛、物理竞赛中我们获得的奖牌最多，有一种自我满足的情绪。有人说，我们的学生在国内上三年级到美国就可以上五年级，我们的学习程度比他们高得多。这里有一些假象。实际上，比一比我们的差距还是很大的。从三年级到五年级，不要这样比，要比高中毕业最后的成绩。我们的学生不见得比美国的学生成绩好。打一个比喻，如果我们的学生的学习程度、成绩比他们好，平均分是80分，但都是平平的，没有拔尖的；美国的平均分可能只是70分或60分，但却有100分、90分的尖子学生。我们就没有培养出100分、90分的学生，这就是我们的落后所在。为什么？我们的教育方法和观念落后。我们有我们的优点，他们有他们的优点，他们的优点我们应该学习。他们的学生之间是平等而有差异的，机会对每一个学生都是均等的，但结果是有差异的，因材施教，每个学生的潜能都能得到发展。教育公平是我们基础教育的重要选择。教育公平有几个层次：机会公平、过程公平、结果公平。教育对每个学生都是公平的，现在我们要解决的，一是机会公平，这个差异主要是城乡之间、东西部之间、重点与普通学校之间。二是过程公平。教育的资源配置是公平的，而我们的社会条件和生活条件是不公平的，城乡之间、东西部之间、重点与普通学校之间的条件不公平。三是结果公平。这就要靠学生的努力。没有绝对的公平，平等也不是绝对的。宪法提出"人人是平等的"是指权利的平等，每个人都有生存的权利、受教育的权利等，但人的出身是无法平等的，你身在北京，他身在云南的偏远山区，这是不平等的；有的人生在富裕的家庭，有的人生在贫困的家庭，这是不平等的；人的天赋是有差异的，有的人智商100，有的人140；努力的程度也是不同的，结果是不可能公平的。所以，我们培养人从结果来讲是有差异的。教育的根本目的就是充分发挥学生的潜力，我们做到了，这是我们的责任，但每个人的潜力是不同的。现代社会人员结构是多样的。1985年《中共中央关于中国教育体制改革的决定》中提出要培养三种人才：数以亿计的普通劳动者、数以千万计的科学技术研究者、数以千万计的管理者。从社会的要求来讲也是多样的，培养的人才也是多样的，但现在的教育是一个模式一个要求，这是我们为什么出不了人才的原因。杨振宁有一次在北京教育学院做报告时说，比较中国和美国的教育各有长处，中国的学生基础打得比较扎实，但缺乏问题意识，缺乏创新精神，到研究生阶段中国学生提不出问题来，不像美国的学生能向导师提出各种各样的问题。推进素质教育就是想方设法发展学生的个性和潜力，培养学生的创新能力。

教育竞争激烈，择校问题严重阻碍着素质教育的推进。2006年上学贵、上学难成为社会普遍关注的问题。这反映了人民群众对优质教育的需求，也反映了我国优质教育的稀缺。2007年上学贵、上学难不再讲了，因为上学贵主要表现在择校的问题上。所有的学生都想上好的学校，这只是部分问题，教育的激烈竞争仍然存在，反映了就业的竞争。由于竞争，学生的思想上有压力，身体上有压力。这不是教育本身的竞争，而是社会上种种竞争集中体现到教育上来了。青少年身上的很多不良行为，不能都归到教育上，也不能都归到学生身上。比如，诚信，社会上有很多不诚信的问题，学生怎么诚信。社会综合矛盾集中到教育上，使教育承担不了这个责任，但教育又不得不承担这个责任。现在学生都想上好的学校，就是为了将来能找到一份更好的工作，这个问题影响我们素质教育的发展，但这不是教育可以解决的问题。所以说，素质教育推进步履维艰。

三、原因分析

教育中的问题总体来说是教育供给不足与需求日益旺盛之间的矛盾。这个矛盾在相当一段时期内还会存在。

（一）教育投入不足

国家在教育上的投入只占GDP的2.79%，占财政收入的14.9%，而社会投入已占GDP的1.74%。教育在城市居民消费结构中的比例，从20世纪90年代初的2%提高到现在的9%。我们还要呼吁，教育要增加投入，至少要达到4%。

（二）中国有重视教育的传统

中国人从古到今都很重视教育。独生子女政策更激发了家长对教育的重视，这本来是好事，但带来了激烈的教育竞争。

（三）社会用人观念和劳动人事制度强化学历

现在社会强调学历而不是能力，因此，职业教育不能够得到很好的发展，教育不能真正适应国民经济发展的要求。我们应该大力发展职业教育，国民经济需要职业教育。

（四）职业教育不发达

过去因为我们不够重视职业教育，高校扩招，盲目扩大高中、普通高中教育，职业教育有所滑坡。近两年重新重视职业教育，但是很多职业学校已经消失了。以前的中专是很有水平的，后来中专大多都升格了，升成大专了，有的升成大学了。中等职业教育流失很严重。同时，长期以来我们的传统教育主要是学习四书五经，重学术轻技术，重学问轻手艺，手艺没有人去研究，很多发明、很多工艺，知识分子都不去研究、不去总结。考古发现的工艺现在都已失传，就是因为它的技术没有融入知识中，没有被记录下来，这样我们的技术就没有办法发展。这种思想长期影响着职业教育。研究教育不研究文化是不行的，好的文化传统要继承，不好的要批判，否则，我们的教育观念是很难转变的。

（五）受中国的传统思想影响

受中国传统文化"学而优则仕""读书做官"的思想影响。

（六）高校考试招生制度僵化

以分定人，一次考试定终身。全国统考各地录取分数线不同，造成极大的不公平。高考制度必须改革，如果评价制度不改革，就会影响基础教育、素质教育、课程教育改革。如果考试制度不改革，教师、校长就会困扰重重。高考制度的改革涉及千家万户，所以改革要十分慎重。实际上，课改以后，考试也逐渐在改革，2007年的高考作文题都是各地出的，这就跟往年不一样，这是给地方放权了。

四、出路

（一）切实把教育优先发展作为我国实现国家现代化的发展战略

要增加教育投入，实现从人力资源大国向人力资源强国的转变。近年来中央非常重视教育，六中全会中仅有的一个数字就是教育投入增加到4%，我们希望在2010年总体增长达到4%。2006年一年应该说是教育年，有几件大事：第一件大事是中央政治局集体学习探讨教育问题，这是历史上的第一次。过去领导都很重视，但作为国家领导集体学习还是第一次。胡锦涛总书记在会议上讲了一段话，包含两个要点：一是强调"教育优先发展"，二是明确提出，素质教育就是培养什么样的人，怎么培养的问题，讲得很清楚。第二件大事是六中全会的标题是"坚持教育公平推进素质教育"。第三件大事是温家宝总理召开了四次教育（基础教育、中学教育、高等教育、职业教育）座谈会，请了21位专家来座谈，探讨教育怎么发展、教育怎么改革的问题。专家都普遍提出教师是关键，要重视教师、尊重教师。这说明我们国家领导非常重视教育。2007年是落实年，总理在政治工作报告中对教育的问题谈了很多，关于对教育的发展和改革讲得也很具体。政府投入改革是国家的事，但提高质量、培养人才就是学校的事了。

要改变"经济发展一条腿长，社会发展一条腿短"的发展模式，加强软件建设。诺贝尔经济学奖获得者海克曼在2001年说，中国政府大约把GNP的2.5%用于教育，30%用于物质投资。这两项在美国分别为5.4%和17%，我们的物质投资比美国高了1倍，教育投资比美国低了一半，中国人对教育投资的支出远远低于各国的平均数。希望2010年教育经费能达到4%，2015年达到4.5%，2020年进入小康社会的时候可以达到5%。

教育优先发展是振兴中华的必然选择。走新兴工业化的道路，需要坚持优先发展教育，把低素质人口负担变为高素质人力资源优势。构建和谐社会需要优先发展教育，教育是文明社会的基础。不断满足人民群众的教育需求，要优先发展教育。

（二）以科学发展观为指针，深化教育体制改革

要坚持六字方针、四个统筹。六字方针为"普及、发展、提高"，即普及和巩固九年义务教育。有的地方九年义务教育虽然普及了，但是还不巩固，普及的水平还比较低。要大力发展职业教育，努力提高高等教育质量，高等教育的速度要放慢，每年增长6%～7%。四个统筹为统筹规模和效益，统筹各级各类教育的发展，统筹城乡区域均衡发展，统筹改革与稳定。

（三）建立以政府投入为主，社会各界共同投入的办学机制

要支持和扶持民办教育。近几年民办教育有些滑坡，原因很多，但是从国家总体政策上来讲还是应该调动民间投入的积极性。现在民办教育良莠不齐，有的是规规整整办教育，有的是为赚钱，这就需要政府加强管理和监督。既然国家不可能负担所有的教育经费，就应该调动社会办学的积极性。要建立成本分担机制，政府把义务教育全部包下来，非义务教育实行成本分担。但要统筹规划，并为贫困学生设立奖学金和助学金。世界教育发展的经验是分三步走：第一步，尽可能让更多的人接受教育；第二步，尽可能让更多的人接受更多的教育；第三步，尽可能让所有的人接受更多的教育。

（四）改变教育结构，大力发展职业教育

经济全球化、加入WTO、中国成为世界工厂，需要发展职业教育；经济增长方式转型，需要熟练的技术工人，需要发展职业教育；农村劳动力的转移，需要发展职业教育；高等教育大众化，需要发展职业教育。

要创建职业教育四大工程：技能型人才培养培训工程，为我国走新型工业化道路、调整经济结构和转变增长方式服务；农村劳动力转移培

训工程，为农村劳动力转移服务；农村实用人才培训工程，为建设社会主义新农村服务；成人继续教育和再就业培训工程，为提高劳动者素质特别是职业能力服务。

（五）增加投入，改造薄弱学校，促进区域教育均衡发展

教育投入向薄弱学校倾斜，选派优秀校长和教师到薄弱学校任教，师范生下农村。

（六）改革课程和评价制度

新一轮课程改革正在进行，目的主要是培养学生的创新精神和实践能力，改变过去满堂灌的教学模式，提倡探究性学习。新课改需要建立相应配套的改革评价制度，提倡发展性评价；改革高考招生制度，重视学生平时的学习和表现。

（七）加强教师队伍建设

提高教育质量的关键是教师。教师要专业化，一方面要提高教师的学历层次，另一方面更要提高教师的实际教育教学能力。教师职业成长和其他职业成长有一个相同的地方，就是要经过一个过程。教师成长可以分几个阶段：第一个阶段是职前培养阶段。任何职业都需要进行职前培养，本专业知识和本专业基本理论的体系都要在职前掌握。在师范大学阶段掌握本专业理论体系，如数学教师要掌握数学理论体系，物理教师要掌握物理理论体系，语文教师要掌握语文理论体系。再就是职业培训，要进行职业训练，教师教育职业的训练分为两部分：理论教育（如教育学、心理学）和实际教育（实际的训练）。教师除了掌握所教课的知识以外，还要学习教育理论知识。另外就是教育实习，现在的师范教育可以说不像师范，很多学校包括师范大学从20世纪50年代开始就提出要向综合大学看齐，即师范的水平应该达到综合大学的水平，但从实际看，怎么去和综合大学来比。师范生要学心理学、教育学、教法，学科知识就很难跟综合大学相比。所以，北京师范大学从20世纪60年开始就是5年制，师范大学延长1年。但"文化大革命"以后，又变成4年制了。4年怎么办呢？只有压缩教育实习。最早实习是12个星期，现在变成6个星期。职业培训期不足，教师没有真正受到职业培训。第二个阶段是初级教育阶段，或称入职教育阶段。一个新教师要用3年的时间真正熟悉教学。第三个阶段就是职业成熟阶段，用3～8年成为一个成熟的教师。也就是说，职后要用3～8年的时间成为一个成熟的教师。如果8年的时间还成不了一个好教师，那就只好改行了，也就是说没有当教师的素质。有10年的教学经验就应称为老教师了。经过10年的锻炼，教师就应成为掌握教育艺术的教育家。对初入职教师来讲，是否适应中小学教育教学，不在于所学的知识够不够，重要的是有没有敬业爱生的理念，有没有符合教育规律的理念。教育是一项事业，要热爱这个事业，忠诚于这个事业，要有奉献精神。想发大财的人不要当教师。包括民办教育，如果想发财，就不要来办学校。办教育是要有良心的，民办教育不是不可以赚钱，是允许有回报的，但是，教育是培养人的，是关于一代人成长的问题，教育是要凭良心办事的，是要有奉献精神的。教育是科学的，它的价值在于钻研，在这方面我们也有一些误区。现在教师钻研的是教材，很少钻研学生，教师应该既要钻研教材，更要钻研学生。要成为一个好教师，首先要对学生进行深入研究。每一个人都有多种智能，我们要研究每个学生的智力结构。世界上没有一个相同的人，教育就是要因材施教，要落实到每一个学生身上。研究教材怎么讲、怎么组织当然很重要，但更重要的是了解学生。只有了解了学生，教师才能教好学生。教育是一门艺术，关键在于创新、在于创作。每个学生都不一样，所以教育每一个学生、对待每一个学生的教育方法要讲究。教育是一门艺术，这门艺术需要教师自己去领悟、去钻研，别人是教不会的，只有自己创造出来的才是有价值的。每个教师的风格是不一样的，经验也带有个性化，但他人的经验可以给我们一点启发和启示。

教师要不断学习，树立终身学习的理念。现在的时代，科学技术发展如此迅速，教师需要不断地学习，终身学习，在教育过程中不断反思，努力钻研，成为研究型的教师。教师队伍的建设是关键。从职前培养到职后培训，都需要我们去钻研。现代社会是一个学习型社会，要求人人要学习和组织要学习。学校要成为一个学习型的组织，还要成为一个学生的乐园。如果学校只有学生在学，教师不学，那么这个学校就很难发展。

（八）全社会都需要转变教育观念

我们要做社会的工作，做家长的工作，树立先进的、正确的教育价值观、人才观、教育质量观，共同营造尊师重教的良好风气，全社会都来尊重教师，这样我们的教育才能得到很好的发展。

因材施教与教育公平[*]

党的十七大提出，"优先发展教育，建设人力资源强国"，指出"教育是民族振兴的基石，教育公平是社会公平的基础"。教育公平问题受到社会的极大关注，这是因为我国教育发展极不平衡。这有历史原因。一个国家在教育资源极度贫乏的时候，只能集中资源办好一批学校，以便快出人才，这就是20世纪80年代重点学校出现的缘由。时至今日，我国经济有了很大增长，教育资源比以前相对充足，国家已有财力支撑教育的平衡发展，因而，教育公平问题就提上议事日程。我国高等教育还处于大众化阶段，还没有普及，高等教育的公平问题还谈不上。但是，上了高等学校的学生是否得到公平对待却是值得研究的问题。

教育公平有三层内容：一是入学机会公平，二是教育过程公平，三是教育结果公平。今天我们讲教育公平主要是指为每个人提供入学机会的公平，提供教育过程（包括教育条件和师资）的公平，并不能保证教育结果的公平。这是因为人的天赋有差异，环境有差异，学生努力的程度有差异。文艺复兴时启蒙学者为了反对神权，提倡人权，提出人生来是平等的，这是指人的权利。人的权利是平等的，任何一个民主国家的宪法上都写有人的权利是平等的。其实人生下来就是不平等的。你出

---

* 原载《现代大学教育》，2007年第6期。

生在发达地区，他生在落后的乡村；你生长在富裕家庭，他生长在贫困家庭，能平等吗？因此，人的平等是讲的权利的平等，每个人都有生存权、受教育权。但是事实上往往是不平等的。因为生活的环境不同、条件不同，因此都会造成教育的差异。今天我们讲教育公平，就是要缩小这种差异，使每个人都有受教育的平等权利，而且给予教育过程的公平，也就是办学条件和师资配置上要均衡。

实现教育公平，不仅在办学条件上要均衡发展，还应该特别支持弱势群体子女的教育。这也可以说是对他们的一种补偿。因为长期以来他们缺乏受教育的机会，因此，只有对他们特别予以照顾，教育资源向他们倾斜，才能补偿过去的不足，使其跟上一般的水平。我国高等学校对少数民族子女降分录取，就是对弱势群体的一种倾斜。

在实现教育公平的时候，产生另一个问题，就是在实现教育公平时允许不允许差异？我认为，不仅应该允许差异，而且要承认差异、重视差异、培养差异。

我所指的差异，不是指客观环境造成的教育差异，而是讲人的个体差异引起的教育的差异。人的天赋是有差异的，这在心理学界已有共识。普通的孩子智商在100左右，但有些孩子的智商可以达到130或者140。我们应该承认有特别聪明的孩子。另外，多元智能理论也给我们提供另一种认识，就是每个孩子的智能特点是不同的。虽然每个人都会有8种或9种智能，但智能的结构是不一样的。有的孩子语言智能比较强，有的孩子数学逻辑智能比较强。教育应照顾到这种差异，于是就有了教育界的口头禅"因材施教"，这是值得探讨的问题。

以上是从个体本位的角度，从个体发展的差异来讲的教育差异。从社会本位来讲，也需要教育的差异。当今时代，科学技术迅猛发展，社会竞争日益激烈，说到底，这是人才的竞争。如果教育不能为国家培养具有创新精神和创造能力的各种各样的人才，国家就不能在国际竞争中取胜，我们社会的发展就会停滞不前。同时，现代社会是多元结构的社会，社会需要各种各样的人才。正如中共中央《关于教育体制改革的决定》中所讲的，我们需要数以亿计的工业、农业、商业等各行各业有文化、懂技术、业务熟练的劳动者，数以千万计的具有现代科学技术和经营管理知识，具有开拓能力的厂长、经理、工程师、农艺师、经济师、会计师、统计师和其他经济、技术工作人员，还需要数以千万计的能够适应现代科学文化发展和新技术革命要求的教育工作者、科学工作者、医务工作者、理论工作者、文化工作者、新闻和编辑出版工作者、法律工作者、外事工作者、军事工作者和各方面党政工作者。这样多种人才都需要教育来培养。因此，教育不能用一个规格、一种模式来培养学生，要提供给学生多种的选择，要承认差异、允许差异、培养差异，因材施教、因人施教，特别要重视拔尖人才的培养，不能因讲求公平而把人才削平。

实现教育公平，并不是平均主义，并不是人人都一样，用一个模型来塑造人才，而是为学生提供平等但是内容不同的机会。用一种规格、一种标准来要求每一个学生，对有些学生来讲可能是拔苗助长，对另一些学生来讲可能压抑他的潜能发展。

今天我们都在提倡大众教育。但是大众教育并不排斥对精英人才的培养。大众教育是相对精英教育而言的。精英教育只为少数人提供发展机会。大众教育是为广大群众提供同等发展的机会。但大众教育中会蕴含着精英人才。而且在培养人才方面，在大众教育的基础上更能培养出精英人才。因为教育的基地扩大了，就可能人才辈出。就像培养优秀运动员一样，只有在群众体育运动的基础上才能出现大批优秀运动员。

但是，优秀人才还是要有意识培养的。因此，教育还有一个任务，就是要善于发现人才、培养人才。

我国教育的很大弊端是统一规格、统一要求，因而出不了拔尖人才。我们的教育讲求公平，讲求人人成才，但不可能人人都成为英才。我们教育界常常有一种自满情绪，认为我国的本科教育在世界上是好的。但是我们却没有培养出多少英才，也就是没有培养出具有创造思维、创新能力的人才。这不能不让人为我国的创新发展担忧。著名科学家钱学森院士在温家宝总理看望他时就提出了这样的问题。因此，我们不能不思考如何改变这种状况。我认为，即要提倡公平而差异的原则。

还要说明一点，精英人才不只是指科学技术人才，也应包括人文社会科学人才。

要做到这一点，需要在多方面下功夫。

第一，要有灵活的办学机制，提倡学校办出特色。大学应该加强与中小学的联系，在中小学及早发现人才。美国大学在中学设立先修课程，就是为了及早发现人才。美国在1955年就设立一种"先修计划"，为有兴趣、有才能的学生提供先修的机会。根据这个计划，高中可在13个学科开设大学水平的选修课程。学生在修完某门课程后，可以参加大学入学考试委员会举行的标准化考试，入大学后可以免修。大学也为中学生开设各种课程，修完后承认学分。中学里设有学习指导老师，学生进了高中选学什么课程，指导老师就会根据学生的爱好以及在初中学习的情况帮助学生选课，制订学习计划。因此，美国基础教育从整体上看来水平可能不如我国，但他们却有一批拔尖人才。

第二，学校要有灵活多样的课程。大学要加强和扩大通识课程。通识课程不应该只是几门必修课，而要设广泛的选修课，便于学生根据不同的兴趣和特长选修。课程不仅包括列入课表中的显性课程，还应包括影响学生发展的各种活动。学校应该从小培养学生对科学文化的兴趣。没有兴趣就没有学习，这是颠扑不破的真理。苏联教育家苏霍姆林斯基说过，一个孩子如果到十二三岁时还没有自己的爱好，老师就要为他担忧。担忧什么，担忧他将来成为一个对什么也不感兴趣的平平庸庸的人。我们的老师思考这个问题没有？教育管理工作者思考这个问题没有？恐怕大多数人都没有思考这个问题。我们的老师和家长帮助学生填报高考志愿时，大多数不考虑学生的兴趣和爱好，而是根据学生的考分。学生报考的志愿不是学生的志愿，而是爸爸妈妈的志愿，甚至是爷爷奶奶的志愿。

最近看了一位美国华裔学生写的书稿，讲述他们在高中的时候怎样根据自己的志愿选课程，怎样准备申报大学。他说，他有五个好朋友，性格不同，追求与梦想也不一样：大卫在高中期间就梦想成为一名导演，并且执着地追求这个梦想。他选择了新闻报告课，高中最后一年成了学校新闻制作主任兼摄影师。麦克想成为一名记者，他读了许多文学著作，特别是莎士比亚的作品，还利用假期到伦敦去参观了莎士比亚大剧院和莎士比亚墓。高中四年，他每学期都为学校办报纸，最后成了校报的主编。约翰痴迷数学难题，想当一名数学家，在语法课上也偷偷地看数学书，同学讥笑，他也不动摇。安德鲁想当一个工程师，他准备在大学学习机械工程，他对课内学习并不太用功，但在课外花很多时间制作自己感兴趣的东西，做小船、做火箭。泰勒想学商业，他很看重锻炼人际关系的技能。泰勒是一个天生会和人交往的人，他能够让你笑、让你哭、让你高兴、让你难过，知道在什么场合说什么话。他是班上最早出去打工的。你看，他们个个都有志愿和爱好。我们的中学却缺乏这种教育，学生缺乏这种个性。

第三，我国的评价制度也需要改革。没有绝对的好学生和坏学生，只有某些方面甲学生优于乙学生，某些方面则乙学生优于甲学生。因此，要从多种视角、以多种标准来评价学生，最终扬长避短，促进学生的发展，而不是把某个学生评下去。高考制度要改革，但把教育中的许多问题都归结为高考是不公正的，高考也是不能取消的。改革体现在要设计一套能够真正考出水平的制度，对一些偏才要有一些特殊政策。

美国有一些做法值得我们借鉴。例如，大学录取要面试，他们请当地最有名的校友进行面试。不是考知识，而是考他各方面的素质。这在我们这样讲人情的国家恐怕难以做到。

第四，要改变教育方法。我们大学的教育方法还是20世纪五六十年代的以讲演为主的方法，几十年没有多大改变。大学的教育方法主要是培养学生的探究能力、检索能力、处理信息的能力、解决问题的能力，培养学生创新的思维方式，追求真、善、美的价值观。

第五，最重要还是教师包括教育管理工作者，要有一种开放的、民主的、先进的教育理念。坚信人人都能成才，但才有不同。要为每个学生提供他最需要的，或者说最适合于他的教育，这才是真正的公平。要改变大学教育采用中学教育的方法，重要的是要培养学生的学习方法和思维方式，培养他们的专业兴趣、自学和探究的能力，另外就是社会责任感和执着精神。有了这几方面，我想学生就能成才。

这就是我的公平而差异的教育主张。

中学教育要适应建设人力资源强国的需要*
——第二届中国中学校长大会开幕词

第二届中国中学校长大会今天在改革开放的前沿——广州市召开了。这次会议是在党的十七次代表大会以后不久召开的，对于学习和贯彻落实十七大精神有着重要意义。党的十七大高举中国特色社会主义伟大旗帜，以邓小平理论和"三个代表"重要思想为指导，深入贯彻落实科学发展观，为把我国建设成为富强、民主、文明、和谐的社会主义现代化国家规划了蓝图。推动科学发展，促进社会和谐都离不开教育。胡锦涛总书记在报告中指出："优先发展教育，建设人力资源强国。"怎样才能建设成人力资源强国？这不是数量上的问题，而是质量问题。也就是说，要看我们的教育能不能培养出一批在各个领域引领时代潮流的创新人才。我国现在已经堪称人力资源大国，已有二亿五千万人在学习，但还不是人力资源强国，就是因为我们缺乏拔尖创新人才。实现国家综合国力的强盛，除了要有高素质的全体公民外，还需要有一批在各个领域的领军人物、大师级的人才，包括政治战略家、科学家、社会学家。

* 原载《中国教育学刊》，2007年第12期。

著名科学家钱学森院士在温家宝总理看望他时，就提出了这样的问题。因此，我们不能不思考如何培养这样的人才。

培养人才需要以科学发展观为指针，以人为本，研究教育发展的规律，实施教育思想的创新、教育制度的创新、培养模式和方法的创新。这次大会的主题是中学教育的发展和创新问题，要围绕着学校文化建设、校长的使命、中学人才培养模式和教师发展等几个问题进行研讨。我想对中学教育如何培养人才的问题发表一点不成熟的意见。

第一，中学教育属于基础教育，基础教育是打基础的教育，我们不可能要求基础教育就能够培养出大师级人才，但它要为培养大师级人才打好基础。这种基础包括思想品德的基础、知识能力的基础、健康的生理心理基础，也就是我们通常说的素质教育。在这基础中，特别要重视学生的世界观、人生观的培养。中学阶段是学生世界观、人生观开始形成的时期，这个时期逐步形成正确的世界观、人生观会影响到他们将来的成长。同时，要注意对学生学习方法和思想方法的培养，培养他们自学的能力、终身学习的意识和能力，还要培养他们辩证唯物主义的思想方法和实事求是、敢于创新的精神。

第二，要因材施教。素质教育不是平均主义教育，在基础教育阶段要及早发现每个学生的智力结构的特点，因材施教，充分发挥每个学生的潜在能力。每个学生的智力结构是不同的，只有遵循学生的不同特点施以不同的教育，才能使他的特长充分发挥。我们相信人人都能成才，但才有不同。有的将来成为科学家，有的将来成为艺术家，有的将来成为企业家。因此，中学教育要为每一个学生设计不同的学习计划。中学需要设立学习指导老师，指导学生制订自己的学习计划。新课改为学生多种发展提供了空间，但如何利用好这个空间，使每个学生充分发挥自己的才能，需要精心的设计。

第三，在中学阶段就要重视对学生专业兴趣的培养。没有兴趣就没有学习，这是一条重要的教育规律。纵观世界各个领域的大师级人物，无不对自己的事业充满着浓厚的兴趣。乌克兰教育家苏霍姆林斯基曾经说过，一个学生如果到十二三岁的时候还没有自己的兴趣和爱好，做老师的就要为他担忧。担忧什么？就是担心他将来成为一个对什么都不感兴趣的平平庸庸的人。可是，我们今天的教育却不重视对学生兴趣的培养，学生到高中毕业报考大学时还不知道填报什么志愿。这种模式的教育怎么能培养出人才？我们深深为此而担忧。

第四，要培养学生对社会的责任感和专业学习的执着精神。兴趣加执着、勤奋是成功之母。研究诺贝尔奖获得者的经历可以看到，他们无不对自己的事业有着执着勤奋的精神。他们并不急功近利，而是对有益于人类的事业执着勤奋、孜孜以求，往往到年迈之时其成就才被世人所认识。这种淡泊名利、志存高远的精神需要在基础教育时代就开始培养。

中学阶段是一个人的世界观、价值观开始形成的阶段，也是专业兴趣形成的时期。因此，中学教育在人才培养中处于一个承上启下的重要环节。我们应该十分重视中学教育这个环节。

我国教育当前正处于重要的转折时期，即由数量的发展转向质量提高的时期。我们需要冷静下来思考我们教育发展中的成绩和问题。毫无疑问，改革开放以来，我国教育取得了举世瞩目的成绩，但是也不能不认识到我们还有许多不足，主要就在于我们的培养模式太单一，培养不出拔尖创新人才。新的课程改革力图克服这种缺点，重视培养学生的创新精神和实践能力。要取得新课改的成功，需要从教育思想上创新，从教育制度和培养模式上创新。希望各位代表在这次会上充分发表你们的真知灼见，介绍你们的办学经验。

舞蹈使学生生动、活泼、健康地成长*

　　我国学生的健康状况着实让人担忧。学生的近视现象越来越多，高血压、糖尿病、肥胖症的发病率正在年轻化。按老百姓的说法，这都是富贵病，是多吃少动养出来的。记得我们小时候点的是小油灯，吃的是糙米饭，却很少有得近视眼、糖尿病的。现在我们富裕了，生活改善了，病却多起来了。这不能怪富裕，我们也不能回到旧时代，问题是我们如何合理利用现代的富裕，使它有益于儿童的身心健康发展。我想无非是两种途径：一是有节制地享受富裕，不要吃垃圾食品，不要营养过剩；二是注意锻炼。对于学生来说，他们正在长身体的时候，丰富的营养是需要的，但必须辅之以锻炼，使之真正有益于健康。

　　锻炼有多种方式，过去学校课外体育锻炼不够多样化，无非是跑步、球类运动等项目，运动强度比较大，有些孩子不太喜欢，特别是女孩子。最近推出舞蹈作为锻炼的方式，的确是一个好主意。舞蹈是用肢体动作来表达思想感情和社会生活的一种艺术。它是一种艺术，但由于有动作，所以对人体也是一种锻炼。舞蹈可以说是体育和艺术的结合，具有很好的教育意义。由于舞蹈的多样化、艺术化，把它作为体育锻炼

---

* 原载《今日教育》，2007年第12期。标题有改动，原标题为《让学生生动、活泼、健康地成长》。

的方式会受到学生的欢迎。

但在提倡学生跳舞的过程中，社会上却冒出了一种不和谐的声音，认为让学生跳集体舞会促使学生早恋。我听到这种声音以后觉得难以想象，在当今开放的时代，男女交往如此频繁，方式多种多样，何以跳舞就会促使学生早恋？其实，青少年青春发育时期常常会有与异性交往的需求，这种需求不能叫它为早恋。这种需求会通过各种方式表现出来。教师要善于积极健康地引导这种需求。积极的方法就是疏而不堵，引导男女学生正常、公开、大方地交往。如果学校不提供这种正常的、公开的、大方的交往机会，学生可能私下地、隐蔽地进行交往，这种交往才是危险的、不可控的。因此，跳集体舞恰恰是给男女学生提供一种正常的、公开的、大方的交往方式。它不仅能够吸引学生参与，起到锻炼身体的作用，还能满足男女学生交往的需要，增强他们的友谊。

另外，我们对舞蹈也要有一个正确的认识。舞蹈是教育的一种形式、一种手段，也是教育的一个组成部分。舞蹈是美育的重要内容，美育是教育的组成部分。德智体美是我国全面发展教育方针的组成部分，舞蹈作为美育的重要内容是和德智体联系在一起的，它们互相影响、互相补充。舞蹈可以使学生在欣赏、享受美的愉悦中不知不觉地受到教育，它具有陶冶德行、丰富感情、增进健康、激发智慧的作用，是当前推进素质教育不可缺少的重要内容。正确认识了舞蹈的作用，学校在组织学生跳舞的过程中加强美的教育，就能使学生不仅锻炼了身体，而且接受了美的教育、高尚的人际交往的教育。

因此，关键在于学校对这种活动的组织，把学生跳舞作为重要的教育活动，而不是放任自流，这样一定能起到良好的教育作用。

课堂教学是提高教育质量的主渠道[*]

我国教育正处在由数量发展转入质量提高的转折点上。提高教育质量，关键在教师。胡锦涛总书记去年在全国优秀教师代表座谈会上的讲话中指出："教师是人类文明的传承者。推动教育事业又好又快发展，培养高素质人才，教师是关键。"因此，需要建设一支优秀的教师队伍。近几年来，我国教育又有了较大发展，义务教育的西部攻坚取得了重大突破，使我国义务教育的普及率超过了98%；政府加大了投入，农村实行免费义务教育，对贫困生实行"两免一补"，巩固了就学率。但是，教育质量仍是我们需要关注的问题。全民教育达喀尔会议把提高教育质量作为今后全民教育奋斗的六大目标之一，并在《达喀尔行动纲领》中指出："质量是教育的核心，课堂上和其他学习场所中的教学情况对于儿童、青年和成人未来的生活的好坏是至关重要的。高质量的教育是能够满足学习者的基本学习需要，丰富他们的生活及其全面生活经验的教育。"这个内容同样适合于我国基础教育。

提高教育质量，主要在课堂上。优秀的教师，首先是课上得好，能够把课程标准要求的知识又好又快地传授给学生，同时通过传授知识，发展学生的智能，培养学生良好的思想品德，也就是提高学生的全面素

* 原载《基础教育参考》，2008年第3期。

质。20世纪80年代我国曾经流行过苏联巴班斯基"教学过程最优化"的理论。按照巴班斯基的解释,所谓"教学过程最优化",就是师生用最短的时间和精力获得最好的学习效果。"教学过程最优化"的理论在我国近几年来没有人再提了,但是我认为,这个理论是值得我们再学习研究的。在当今我国学生学习负担过重的情况下,尤其需要这种理论。巴班斯基认为,要实现教学过程最优化,教师就要认真设计课堂教学,优化教学任务、内容、方法、手段、形式的整体结构,教师和学生均遵守卫生学规定的用于教学和家庭作业的时间定额,使每个学生在教养、教育、发展上都达到符合他最近发展区内实际的学习可能性的水平。

现在教学中有一个误区:不是向45分钟的课堂教学要质量,而是向课外作业要质量。这叫本末倒置,或者叫缘木求鱼。课堂是教师教学、学生学习的主要场所。学生每天上课五六个小时,教师应上好每一节课,让学生听懂、学会,课外作业只是起到辅助、巩固的作用。学生在课堂上听懂了、学会了,作业负担就不会太重了,课外就可以留给学生更多的时间从事他所喜爱的活动,这样学生的学习质量也就整体提高了。

过去曾经提倡过"精讲多练"的原则。这是指课堂上的精讲多练,并非指在课外多练。提倡精讲是要求教师不要只顾自己滔滔不绝地讲,不给学生留思考和练习的时间。多练也是指让学生在课堂上多练习,减少家庭作业的负担。

要优化课堂教学,提高课堂教学的质量,教师就不仅要研究教材,还要研究学生,让每个学生都能得到他应有的发展。教师要在课堂上照顾到每个学生。如果一堂课上得很顺畅,但只调动了少数几个学生的学习积极性,这堂课也算不上是一堂好课。教师上课时要特别照顾不太活跃的学生,研究他们的特点,调动他们的学习积极性。

要注意培养学生的学习兴趣。没有兴趣就没有学习。兴趣是学习最好的动力。兴趣是在教师高质量的教学和对学生的鼓励中培养起来的。

教师要研究教材，这是不言而喻的。但是研究教材不只是研究知识的重点和难点，更要研究如何使每个学生都掌握这些知识的重点和难点。

良好的师生关系是提高课堂教学质量的前提。教师不仅要讲好课，而且要相信学生、尊重学生，理解学生的合理需要。要改善师生关系，建立民主的、平等的、和谐的、亲和的师生关系。如果教师不尊重学生，与学生的关系不好，课讲得再好，学生也不会认真地听、好好地学。因此，良好的师生关系是巨大的教育力量。

课堂教学是一门艺术，要掌握这门艺术，教师要不断钻研、反复试验，在实践中悟出一些道理，建立自己的教学风格。

进一步解放思想　深化教育改革[*]

　　改革开放30年来，教育领域取得的成绩是巨大的，这在本刊上期"卷首语"里已有我概括的阐述。综观改革开放30年来教育事业所取得的成绩，无一不与解放思想、改革创新有关。现在社会上对教育改革有两种截然相反的舆论：一种认为教育领域仍然是计划经济的最后堡垒，没有很好地改革；另一种则认为改革过头了，导致教育市场化、功利化，扩大了教育的不公平。这两种意见都有片面性。

　　当前教育面临的挑战是巨大的，要完成党的十七大提出的任务还需要付出巨大的努力。改革需要深化和完善。在改革的过程中还存在着许多思想障碍和制度性障碍。只有继续解放思想、克服障碍、创新制度，我国教育才能进一步发展。

　　对基础教育来说，当前存在两大问题：一是教育公平问题，二是素质教育问题。

　　要解决教育公平问题，首先要考虑对弱势群体的政策倾斜。新的《中华人民共和国义务教育法》规定义务教育实行免费以后，政府采取了许多倾斜政策，如教科书免费、补助住宿费等，较大地减轻了农民子女上学的困难。但是由于城乡二元结构的长期存在，农村教育发展仍然

---

*　原载《中国教育学刊》，2008年第7期。

存在着许多困难。特别是农村教师，编制缺、整体水平不高、待遇低、不稳定，严重地制约着农村教育的发展。

农村教育的另一个问题是脱离农村实际。虽然全国高中阶段毛入学率已经达到66%，但仍有一部分学生要留在农村。因此，在教育目标、内容和方法上都不能脱离农村的实际，农村高中尤其不能脱离农村的实际。这里既有思想观念上的问题，也有制度上的问题。这个问题值得重视和研究。

农民工子女在城市上学的问题虽然部分得到解决，但并未彻底解决。不仅农民工子女学校与城市的学校尚有差距，而且义务教育毕业后报考高中的问题未能解决，他们还要回到原籍去上高中。这也是制度障碍。

教育公平问题在城市中主要表现在择校问题上。这也需要通过改造薄弱学校的途径来解决。硬件建设容易解决，教师队伍的建设不是立即生效的。优质教师资源的合理配置也存在制度性障碍。

素质教育的推进也有思想观念问题和制度障碍问题。推进素质教育之所以步履维艰，是因为教育不单纯是教育内部的事，而是社会各种矛盾的集中反映。因此，解决这个问题也需要思想解放和制度创新。我们要敢于抛弃旧的人才观、学生观、教学观，树立只要具有社会责任心、尽心尽责为社会做出贡献的就是人才，人人都能成才的人才观，爱护每一个学生。特别是要改变重学术轻技术的传统教育观念。我国长期以来提倡"学而优则仕"，从来没有说学而优则工、学而优则农。手工业、农业历来是不被知识分子重视的，以至于今天职业技术教育仍然得不到重视，家长不愿意把自己的孩子送到职业学校中去。近几年由于政府的重视和扶植，职业学校毕业生就业形势较好，这种旧的思想观念正在改变，但当前仍然是推进素质教育的思想障碍。

推进素质教育还有许多制度性障碍。大家都说教育竞争是社会竞争的反映，但是教育内部的制度不当也加剧了这种竞争。例如，教育资源配置不公。许多地方仍然在发展重点学校，许多学校变相地办重点班，教育竞争始终存在。各地政府把升学率作为评价学校和教师的指标。这都加剧了教育的竞争。

教育模式的单一、教育方法的僵化、教育评价的划一，都不利于素质教育的推进。还有当前"三好学生"的评选、各种竞赛的加分都加剧了教育的竞争，增加了学生的负担。其实这个问题是很好解决的，教育部门一纸命令取消一切入学的附加条件，各种评选和竞赛就会销声匿迹。为什么下不了这个决心？无非是思想不解放，认识不统一。广大教育研究工作者要以纪念改革开放30年为契机，认真总结经验，进一步解放思想，推进教育改革，为完成党的十七大提出的任务而努力。

因材施教　培育英才[*]

党的十七大报告中提出:"优先发展教育,建设人力资源强国。"怎样才能建设人力资源强国?我认为要从两方面着手:一方面普及国民教育,延长全体国民受教育的年限,提高全民族的文化素质;另一方面就要培养一批拔尖创新人才,也就是英才。温家宝总理两次看望著名科学家钱学森,钱老都说他最关心的是国家要有一批科学研究领军人物。有人说:缺乏英才的时代,是充满悲剧的时代;不能培养英才的国家,是没有前途的国家;没有英才出现的民族,是生命力衰竭的民族。从20世纪60年代开始,各国都开始重视英才的培养。1957年苏联第一颗人造卫星上天以后,美国国会就通过了《国防教育法》,该法提出:"为了国家安全,必须选拔我国大量的天才儿童,并努力进行天才儿童教育。"日本经济审议会于1960年发表《日本经济的长期展望》,第一次提出"人才开发论",要求对青少年进行早期开发,发现英才、培养英才。苏联曾对天才教育持批判态度,但20世纪60年代以后也有了变化,他们为一些天才儿童设立特殊学校。特殊学校有两类:一类是外国语学校,从小学二年级开始选拔学生;另一类是自然科学学校,主要是数学物理学

---

* 原载《基础教育参考》,2008年第9期。

校，学生从八年级的毕业生中选拔。韩国设有英才学校。我于2000年10月访韩时参观过其中的一所学校，叫汉城科学高中，该校设备精良，学生优秀，汉城（现称首尔）每一所初中保送一名学生到这所学校来学习。可见，世界各国都很重视英才教育。

关于英才教育议论很多，许多人反对，认为英才教育与大众教育、教育民主、教育公平相悖。但是应该承认，人的先天素质是有差异的。如果不照顾到学生的差异，因材施教，那么对天赋好的学生也是一种不公平。我们讲教育公平，主要是指教育机会的公平、教育过程的公平，即学生受教育权利的平等。至于教育结果的公平主要体现在学生潜力的发挥上。因为人的天赋有差异、所处的环境有差异、努力的程度有差异，所以结果也会有差异。因此，教育要承认这种差异，重视差异，因材施教。英才教育就是因材施教的一种方式。

怎样实施英才教育？实施英才教育不是选拔少数几个学生拔苗助长，而是要在大众教育的基础上尽早发现人才，尽早因材施教，充分发挥他们的潜能。英才教育与大众教育是不矛盾的。大众教育中蕴含着精英人才，大众教育搞好了，就会人才辈出。就像体育运动一样，只有在群众体育运动的基础上才能出现大批优秀运动员。

为此，普通学校应该重视因材施教，要为不同的学生创造不同的学习条件。我认为，首先要给学生留有自我学习、自我活动的空间。有了这样的空间，学生就能从事自己喜欢的学习活动。其次，要从小培养学生的专业兴趣。所谓专业兴趣是指对某一方面专门的兴趣。学生有了自己的兴趣爱好，就能坚持去探索，去钻研。坚持下去，必然会有成绩。历史上许多科学家、思想家都是在年青时代就对某种专业抱有兴趣，坚持不懈，终成名家。所以，教育家苏霍姆林斯基说，如果一个学生到十二三岁的时候还没有什么兴趣爱好，老师就要为他担忧，担心他将来成为一个平平庸庸的人。

　　实施英才教育，当然也可以在大学办一些少年班，在中学办一些天才儿童班，但更主要的是要在普通学校中重视学生的自我发展，培养他们的创新精神、实践能力和自我学习的能力，给学生的自我发展创造条件，使他们的潜能得到充分发挥。

没有特色就没有质量[*]

　　十多年前我编纂《教育大辞典》时，收录了一百多所名校。这些名校都有很悠久的历史。说到它们的历史，真是丰富多彩，各有特色，学校为之自豪。但是，一写到现在，却千篇一律，毫无自己的特点，都是干巴巴的几句口号。为什么会这样？我想，主要是过去过分强调统一，全国一个教育计划、一个教育大纲、一套教材，学校没有自主权，自然难以有什么特色。近些年来，统一的政策已经有了变化。特别是新的课程改革，赋予地方和学校一定的自主权。但是，学校的情况似乎没有什么改变，学校的趋同现象特别严重。为什么？究其原因，可能有以下几个方面。

　　其一，应试教育的阴魂不散。考什么就教什么，教什么就学什么，教学自然就没有生气，学校也就没有活力。学校要追求升学率，所以拼命给学生加重课业负担。学生没有时间从事自己喜爱的活动。学校的特色是靠学生的丰富多彩的活动来体现的。学生整天坐在课桌旁做作业，学校何来特色？

　　其二，片面的人才观、学生观。把全面发展理解为平均发展，不重视学生的特长与爱好，不注意培养他们的专业兴趣。教师是被迫地教，

*　原载《上海教育》，2008年第12期。

学生是被迫地学，不是自觉地学、主动地学。没有兴趣就没有学习，这是千真万确的真理。

其三，刻板的评价制度。有些地方政府用升学率一种标准来评价学校，学校用一种标准来评价学生。学生自己没有主动权，当然也就没有积极性。如果一所学校、一名学生没有主动性和积极性，何来学校的特色？学校如何才能办出特色？我想，还是要解放思想、转变观念、创新制度。

首先，学校要有自己的办学理念，也就是校长和教师想把学校办成什么样、怎样办，要有一个想法。办学理念来自何方？来自对国家教育方针的正确理解，来自对学校历史的研究，同时还要对时势进行分析、对环境进行研究、对学生进行研究，从而形成自己的办学思想，制定恰当的办学策略。也就是说，既要继承学校发展的历史，又要在继承的基础上随着时代要求不断创新。

其次，要把学生从升学率的阴影中解放出来。升学率是需要的，是学生和家长的强烈愿望。但是升学率不是唯一的目的，学生的健康发展才是最重要的。学校要给每一个学生提供最适合的教育，让每一个学生都得到充分自由的发展。

最后，要研究学生，重视学生的个别差异。我们现在的教育只重视统一要求，不重视差异。人的天赋是不一样的，有的人智商是100，有的人是120，有的人可能只有90；有的学生形象思维比较好，有的学生逻辑思维比较强，因此要因材施教。这样才能充分发挥每一个学生的潜在能力，学校特色也才能丰富多彩。如果对所有学生都是一个要求，那么对某些学生来说是不公平的。近些年来，我们之所以培养不出创新拔尖人才，与不重视因材施教、不重视偏才有关。

所以说，没有差异就没有质量，没有差异也就没有特色。

素质教育的推行与建议*
——改革开放 30 年实施素质教育回顾与展望

素质教育是改革开放30年来在教育领域中提出的最重要、最长期的决策，是改革开放以来基础教育领域最重要的事件。它不是一时的政策举措，而是教育方针的重要内容，需要长期坚持和不断在制度上创新。素质教育是时代的要求，社会进步的要求。现代社会最基本的特征是信息化、智能化，它要求教育培养高素质、有现代意识的人才。这就是当前强调素质教育的根本意义。

近十多年来，教育界最流行的话语莫过于"素质教育"。推行素质教育是改革开放以来基础教育领域发生的最重要的事件，而且已经成为我国教育的主要指导方针。

一、提出背景

素质教育是在20世纪80年代后期提出来的。它的提出有两种不同的背景和原因。

---

* 原载《中国教育报》，2008年12月20日。

（一）克服片面追求升学率的负面影响

我国是一个十分重视教育的国家，只要有条件，中国人就会千方百计让自己的孩子求学。中华人民共和国成立以后，随着我国生产力的解放、经济的恢复与发展，人民群众求学的积极性尤为高涨。在20世纪50年代初期，为了尽快培养经济建设干部，高等教育发展很快，一度出现高中毕业生人数达不到高等学校招生人数的现象。但是到20世纪50年代中期，随着高中教育的发展，高等学校学额的限制，开始出现高中毕业生不能全部升学的问题，小学、初中毕业生也有一部分不能升学，需要直接参加工农业生产劳动。学生、家长、教师思想准备不足，认为去参加工农业生产是大材小用，浪费人才。20世纪60年代就出现了追求升学率的现象，而且愈演愈烈。当时教育界曾经对"单纯追求升学率"倾向进行过批判。

"文化大革命"以后，随着国家对知识、对人才的重视，我国教育得以迅速恢复和发展。1977年恢复高考，当年招生27.3万人，但报考的青年达570万人。随后几年，一直存在着激烈的升学竞争。有些学校不顾学生的健康，轻视道德教育，加班加点，应付考试；有的学校为了提高升学率，押题猜题，忘记培养学生成才的教育本质。

1987年，时任国家教委副主任的柳斌在《努力提高基础教育的质量》一文中正式使用"素质教育"一词。关于"素质教育"的讨论开展起来。

1993年，中共中央、国务院发布了《中国教育改革和发展纲要》，其中提出，"中小学生要由'应试教育'转向全面提高国民素质的轨道"，素质教育成为党和国家的重大教育决策。

（二）适应时代进步要求，提高国民素质

20世纪50年代以前，虽然"素质教育"一词未见正式文件，但提高教育质量、提高国民素质是中央领导和各级教育部门经常关注的问题。

1985年5月19日，邓小平在全国教育工作会议上指出："我们国家，国力的强弱，经济发展后劲的大小，越来越取决于劳动者的素质，取决于知识分子的数量和质量。"1985年5月27日发布的《中共中央关于教育体制改革的决定》明确指出："在整个教育体制改革的过程中，必须牢牢记住改革的根本目的是提高民族素质，多出人才、出好人才。"1986年颁布的《中华人民共和国义务教育法》第3条规定："义务教育必须贯彻国家的教育方针，努力提高教育质量，使儿童、少年在品德、智力、体质等方面全面发展，为提高全民族的素质，培养有理想、有道德、有文化、有纪律的社会主义建设人才奠定基础。"以后其他许多文件都提到提高民族素质的问题。"素质教育"的提出是我国教育发展到一定阶段提出的质量要求，也是时代的要求。

从20世纪80年代中期开始，中国大地掀起了一股股教育改革浪潮。特别是邓小平"教育要面向现代化，面向世界，面向未来"的题词发表以后，许多学校都以此为指针，进行教育改革，各种教育改革实验如雨后春笋般发展起来。在全国比较有影响的有北师大一附小、上海师范附小等7所学校开展的愉快教育，上海闸北八中开展的成功教育，南通师范附小李吉林的情境教育，武汉江岸区的和谐教育等。这些教育改革实验都是为了寻求提高学生素质，使学生生动、活泼、主动地发展的最佳教育模式。

二、本质内涵

素质教育的概念一经提出，特别是中共中央、国务院《中国教育改革和发展纲要》中提出"中小学要由'应试教育'转向全面提高国民素质的轨道"以后，引起了教育界的热烈讨论，讨论中对素质教育的提法有几种质疑。

教育理论界有些专家认为，素质是先天遗传形成的，不可能由后天来培养。后天养成的是人的素养，而不叫素质。

有些专家认为，人的素质是中性的，人可能有好的素质，也可能有坏的素质，素质教育的提法欠科学。

有些教师提出疑问，我国已经有明确的教育方针，为什么又提出素质教育的概念？是否要用素质教育代替教育方针？

许多第一线的中小学校长和教师不理解，甚至有些情绪，认为中华人民共和国成立40多年来我们的教育培养了千百万人才，难道方向都错了？现在要转轨了？转到哪里去？他们为此感到困惑。

有些教师认为，应试能力也是一种素质，有考试就有应试，不能一概否定应试教育。

可见，当时的思想是十分混乱的。经过20年的讨论，尽管在某些方面还没有达到完全一致的认识，但大体上得到某些共识。

首先，大家都承认十多年来我国教育中存在着片面追求升学率的严重弊端，这种情况需要改变。2005年夏天，原国家教委副主任何东昌给胡锦涛总书记写信，表达了对当前应试教育所造成的严重后果的担忧。胡锦涛总书记十分重视，批示要进行调查研究。为此，中宣部、教育部、人事部、中国社会科学院、团中央等单位组织联合调查，形成了数百万字的调研报告，最后由教育科学出版社于2006年11月出版了《共同的关注——素质教育的系统调研》一书。该书总结了近些年来实施素质教育取得的主要进展，深入分析了当前制约推进素质教育的突出问题，归纳整理了各方面提出的政策建议。

其次，素质教育的提出是因为我国教育的实际偏离了教育方针指引的方向。

再次，反对"应试教育"并不等于反对一切考试。

最后，素质教育不仅是基础教育的重要任务，各级各类教育都要加强素质教育。

1999年6月，中共中央、国务院召开改革开放以来的第三次全国教育工作会议，以素质教育为主题，把素质教育提高到事关国家发展大局的重要地位。会议形成的文件《中共中央国务院关于深化教育改革全面推进素质教育的决定》明确指出："实施素质教育，就是全面贯彻党的教育方针，以提高国民素质为根本宗旨，以培养学生创新精神和实践能力为重点，造就'有理想、有道德、有文化、有纪律'的、德智体美等全面发展的社会主义事业建设者和接班人。"中央文件为素质教育下了明确的定义，为20多年来素质教育的讨论做了科学的总结。

素质教育的提出虽然与克服片面追求升学率有关，但不尽如此，它是时代的要求，是社会进步的要求。不同的社会对教育有不同的要求。现代社会如果从工业化开始算起的话，发展到今天已经进入到由工业社会向信息社会发展的新阶段。信息社会最基本的特征是信息化、智能化。信息社会的核心工业是"智力工业""知识工业"，信息社会的经济是"知识经济"。与之相适应，它要求教育培养高素质、有现代意识的人才。这就是当前强调素质教育的根本意义。

信息社会对人才的要求不同于以往的社会。如果说工业社会初期，在学校学习的书本知识就可以应付一生职业的需要，那么今天，面对瞬息万变的世界，学生在学校学习的书本知识，到毕业的时候可能有的已经陈旧。因此，最好的办法是要学会学习，学会不断获取新知识的方法，这就是"能力"。信息社会还需要每个人具有高度的社会责任感、高尚的道德品质。培养学生的道德品质是时代赋予素质教育的重要任务。

三、主要进展

改革开放30年来，我国基础教育不仅在数量上得到空前发展，而且在质量上有了很大提高。总结近20年来推进素质教育的进展，主要表现在如下几个方面。

首先，素质教育观念已经深入人心。全国各地教育行政部门和学校都在努力探索推行素质教育的新举措。许多地方努力贯彻2004年中央连续颁发的《中共中央国务院关于进一步加强和改进未成年人思想道德建设的若干意见》《中共中央国务院关于进一步加强和改进大学生思想政治教育的意见》的精神，加强了学生的思想道德教育，建立了许多爱国主义教育基地，开展多种活动。许多地方政府明令禁止小学升初中的考试、各种不必要的测验和假期补课等，想方设法减轻学生的课业负担。

其次，广大教师实施素质教育的积极性以及他们的能力和水平有了较大的提高。20世纪80年代后期开展的愉快教育、情境教育、成功教育、和谐教育的实验有了扩展和深入；新的实验研究，如新基础教育实验研究、主体性实验研究等更加蓬勃地开展起来。许多地方和学校成立了教师发展学校，通过学习和研究不断提高教师的思想和业务水平，涌现出了一大批先进教师典型。

再次，基础教育新课程改革在全国普遍推行。课程是实施素质教育的核心。新课程改革的精神是吸收世界教育的新经验，传承中华民族精神，重视人的发展，提高人的素质。在课程目标上，在重视掌握知识、发展能力的同时，强调培养学生对事物的情感、态度和价值观。

最后，招生考试制度逐步改革和完善。考试是指挥棒，考试作为评价学生最公平的方法，目前还没有别的方式可以代替，但考试的方式、内容需要改革和完善。近些年来，中考改革试点有了突破性进展，在全国31个省、自治区、直辖市普遍展开。它改变了过去用百分制的方式单一呈现考试结果的做法，采取以等级制方式呈现学生考试成绩，增加了综合素质评价，将学生成长记录纳入评价范围，把日常评价与毕业考试评价结合起来。高校招生考试改革稳步推进，在不断改革考试内容、科目等基础上，又在16个省份进行了自主命题的改革，在高校进行了扩大学校招生自主权的试点，逐步达到高校招生考试内容、形式的多样化。这些改革对推进素质教育发挥了积极的导向作用。

四、政策建议

素质教育的推进，还存在许多困难，正可谓步履维艰。影响素质教育的因素是多方面的，因此，解决的办法也应该是综合的，需要全社会各方面共同努力。这是关系到我们民族的素质和未来、国家的兴衰和发展的大事。

第一，全社会要把思想统一到党的十七大精神上来，进一步解放思想，深入教育改革，贯彻落实科学发展观，落实"优先发展教育，建设人力资源强国"的发展战略。坚持把全面贯彻党的教育方针、全面推进素质教育作为全社会的共同任务，作为实现社会公平和构建社会主义和谐社会，建设创新型国家的基础性、全局性工程。坚持育人为本，德育为先，实施素质教育，提高教育现代化水平，培养德智体美全面发展的社会主义建设者和接班人，办好人民满意的教育。

第二，增加教育投入，改善办学条件和教师的生活待遇，促进教育均衡发展，实现教育公平。正如党的十七大报告中所指出的："教育是民族振兴的基石，教育公平是社会公平的重要基础。"要实现教育公平就要实现教育的均衡发展；要实现教育的均衡发展，就要改善薄弱学校的办学条件，包括硬件建设和教师队伍建设，使受教育者不仅享受入学机会的均等，而且享受教育过程的平等，铲除择校的基础。为此，需要增加教育投入，坚持优先发展教育和教育在社会主义现代化建设中的战略地位。

第三，进一步解放思想，实行制度创新。

首先，改革劳动人事制度，变重学历为重能力。提高职业技术学校毕业生的起点工资。我们常常要求家长改变观念，但观念作为上层建筑必须有经济基础，同时要用制度来保证。近些年来，国家重视职业技术教育的发展，设立中职学校学生奖学金，改善中职学校办学条件，和企业挂钩或联合培养人才。毕业生有就业的保证，许多家长就愿意把孩子送进职业学校。因此，各地职业教育蓬勃发展起来，这就减轻了升学的压力，为推行素质教育铺平了道路。

其次，在教育结构上有所创新，尽快建立终身教育体系，打通普通教育与职业教育、学历教育与非学历教育、正规教育与非正规教育的渠道，为每一个公民在需要学习和有能力学习的时候提供学习的机会。

再次，改革招生考试制度。当前高考制度被公认为公开、透明，是最公正的办法。取消高考是不现实的，但还是有改革空间的。当前每年高校录取新生占毕业生总数的比例大致在60%左右，大城市的比例在70%以上。随着每年招生数量的递增和学龄人口的下降，这个比例还会上升。因此，高考制度的设计可以实行梯次考试，第一次为普通水平考试或者是会考，合格者可以升入高等专科学校；第二次是分类考试，考试合格者可以进入一般高校；最后一次是重点大学的单独考试，或笔试或面试。这样既保证重点大学招生录取的自主权，又给考生提供多次考试的机会，避免一次考试定终身的遗憾，减轻学生的心理压力。

最后，改革评价制度，重视综合性、经常性、全面性、发展性的评价。在各级学校招收录取新生时，除对少数民族、弱势群体有所照顾外，取消一切附加条件，不给奥数班、一般的特长班加分。这样，家长就不会强迫孩子上这些班，就会极大地减轻孩子的负担。

第四，加强教师队伍建设，提高教师教书育人的能力。教师是推行素质教育的关键。教师有了正确的教育观念，又有业务能力，就会重视每个学生的全面发展，重视素质的提高，就会抵制、纠正违背素质教育的做法，就会使教学最优化、效果最大化，即教师和学生用最少的时间和精力达到最好的教学效果。

　　素质教育是改革开放30年来在教育领域中提出的最重要、最长期的决策。它不是一时的政策举措，而是教育方针的重要内容，需要长期坚持和不断地在制度上创新。

让学生在愉快学习中获得成功[*]

今年是开展愉快教育实验20周年。首先要祝贺2009年全国愉快教育研讨会的召开，并祝贺这次研讨会取得圆满成功。

应该说，我是最早接触到愉快教育的人之一。记得1989年当时国家教委初等教育司司长陈德珍送给我几份材料，有北京一师附小、上海一师附小、无锡师范附小、南京琅玡路小学等7所学校开展愉快教育的材料，有的叫愉快教育，有的叫快乐教育。陈德珍司长要我提意见，能不能认可和提倡这种实验。我看了这些材料，感到学生学得主动、学得快乐，学生的学习兴趣和学习的积极性、主动性提高了，学生的学业负担也减轻了。我觉得这样的实验很好，符合教育方针的要求。当时素质教育还没有像今天这样叫得那么响，虽然柳斌主任在1987年就提出素质教育的概念，我觉得他们的实验是符合素质教育要求的。于是，陈德珍司长就在国家教委召开了一次愉快教育的座谈会，请开展此项实验的7所小学来介绍他们的实验。这次座谈会我也参加了，并且发了言。我支持这项实验，认为这种实验的开展不是偶然的，是许多学校和老师认识到当时小学教育中的死读书、读死书，脱离学生生活、脱离社会实际的弊

---

* 本文是2009年4月26日作者在上海一师附小举办的愉快教育研讨会上的发言。2013年12月23日修改。

端，试图寻求新的出路。这种实验值得提倡，这种精神尤其值得鼓励。不久我们就在北京一师附小开了愉快教育研讨会，是不是第一届，我就记不清了，以后七所学校还轮流开了研讨会，会议期间请了一些专家点评，逐渐明确了实验的方向，提升了对实验的理解，总结了经验，出版了专集。

提出愉快教育的理念以后，许多学者，特别是几所名牌中学校长就向我质疑，好心的朋友劝我："别去讲什么愉快教育了，学习本来就是刻苦的事，不刻苦焉能成才？"乍一听很有道理，历史上的名人、科学家、大师泰斗，哪一个不是刻苦学习出来的？古人说："少壮不努力，老大徒伤悲。"我们小时候，老师也常常用囊萤映雪、悬梁刺股等故事来激励我们刻苦读书。但是仔细想一想，刻苦学习并不见得不愉快！我们小时候学习确实是刻苦的，但没有觉得不愉快。其实，愉快和刻苦是两种不同的心理感受，它们并不矛盾。愉快教育，并不反对刻苦学习。对学习产生了兴趣，就会愉快地学习，就能刻苦地学习；刻苦学习的结果是取得学习成功，学生从成功中得到满足，又产生了愉快体验。愉快和刻苦互相促进、循环往复，伴随着儿童的成长。因此，我在1989年不顾某些名校长的反对和学者朋友的劝告，连续写了两篇文章叫《我赞成"愉快教育"》和《愉快教育和刻苦学习》。这两篇文章写了也有20周年了。但是在前几年，还有个别领导反对愉快教育的提法。从这些争论中可以看到我们思维定式之顽固，解放思想之难。

我一直认为，愉快教育是一种教育理念，不是一种固定的教育模式，更不是教育的目的。愉快教育的实质是贯彻教育方针，实施素质教育，使学生生动活泼主动地发展。

当前我国教育处在一个新的起点上。正如温家宝总理在科教领导小组会上发言说的："教学不光是课程的改革，应该是整个教学的改革……在教学中我们比较注重认知，认知只是教学的一部分，就是学习。在认知方法上我们还有缺陷，主要是灌输。其实，认知应该是启发，教学生学会如何学习，掌握认知的手段，而不仅在知识本身。"他又说："要围绕加强素质教育，多出人才，转变教育观念，深化教育改革。要认真思考我们为什么培养不出更多的杰出人才？"所以，转变教育观念很重要，新的课改首先要求更新教育观念，同时改革人才培养方式。愉快教育就是一次教育观念的转变、培养方式的改革。我经常讲两句话，就是"没有爱就没有教育，没有兴趣就没有学习"。有兴趣就会愉快，就不怕吃苦。孔子讲：知之者不如好之者，好知者不如乐之者。这说明乐于学习，才能学得好，学好了得到学习的成功，就获得成功的喜悦。

大家都知道，现在学生学习不愉快，学业负担太重，整天埋头于作业之中，学生对学习缺乏兴趣，处于一种被教育、被学习的状态。表面上似乎大家都在刻苦地学习，但由于不愉快，学习的效率很低。这种学习牺牲了健康和其他快乐的生活。因此，亟待改变这种现状。正确地理解愉快教育，大力提倡愉快教育正是解决问题的途径。特别是在小学，应该让儿童在愉快学习中获得成功，生动活泼主动地发展。

很多年没有到这几所学校去了，但我知道他们的实验不仅取得了巨大的成功，而且产生了许多新经验，实验也越来越扩大，在全国得到推广。由于我最近很少接触这个问题，同时没有什么研究，所以说不出什么新鲜的意见来。我这次特地来参加会议是为了来听取大家的经验，祝贺大家取得的成绩。对我个人来说，也有一种怀旧的情结。年纪大了，总有一种怀旧心理。但怀旧不能恋旧，事物是发展的，愉快教育20多年来一定有许多新发展，希望有更大的发展。

奥数班该叫停了！[*]

观点：

为什么要取消奥数班？并不是奥数本身不好，而是人人学奥数不好，把奥数作为升学的"敲门砖"更不好。奥数只是少数人的舞台，不是所有人都适合的舞台。

奥数班早就该停了。其实叫停也很简单，就是各级政府负起素质教育的责任来，明令禁止学校招生附加奥数班及其他各种竞赛的加分条件。

2007年10月，我在成都市青羊区教育局"减负"座谈会上就曾呼吁停止奥数班，我说奥数班摧残人才。我的讲话引起了轩然大波，赞成者有之，反对者有之，似乎赞成者占多数。可是，大多数家长面对择校之风，又觉得无奈。两年以后的今天，终于听到成都市教育局下决心取缔奥数班，我感到无比的欣慰，为孩子得到解放、重新享受幸福的童年而欣慰，为民族的未来发展而欣慰。这真是造福于民、造福于国家的重要决策。

为什么要取消奥数班？并不是奥数本身不好，而是人人学奥数不

---

* 原载《中国教育报》，2009年8月22日。

好，把奥数作为升学的"敲门砖"更不好。国际数学奥林匹克与其他国际竞赛一样，只是少数人的舞台，不是所有人都适合的舞台。

奥数起源于国际科学奥林匹克，这是提供给全球各地中学生的一种科学竞赛。第一届国际数学奥林匹克于1959年在罗马尼亚举行，以后陆续增加了国际物理奥林匹克、国际化学奥林匹克、国际生物奥林匹克，后来又增加了信息、天文、语言等。我国参加国际科学奥林匹克是从20世纪80年代后期开始的。当时我在北师大任副校长。1988年接到原国家教委的通知，国家决定派代表参加国际科学奥林匹克，北师大附属实验中学负责数学的集训队。为落实这件事，我们从各地高中学生中挑选了十几名在数学上有天赋的学生来到实验中学集训。1989年，他们参加国际奥林匹克竞赛，取得了很好的成绩，数学队获得了4枚金牌。回来以后，得奖的学生被清华、北大等校免试录取了。于是，奥林匹克竞赛越来越被国人所重视。许多重点高中看到竞赛的优胜者可以保送上重点大学，为了提高升学率就办起了奥林匹克科学班，尤以奥数班为甚。以后发展到初中为了升重点高中加分也办起了奥数班，小学为了择校也办起了奥数班，形成了校校办奥班、人人学奥数的局面。一些重点中学和教育商家从中看到商机，也起到了推波助澜的作用。据《北京晚报》报道，有的培训机构每年可以获得上亿元的利润。就这样，奥数班泛滥。

前面说到，奥数本身并没有什么不好。奥数教育是一种特殊性质的教育，只适合少数在数学方面有天赋的学生，并不适合大多数学生。许多学生上奥数班并非出于天赋或者兴趣爱好，而是被家长所迫，家长又被学校所迫。有的学校为了升学率，为了创收，要求学生上奥数班。奥数班用奇奇怪怪的题目让学生解答，学生既无天赋又无兴趣，这样的学习怎么能学得好？这样不仅增加了学生的作业负担，浪费了学生最宝贵的时间，而且给学生造成心理压力。这实在是对学生的一种摧残，并且也无利于培养数学人才。其实，许多家长并不愿意送孩子上奥数班，但又怕"输在起跑线上"，所以许多学生叫苦连天，家长也是有苦难言。

奥数班早就该停了。其实叫停也很简单，就是各级政府要负起素质教育的责任来，明令禁止学校招生附加奥数班及其他各种竞赛的加分条件。只要有这一条，我想奥数班就会很快在中国大地上销声匿迹，学生的负担就会减下来。有些地方也曾明令禁止奥数班，但由于各种利益集团的阻挠，有令不止。据报道，福建省人大有代表建议取消奥数班，但因为家长不答应，议案未能通过；《江苏省未成年人保护条例》的原稿中"不得将各类竞赛成绩作为招生的依据"条款被删去，主要是许多参加竞赛班的孩子的家长不答应，认为孩子已经花了那么多力气，家长花了那么多金钱，一下子不算了，感到很吃亏，接受不了。这种心情是可以理解的。但改革总应该有一个开头，改革需要成本，可以采取"老人老办法，新人新办法"的方法，从哪年开始招生不再以竞赛为依据，当然像成都市教育局那样采取果断的措施，立即停止奥数班，那是再好不过了。但在实施禁令的同时，要争取全体教师和家长的理解和支持，要教育我们的校长、教师要以孩子的健康成长为重，以民族未来为重。同时要整顿唯利是图的校外培训机构，争取全社会的支持。

做好区域教育规划　办出区域教育特色*

　　什么是区域教育特色？区域教育特色是指某区域的教育在长期发展中积累和形成的独特的、优秀的、相对稳定的特点和风格。区域教育特色不是自发形成的，需要认真研究、精细规划；需要以科学发展观为指导，研究本地区的文化历史传统、自然和社会环境、人口的构成、教育发展的原有水平等多种影响教育发展的因素，根据本地区社会经济发展的规划进行设计。一个区域可以是一个市县，也可以在市县内根据不同的地域情况规划不同的区域教育。

　　区域教育特色以先进的教育理念为灵魂，以创新的教育实践为基础，以合理的教育制度为保障，以卓越的教育成果为标志。

　　先进的教育理念从何而来？从继承传统和改革创新而来。我国有悠久的历史文化传统，各地区也有各自的文化传统，继承和发扬本地区的优秀传统是建立先进教育理念的基础，同时在继承的基础上改革创新。根据教育发展的普遍规律，按照党的教育方针，不断创造新的教育经验，形成区域教育的传统。例如，最近温州市提出要在教育中倡导"温州精神"，使年青一代能够永远继承老一代"既能睡地板，又能当老板"的艰苦创业精神。这就是温州市区域教育的特色。青岛市市南区以教师

---

*　原载《基础教育参考》，2009年第10期。

发展带动优质教育的发展，又是一种区域教育的特色。近几年来各地都进行了有特色的区域教育实践，值得互相交流和借鉴。

区域教育特色不是只靠规划就能形成的，需要在教育实践中逐步形成。各地区教育部门要开展教育改革实验，统筹安排区域内各学校的改革实验，办好每一所学校，使每所学校都办有特色；要组织教师在规划的指导下大胆实践，不断创新。广大教师是创建区域教育特色的主力军，区域教育规划设计时要广泛听取教师的意见，在改革实践中要有教师的积极参与。我国的教育改革和发展特别需要创新。当前基础教育遇到的最大挑战是教育公平和素质教育问题，解决这些问题需要在学校办学体制、培养方式和教学方法上创新。这种创新只有在教育实践中，在不断克服各种矛盾中才能做到。

区域教育特色要靠合理的制度来保障。区域教育要建立科学的管理制度，规范各学校的教育行为。要把贯彻教育方针，推进素质教育作为制度建设的核心，既要有统一的要求，又给各学校自主办学提供灵活的空间；要充分利用全社会的资源来支持学校教育，把学校、社会、家庭教育统筹起来；要坚持以人为本，建立教师进修学习制度，通过学习提高教师的业务能力和文化素养。教师的整体素质提高了，就会达到教育的最好境界，就会创造出独特的教育风格，就能使区域教育办出特色。我曾经讲过一句话："教育的发展在于改革，教育的改革在于创新，教育的创新在于学习。"学习是一切发展的基础，也是一切发展的动力，教育尤其如此。

区域教育特色要体现在教育成果上。教育成果又集中表现在人才的培养质量上。区域教育培养出来的人才应是符合素质教育的要求、有创新精神和实践能力、德智体美全面发展的人才。教育成果也表现在教师的科研成果上。教师在教育实践中，通过科学研究，总结出有区域特色的、有风格的教育经验。教师的科学研究不在于发表几篇论文，更重要的是通过实践—反思研究—再实践—再研究，将实践经验上升为教育理论，从而促进区域教育先进教育理念的发展。

各地区域教育都办出特色，我国教育就会呈现出百花齐放的局面。区域教育特色也为区域间的教育交流提供了条件。有了特色，有了不同，才能够互相交流，互相竞争，互相学习，促进发展，共同进步。如果全国都是一个样，也就没有必要交流，也就不会促进发展和进步。因此，区域教育特色是促进教育改革和发展的动力。

怎样办出区域教育特色，需要大家来讨论。

推进素质教育是教育改革发展的战略主题[*]

　　素质教育是我国在改革开放的新时期，为适应社会主义现代化建设，全面提高国民素质的要求，同时针对现有教育的弊端提出来的。素质教育关系到民族的未来质量、综合国力的提高、人力资源强国的建设，核心是解决"培养什么人，怎样培养人"的根本问题。素质教育的内涵是：全面贯彻党的教育方针，以提高国民素质为根本宗旨，以培养学生的社会责任感、创新精神和实践能力为重点，造就具有国际视野、德智体美全面发展的社会主义合格公民。基本目标是：努力使青少年思想道德水平进一步提高，学生体质与健康状况明显改善，新的人才培养模式和考试评价制度基本形成，学校教育更加富有生机活力和鲜明特色，社会文化环境、用人制度和教育体系结构更加有利于青少年成长，形成在各级党委、政府领导下社会、学校、家庭以及各行各业共同推进素质教育的工作格局。

　　素质教育经历了一个不断发展的过程。早在1985年5月19日，邓小平在全国教育工作会议上就指出："我们国家，国力的强弱，经济发展后劲的大小，越来越取决于劳动者的素质，取决于知识分子的数量和质

* 原载《决策探索（下半月）》，2010年第2期。

量。"1985年《中共中央关于教育体制改革的决定》明确提出，教育体制改革的根本目的是提高民族素质；1993年《中国教育改革和发展纲要》中提出中小学要由"应试教育"转向全面提高国民素质的轨道；1999年第三次全国教育工作会议发布了《中共中央、国务院关于深化教育改革全面推进素质教育的决定》，确立素质教育为跨世纪的教育战略；2006年素质教育写入新修订的《中华人民共和国义务教育法》。科学发展观强调以人为本，全面协调可持续发展，进一步明确了实施素质教育的本质和目标。

至今，素质教育已上升为党和国家的重大决策和法律规定，成为教育改革和发展的战略主题。近年来，素质教育观念日益深入人心，并逐步转化为各地各部门的积极探索和生动实践，积累了很多宝贵经验。学生思想道德建设、基础教育课程改革、学校的阳光体育和科技艺术活动以及招生考试制度等环节正在发生积极而深刻的变革。

但是必须看到，推进素质教育虽然在几个方面有所突破和进展，但是目前还没有从根本上扭转"应试教育"的倾向。当前教育在很大程度上还存在着片面追求升学率、中小学生课业和心理负担过重的情况；存在着重视智育，忽视德育、体育、美育，学生得不到全面发展的情况；存在着只重视考试成绩，抑杀学生的学习兴趣和创造精神、实践能力的情况。

推进素质教育是一项系统工程，需要根据我国的基本国情，就教育教学体制、考试评价制度、用人制度做系统分析研究；需要政府、学校、家庭、公众、媒体共同努力，联合攻关。

第一，要解放思想，提高认识，树立正确的教育观、人才观、成才观，明确素质教育的理念和内涵。什么是人才？只要热爱祖国，有社会责任心，勤奋努力，为社会做出一定贡献的就是人才。要树立人人都能成才的观念，相信每个学生，尊重每个学生。当然，因为社会分工不同，人的能力不同，人才是有不同类型、不同层次的，天才是人才中的精英，是极少数人才能达到的。教育要面向全体学生，同时也要发现有特别天赋的人才，因材施教，特殊培养。

素质教育有丰富的内涵，而且会随着时代的发展和社会的进步不断发展。经过20多年对素质教育的研究和实践，我们对素质教育的本质和内涵有了较深刻的认识。素质教育的本质就是培养什么人、怎样培养人的问题。它包含以下一些内容和要求。

（1）育人为本，面向全体学生。依法保障儿童和青少年学习发展的基本权利，努力开发每个学生的特长和潜能，改变那种只重视升学有望的学生的做法。

（2）促进学生以德育为核心的全面发展。克服那种只重视智育，甚至于只重视考分，而忽视德育、体育、美育的"应试教育"倾向。

（3）学生为主体，充分发挥学生的主动性和积极性，重视学生创新精神和实践能力的培养。

（4）减轻学生过重的学业负担，使学生有时间思考问题、参加社会实践和从事感兴趣的自主学习活动。

（5）因材施教，为每个学生提供最适合的教育，使每个学生都能够健康成长；重视发展学生个性，充分发展学生的潜能，大力培养拔尖创新人才。

（6）着眼于学生的终身可持续发展。

第二，办好每一所学校，教好每一个学生。要合理配置教育资源，努力改变薄弱学校，扩大优质教育资源，促进区域教育的均衡发展，实现教育公平；要规范学校办学行为，不设重点班或变相重点班，对所有学生一视同仁；同时要办出特色，改变千校一色、千人一面的情况，重视发挥每个学生的兴趣和特长。

第三，改革升学考试制度，综合评价学生，取消升学中的附加条件，使学生从各种校外补习班中解放出来；着力减轻学生过重的课业负担，把时间还给学生，使他们享受教育的幸福。

第四，改革课程内容，改革教学模式，改善教学方法。减少必修课，增加选修课，同时适当降低程度，让老师都会教，所有的学生都能学会。有些学者特别是有些科学家担心这会影响教学质量，影响人才培养，其实只有让所有学生都学懂学会，才能让有余力的学生有时间选学他喜爱的课程，才能真正使杰出人才脱颖而出。如果课程太难太深，不仅会有一部分学生跟不上，而且有某种天赋和特长的学生也因负担过重而抑杀了自身的才能。要改变教学方法，培养学生自主学习的能力。在当前信息化的条件下，以讲授为主的传统教学模式已经不适应新形势的要求。当代学生的特点是自主性强、吸取信息渠道广、思路活跃、思想开阔。教师已经不是唯一的知识传授者，教师应该成为学生学习的引导者、教学情境的设计者、解难排忧的帮助者、共同学习的伙伴。要重点培养学生的兴趣。没有兴趣就没有学习，兴趣加勤奋是成功之母。

第五，推进素质教育，提高教育质量，教师是关键。要大力提高教师的业务水平。学校工作要以教学为中心，教师首先要把课教好，让每个学生在课堂上都能学懂学会，这样就可以少留作业，不留枯燥的、重复的练习作业，减轻学业负担。另外，教师要端正教育观念，提高职业道德，不要只喜欢成绩好的、听话的学生，而是对学生一视同仁，要特别耐心地帮助每个需要帮助的学生。

第六，建立现代的国民教育体系，构建合理的、可以互相沟通的教育结构；改革"重学历""唯名校"、轻能力的用人制度，不拘一格用人才。使学生有多种选择，"条条道路通罗马"，每条道上都能有发展的机会。

第七，重视家庭教育，家长是儿童第一任教师。家长要解放思想，改变观念，学习教育知识，懂得孩子的心理，掌握正确的教育方法；家长要有更多的时间和孩子在一起，善于和他们沟通，关心孩子的全面发展。

第八，建立政府在推行素质教育上的问责制。推进素质教育，地方政府有责任，要改变政绩观，不以升学率论英雄，不要给学校、教师定升学指标，不以升学率为评价学校和学生的标准。山东省创造了很好的经验，省政府决定从全省范围规范各校教育行为。因为高考是在省域范围内进行的，全省都减轻学生学业负担，老师、家长就不会担心别的地区、别的学校加班加点。但这种制度要坚持，要作为政府的重要职责，花大力气监督。

培养人才是教育的根本[*]

去年（2010年）中央召开了21世纪以来第一次全国教育工作会议，胡锦涛总书记做了重要讲话，会后公布了《国家中长期教育改革和发展规划纲要（2010—2020年）》（以下简称《教育规划纲要》）。今年是贯彻落实《教育规划纲要》的开局之年。2月21日下午，中共中央政治局举行第26次学习，胡锦涛总书记又一次做了重要讲话，再一次强调教育对民族振兴、社会进步的奠基作用，优先发展教育、建设人力资源强国，对实现全面建设小康社会目标、建设富强民主文明和谐的社会主义现代化国家的重大意义，同时对教育改革发展工作提出了四点意见，即：着力提高人才培养水平、着力深化教育体制改革、着力推进教育内涵式发展、着力建设高素质教师队伍。这个讲话为开创我国教育事业科学发展新局面指明了方向。

培养人才是教育的根本，也是实现科教兴国战略、建设人才资源强国的重要基础。早在1977年，邓小平就指出：实现现代化的关键是科学技术，发展科学技术必须抓教育，一定要在党内形成"尊重知识，尊重人才"的气氛。1983年邓小平又给北京景山学校题词："教育要面向现代化，面向世界，面向未来。"今天，我们经过30多年的努力，已经全

---

[*] 原载《今日教育》，2011年第4期。

面普及了九年义务教育，高等教育实现了跨越式的发展，已经由一个人口大国成为人力资源的大国。但是，我们还不是人力资源的强国。无论是近年来发生的"用工荒"，还是"钱学森之问"，都说明人才问题仍然是今天中华民族振兴和社会进步亟须解决的问题。

要建设人力资源强国需要在两方面努力下功夫：一是要提高全体国民的素质，二是要培养一批拔尖创新人才。也就是要在普及和提高两个方面下功夫。

要提高全体国民素质，就要延长国民受教育的年限，使全体国民受到更多的教育。据统计，2009年我国主要劳动年龄人口受教育年限为9.5年，其中受过高等教育的只有9.9%，而发达国家分别是12年以上和25%以上。可见，我国与发达国家还有很大差距。因此，《教育规划纲要》提出到2020年我国要普及高中阶段教育。

提高全体国民素质，不只是人人有学上，还要上好学，上有质量的学。这就是为什么《教育规划纲要》把促进教育公平和提高教育质量作为今后几年教育工作的重点。促进教育公平和提高教育质量是联系在一起的两个问题。今天我国上学难的问题已经基本解决，但为什么还存在教育不公的问题呢？就是因为存在着教育质量不均衡的问题。表现在城镇学校教育质量好，农村地区质量差；名校质量好，普通学校质量一般。因此要解决教育公平问题，还是要从提高教育质量着手，普遍提高所有学校的教育质量。而且要特别关注农村教育，提高农村教育水平。还要关注弱势群体的教育，关注进城务工随迁子女的教育、农村留守儿童教育、特殊需要人群的教育。

要培养一批拔尖创新人才，就要更新教育观念，遵循教育规律，遵循儿童青少年发展的规律，改革培养人才的模式和改善教育教学方法。胡锦涛总书记在学习会上讲：要着力提高人才培养水平，全面贯彻党的教育方针，坚持育人为本、德育为先，把促进学生健康成长作为学校一切工作的出发点和落脚点，坚持文化知识学习和思想品德修养的统一、理论学习和社会实践的统一、全面发展和个性发展的统一，强化能力培养，创新人才培养模式，注重培育学生的主动精神和创造性思维。中心思想就是提高教育质量，培养创新人才。

当前，我国教育还受到"应试教育"的困扰，导致学生学习方法落后，学业负担过重，难以让学生自由发展，脱颖而出。因此，必须深化教育改革，改革旧的教育观念，改革旧的培养模式。《教育规划纲要》提出，要把实施素质教育作为教育工作的战略主题，并且提出给每个学生提供适合的教育。

我认为，为每个学生提供适合的教育就是最好的教育，也是最公平的教育，真正体现了以人为本。因为人的天赋、特长是有差异的，只有为每个学生提供最适合的教育，才能充分发挥每一个学生的潜能，使人才脱颖而出。为了做到给每个学生提供最适合的教育，就要改革培养模式，实现教学的多样化，给学生提供选择，由老师帮助学生选择。

改革人才培养体制，教师是关键。胡锦涛总书记说："着力建设高素质教师队伍，增强广大教师教书育人的责任感和使命感，加强教师职业理想和职业道德教育，提高教师综合素质和业务水平，在全社会倡导和形成尊师重教良好氛围。广大教师要学为人师、行为世范、教书育人，当好学生健康成长的指导者和引路人。"总书记的讲话语重心长，既要求全社会重视教师队伍建设，形成尊师重教的社会风气，又对教师提出了要求，要不断地提高自己的专业水平。当前教师提高自身的职业道德和专业水平是关键。社会发展的规律说明，只有具有专业水平的职业才能受到社会尊重。教师要不断学习，钻研教材，研究学生，不断反思，不断改进，为每个学生提供不同的帮助。教师要上好每一节课，教好每一个学生，使每个学生享受教育的幸福，生动活泼健康地成长。这样我们国家才能人才辈出，奔向人力资源强国。

教育要回归"人的发展"原点*

最近，我写了条微博，题目叫"不要把学生培养成'瓜裂裂'"。前段时间江苏某地的瓜农发现自己地里的西瓜一个个都爆炸裂开了，开始不知道什么原因，后来才发现是用了膨大剂，西瓜的瓤生长太快，皮就裂开了，网民称它为"瓜裂裂"。由此我想到，我们教育领域是不是也在施用"膨大剂"，从小给孩子灌输许多所谓的知识。幼儿园提前让孩子识字算术，小学上奥数班、英语班，不断给孩子加压。孩子虽然不会像西瓜那样爆裂，但身心会受到摧残。家长想拔苗助长，结果适得其反，孩子个个成了书呆子，弱不禁风，变成"瓜裂裂"。

结合"瓜裂裂"这个例子，我想说的是，教育问题不光是教育本身的问题，往往是社会诸多矛盾在教育领域的集中反映。今天，我们的教育受到三种拉力的影响：一是国家要培养合格的公民，希望他们成为国家发展、社会发展的人才；二是家长把教育看成是敲门砖，认为自己的孩子是天才，望子成龙，个个都成拔尖人才；三是市场把教育作为逐利的工具。媒体则对这三股拉力推波助澜，有时会误导民众对教育的理解和追求。这几种力量之间难以取得平衡，所以教育上的很多问题也难以解决。

---

* 原载《中国教育报》，2011年7月11日。本文是中国教育学会会长顾明远教授在北京师范大学举办的教育学科发展研讨会上的发言。

为了解决这些问题，去年出台的《国家中长期教育改革和发展规划纲要（2010—2020）》中的内容很明确，措施很具体，政策也很有力。然而，不是仅仅依靠教育规划纲要就能解决所有的教育问题。要从根本上解决诸多复杂的教育问题，首先还是要最终回到"人的发展"这一教育问题的原点上，回答教育究竟是什么，我们究竟如何理解教育这一问题。

通常来说，人的发展受遗传、环境、教育这三个因素的影响，因此教育活动的开展也离不开这三个方面。无论是国家希望培养社会主义事业的建设者、接班人，还是家长希望孩子成才，首先都要尊重人的发展，促进人的发展。人的个性只有得到充分自由的发展，才能成为人才，更好地为社会服务。

要让教育回归"人的发展"这个原点，促进人的发展，我国的教育还面临两大任务：一是促进教育公平，二是提高教育质量。其实这两个问题归根到底还是一个问题，即教育质量的问题。教育不公平是因为教育质量不均衡。

改革开放30多年来，我国投入了大量的人力、物力和财力，建设新校舍、购买现代化的设备，特别是很多城市学校在硬件设备上已经达到甚至超过了发达国家的水平。但各学校之间仍然有很大的差距，主要表现在教育质量上的差距。要解决教育不公平的问题，关键还是要提高教育质量，要把提高质量放在当今教育工作最重要的位置上。

尽管我们现在提倡均衡发展，但由于我国国土面积大、区域发展不平衡，不均衡恰恰是我国教育长期发展的一个基本特征。我们现在只能做到相对均衡，教育规划纲要提出的发展目标也只是在县域内实现教育均衡，省一级的均衡还难以达到。而中西部环境存在差异，学生个性之间也存在差异，要求人人都去学奥数，人人都去学舞蹈，就是对学生最不公平的教育。因此，公平而有差异是我国教育发展的必然选择。适合学生的教育才是最好的教育，也是最公平的教育。

认真贯彻教育规划纲要，大力发展
特殊教育事业[*]

去年（2010年）国家颁布的《国家中长期教育改革和发展规划纲要（2010—2020年）》（以下简称《教育规划纲要》）专门设立"第十章：特殊教育"，提出"关心和支持特殊教育""完善特殊教育体系""健全特殊教育保障机制"。《教育规划纲要》提出："特殊教育是促进残疾人全面发展、帮助残疾人更好地融入社会的基本途径。……提高残疾学生的综合素质。注意潜能开发和缺陷补偿，培养残疾学生积极面对人生、全面融入社会的意识和自尊、自信、自立、自强的精神。加强残疾学生职业技能和就业能力培养。"因此，特殊教育是我国教育体系中的重要组成部分。

特殊教育有狭义和广义之分。狭义特殊教育是残疾儿童的教育；广义特殊教育还包括超常儿童，有情绪问题、行为问题、社会适应问题等儿童的教育。我国特殊教育主要是指狭义的特殊教育。

中华人民共和国成立以后，特别是改革开放以来，党和政府一直很重视对特殊儿童的教育，创建了许多特殊学校，如聋哑人学校、盲童学校、益智学校等。但由于我国还处于社会主义初级阶段，经济还不够富

---

* 原载《教育学术月刊》，2011年第8期。

裕，所以对残疾儿童的教育，从总体上讲，投入是不足的。随着我国经济的高速发展，对这个群体的教育应该重视起来，使他们接受与普通人一样的教育。这不仅是我国宪法赋予他们的权利，也是全面建成小康社会的重要目标。只有全国人民，包括有残疾的人群都提高了素质、都具有较高的生存和发展能力，才能全面建成小康社会。

一、我们为什么要特别关心特殊教育？

因为特殊教育是维护残疾儿童受教育的合法权利。特别是，我国是人口大国，残疾人有几千万人，残疾儿童也有好几百万人，相当于一个人口少的国家的总人数。能够接受特殊教育，是宪法给予他们的权利，也是我们建设和谐社会的必需。《中华人民共和国宪法》第46条规定："中华人民共和国公民有受教育的权利和义务。"人生来是平等的，人人都应该享有平等的权利，包括教育权。1986年联合国大会通过的《发展权利宣言》在第1条就宣布："发展权是一项不可剥夺的人权……在这种发展中，所有人权和基本自由都能获得充分实现。"教育是实现发展权平等最重要的手段。1989年11月，联合国大会通过了《儿童权利公约》，明确了各国儿童应当享受的各项基本权利，其中包括最基本的生存权、全面发展权、受保护权和全面参与家庭、文化和社会生活的权利；还确定了四项基本原则，即无歧视、儿童利益最大化、生存和发展权以及尊重儿童的想法。发展特殊教育就是落实《儿童权利公约》的要求，贯彻它的四项基本原则。残疾儿童是社会群体中最弱势群体，要使他们享受基本人权，需要对他们付出特殊的关爱和帮助。特别是长期以来他们得不到社会的救助，今天我们重视特殊教育，也可以说是对过去漠视的一种补偿，我们对残疾儿童应该加倍地关注。

世界各国都十分重视特殊教育，许多国家都制定法律，规定残疾人受教育的权利和方式。当前，特殊教育界流行"回归主流"的教育思潮。所谓回归主流，是指让残疾儿童在最少受限制的环境中接受教育，要设置各种类型的特殊教育形式，制订个别化教育方案，以满足残疾程度各异的特殊儿童的不同需要；要使绝大多数残疾儿童尽可能在普通学校或普通班中与正常儿童一起学习，改变以设特殊学习为主，把残疾儿童与正常儿童分开的传统教育方式，达到使残疾儿童从小就能在普通社会中学习、生活，回到主流教育的目的。例如，日本就规定，不单独设立特殊学校，让他们去正常的学校学习。同时规定，只要有2名残疾儿童（他们称障碍儿童），学校就要设立养护班。后来有些地方根据家长的要求，只要有1名障碍儿童，学校就要有养护班并配备养护教师。我曾经参观过日本德岛鸣门市林崎小学的养护班，那里有4名智力障碍儿童，有2名老师。校长告诉我们，"回归主流"是障碍儿童教育发展的方向。障碍儿童与正常儿童在一起，可以培养他们像正常人一样生活。同时，可以使正常儿童理解障碍儿童并帮助他们。他说，一般儿童平时很难遇到障碍儿童，学校里有了这个养护班，可以使正常儿童能够接触障碍儿童，理解他们的需要，帮助他们，将来在社会上再遇到有障碍的人就能理解他们。这种眼界是远大的。特殊教育，不仅是帮助障碍儿童的成长发展，而且考虑到正常儿童与他们的关系，在社会上正常人和残疾人的关系。

二、如何发展特殊教育？

第一，要对特殊教育有一个正确的认识。所谓特殊教育的特殊，是指这部分受教育者在生理的或者心理的某个方面有缺陷，阻碍着他们的发展，特殊教育就是帮助他们排除阻碍他们发展的障碍，使他们得到与普通人一样的发展。残疾儿童往往丧失一部分器官的功能。通过教育，我们可以弥补他的缺陷，或者使他损伤的器官功能得到部分恢复，或者培养其他器官的功能来弥补某种器官功能的不足。例如，我去参观的林琦小学中一名智力障碍儿童，年龄已达五年级，但算术能力还不如一年级的孩子。我问他："你喜欢吃什么？"他说喜欢吃比萨饼。一旁的老师就告诉我："他虽然算术智能很差，但语言能力还是很好的，他现在正在利用电脑学习意大利文。所以说喜欢吃意大利特产比萨饼。"可见，残障儿童不是所有智能都缺失，而是缺失某一种智能。因此，特殊儿童的教育目的是与普通儿童一样的，就是促进儿童的身心健康发展。只是他们需要更多的爱护和帮助。因此，特殊教育不是歧视教育，不是另一种教育。当然，在教育内容和方法上需要根据残疾儿童的特殊情况、特殊需要采用不同的方式，但目的是促进他们的发展。特殊教育还要向残疾儿童传授知识和技能，使他们绝大多数人能回归主流社会，成长为一个自力更生，能为社会做出贡献的人才。

第二，要树立特殊教育的正确观念。特殊教育的任务是帮助有残疾的儿童回归主流社会。这需要两个重要条件：一是残疾的儿童要有自信、有能力回归社会；二是社会上的普通人要尊重他们、帮助他们。这两方面都需要通过教育来实现。因此，特殊教育的任务首先是要帮助他们建立自信心、自尊心、自强心。就像教育规划纲要中讲的，培养残疾儿童融入社会的意识和自尊、自信、自立、自强的精神。残疾大多是天生的，或者儿童在幼年因事故或用药物不当而引发的。儿童自己没有责任，更没有选择。但发展的道路是他们可以自己选择的。教育首先要帮助他们树立发展的自信心。有了自信心他们就会发奋图强。这样的实例是很多的，外国有海伦·凯勒，我国有张海迪为我们做出了榜样。我在苏联留学时，我所在的莫斯科列宁师范学院文学系就有一位研究生名叫斯科罗霍多娃，是全聋全盲人。但她凭着老师的帮助，用手指触摸说话人的嘴唇而学习口语。她最后获副博士学位，并写了一本书叫《我怎样理解和想象周围世界》，早已翻译成中文。我在苏联时听过她的讲座，很受感动。

对于正常儿童，我们要教育他们有爱心，懂得尊重残疾儿童，帮助他们，爱护他们。这种教育不仅会影响到他们与有残疾的同伴的关系，还能培养他们的爱心、同情心这样一些人类最基本的品质。

特殊教育本身也还需要进行改革创新。根据我国当前的实际情况，完全采取"回归主流"的方式，把残疾儿童放在普通学校学习，还缺乏必要的条件。主要是我们缺乏特殊教育的师资，不可能像日本那样在普通学校里设立养护班。但"全纳教育""回归主流"都是当前世界教育的新理想，我们需要以这种新的教育理念来指导我们的特殊教育，让残疾儿童尽量与健康儿童接触，有条件的最好让他们在一起学习。这样，既培养了残疾儿童的自信心和自尊心，又教育了健康儿童对残疾同伴的关心和爱护。

第三，发展特殊教育，除了政府投入外，要发动全社会来奉献爱心。残疾人是人类社会的一分子。虽然社会发展和科技进步可以一定程度上控制残障的发生，但不可能绝对消灭，个体的差异会永远存在。因此，残疾人是我们的兄弟姐妹，他们比正常人有更多的困难，正常人有责任、有义务帮助他们。这不是出于怜悯，更不是恩赐，这是全社会的责任，也是每一个公民的责任。只有像《礼记·礼运》中所讲的"矜寡孤独废疾者，皆有所养"，我们才能建成和谐社会。特殊教育事业是爱的事业。特殊教育事业发展的程度标志着一个社会的文明程度。

第四，要发展特殊教育，就要为特殊教育培养师资。特殊教育的教师除了像普通教师具有知识、技能、品质外，最重要的是要具有爱心。这是超乎一般的爱，是对人类的爱、对生命的爱的一种体现。他们要比一般普通学校的教师辛苦许多倍。他们要懂得儿童生理、心理发展的规律，懂得矫正帮助残疾儿童的方法和技能。他们还需要有坚强的心理品质，有爱心、有信心、有耐心、有恒心，运用先进的教育理念帮助残疾儿童克服障碍，获得较好的发展。当然，特殊教育教师还要掌握特殊教育的技能，教育聋哑儿童需要学会手语，教育盲童需要学会盲文，还要掌握一些康复的知识和技能。只有掌握了这些技能才能与残疾儿童沟通交流。因此，如果说教师是可敬重的人，那么，特殊教育的教师则是最可敬、最可爱的人。

从以上可以看出，特殊教育的人才培养和科学研究十分重要。师范院校应该重视特殊教育的研究和师资培养。我国大学里的第一个特殊教育专业就是我在北京师范大学担任副校长期间于1985年建立的，同时还成立了特殊教育研究中心。其实，1979年我担任教育系主任时就开始筹备了，朴永馨老师就是我在1979年底从北京第三聋哑学校调来的。近20年来，我们已经培养了数百名具有学士、硕士、博士学位的毕业生。现在全国已经有多个师范大学建立了特殊教育专业。这是十分可喜的事。但是还很不够，特殊教育的师资还非常缺乏。我们要宣传特殊教育的重要性，大家来关心残疾儿童这个社会最弱势群体，使更多的优秀青年来向他们献出爱心。

要加强对特殊教育的研究，研究不同残疾儿童教育的规律，研究不同儿童的生理心理特点；要研究编制特殊教育的各种教材，改进教育方法；要用心总结我国特殊教育的经验，研究和形成有中国特色社会主义的特殊教育理论体系和培养模式。

个性化教育与人才培养模式创新*

《国家中长期教育改革和发展规划纲要（2010—2020年）》（以下简称《教育规划纲要》）第2条"工作方针"提出："关心每个学生，促进每个学生主动地、生动活泼地发展，尊重教育规律和学生身心发展规律，为每个学生提供适合的教育。"第32条提出："创新人才培养模式。适应国家和社会发展需要，遵循教育规律和人才成长规律，深化教育教学改革，创新教育教学方法，探索多种培养方式，形成各类人才辈出、拔尖创新人才不断涌现的局面。"《教育规划纲要》中还多处提到要因材施教，把全面发展与个性发展统一起来，这就为个性化教育提供了政策依据。

一、个性化教育就是要给每个学生提供适合的教育

什么叫个性化教育？笔者认为，个性化教育就是培养学生个性发展的教育。为了使学生个性发展，就要为每个学生提供最适合的教育，使学生的个性特长得到充分发展。为此，学校要改变原来那种千篇一律的人才培养方式，采用个性化教育的方式。个性化教育或者个别化教育在

---

* 原载《中国教育学刊》，2011年第10期。

国际上早已有之，不过成本过高，推行起来有一定困难。因此，如何在我国现有条件下实施个性化教育，就是值得探讨的问题。我们能否从改变统一的要求、统一的评价体系做起，给每个学生提供适合的教育？

为每个学生提供适合的教育，是尊重教育规律和学生身心发展规律的要求。生理学和心理学研究表明，人的遗传素质是不同的，正常儿童的智商是100左右，超常儿童的智商可达到130或140，智障儿童只能达到70或80。当然，智商测量是否科学还存在疑义，不一定说明问题，但大家都承认人的天赋是有差异的。著名心理学家加德纳（H.Gardner）提出多元智能理论。其实，每个人都具有加德纳所说的8种智能，但每个人的智能结构是不同的。就拿人的思维品质来说，有的人逻辑思维比较强，有的人形象思维比较好；有的人思维敏捷，有的人思维迟缓；有的人思维开阔，有的人喜欢钻牛角尖等。人的思维品质各有不同，如果用一种模式、一种标准去培养学生，则很难取得理想的效果。从教育学方面来说，教育要遵循儿童身心发展规律，根据不同儿童的特点、特长、爱好来因材施教，才能获得教育成功。我国古代《学记》就指出："君子既知教之所由兴，又知教之所由废，然后可以为人师也。"又指出："使人不由其诚，教人不尽其材。其施之也悖，其求之也佛。"就是说，教师对学生要诚心，要了解学生的学习情况，了解他们的优势和劣势，因材施教，否则就达不到育人的目的。

二、为每个学生提供适合的教育才是最公平的教育

怎样理解教育公平？教育公平有入学机会的公平、教育过程的公平，而最终的公平应该是使每个学生的潜在能力得到充分发展，都能获得教育的成功。一个学生本来形象思维比较好，喜欢文学艺术，如果偏要让他学奥数，岂不是对他最大的不公平？一个学生动手能力很强，创

造意识很强，如果偏要让他去学理论的学科，岂不是对他最大的不公平？有些家长明知自己的孩子学习平平，但偏要让孩子上重点学校、重点班、实验班，结果孩子的学习越来越跟不上，越来越自卑，这就是没有找到最适合孩子的教育的结果。相反，如果给学生提供适合的教育，他们就能得到发展。2005年笔者在黑龙江省呼兰县（今为呼兰区）参加会议，清华大学一位学生介绍自己的经历，他说，在初中时因为学习成绩不好，父亲让他辍学，老师去做家长的工作，说："这孩子喜欢画画，让他上学吧，将来可能会有出息。"父亲答应了，后来他考进了清华大学美术学院。这就是很典型的成功的例子。所以，为每个学生提供适合的教育体现了以人为本、人尽其才的思想。

为每个学生提供适合的教育是现代社会多元化人才结构的要求。古代社会的人才结构是二元对立的，不是人上人，就是人下人。而现代社会的人才结构是多元的，现代社会需要多种多样的人才。什么人是人才？笔者认为，只要有社会责任感，勤奋努力，为社会做出一定贡献的人就是人才。最近媒体报道，香港大学给一位勤奋工作几十年的清洁工颁发荣誉博士学位。这是尊重人才的典型事例。天才是人才中的精英，极少数人才能达到。正如《教育规划纲要》所指出的，现代社会需要数以亿计的高素质的劳动者、数以千万计的专门人才、一大批拔尖创新人才。

个性化学习或者个别化学习，不能理解为单个人学习，而是要发挥每个学生的主体性、主动性，使每个学生都能主动地、积极地投入学习。

三、为每个学生提供适合的教育的策略

怎样才能做到为每个学生提供适合的教育？为此，学校要更新人才

培养观念，创新人才培养模式，改进教育教学方法等。

（一）更新人才培养观念

《教育规划纲要》指出，要树立人人成才观念，面向全体学生，促进学生成长成才；树立多样化人才观念，尊重个人选择，鼓励个性发展，不拘一格培养人才。教师和家长都要尊重学生、相信学生、理解学生，相信每个学生都有潜在的发展能力，人人都能成才。

教师要面向全体学生。所谓面向全体学生，就是相信每个学生都能成才，不放弃任何一个学生。为此，教师要研究学生，了解每个学生的特点和特长，因材施教，扬长避短，充分发挥学生的优势。有一年，笔者参观法国巴黎郊区一所学校，发现上课时有位学生不在教室里上课，而是在图书室里看书。见笔者很诧异，校长解释说，这位学生认为自己对课上的内容都理解了，向教师请求不上这节课，自己来学习，教师允许了。笔者又看见个别学生在做钣金工，校长说，这些学生智力有障碍，为使他们能走向社会，学校为他们提供一些技能课。笔者认为这就是因材施教，给每个学生提供适合的教育。

（二）创新人才培养模式

教育要以人为本，尊重学生的主体性，尊重学生的选择，把选择权还给学生，并为学生选择提供条件。当前教育的一大弊端是学生"被教育"或"被学习"，学生缺失主体性，其潜能不能得到充分的发挥，也没有自我发展的权利。《教育规划纲要》提到"坚持以人为本，全面实施素质教育是教育改革发展的战略主题"。以人为本，对于学生来说，就是以学生为本，以学生的发展为本。因此，只有尊重学生的选择权，发挥学生学习的主体性和主动性，学生的潜能才能得到充分的发挥。

尊重学生的选择权，并不排斥教师的主导作用。教师是学习环境的设计者以及学生学习的指导者、帮助者和学习伙伴。教师要根据学生的特点和需要设计各种学习环境，并且帮助学生进行选择。

当然，学生的选择意愿是随着年龄的增长而不断增强的。当学生年幼时，他不可能有自主的选择意识，但是教师要有意识地培养学生的选择意识。这就是根据学生的个性特点培养他们对学习的兴趣和爱好。我们常常讲"兴趣是学习最强的动力"或者"兴趣是最好的老师"，没有兴趣就没有学习。一个学生如果没有兴趣和爱好，也就没有选择。历史上许多科学家、艺术家、政治家、军事家，除了一定的历史环境促成他们成功以外，从他们自身的因素来讲，往往出于对某种专业的兴趣和爱好以及对学习的选择和坚持。

下面举一个历史上最典型的例子。德国化学家李比希（J. von Liebig）于1803年出生于一个药剂师家庭。李比希因为从小帮助父亲制造颜料、染料、化学药品而爱上化学实验。有一次父亲要试制一种新药，让李比希到图书馆去查阅资料。李比希第一次步入书的海洋，一下子被深深吸引住了。他翻阅一本本化学书，才知道原来化学是一门内容非常丰富的科学，从此他爱上了化学。有一次，他把实验带到学校，上课时突然轰隆一声爆炸。教师勃然大怒，把他从学校开除了。他只好到父亲的朋友皮尔斯先生的药房里去当学徒。但他仍不放弃化学实验，有一次实验爆炸把老板的房顶给掀掉了。皮尔斯先生不敢再雇用这个小学徒。到17岁时，李比希考上波恩大学，后来又转到巴黎，逐渐步入化学的殿堂，进行雷酸性质和成分的研究。他在化学上有许多重大成就。后来他又研究各种无机盐对植物生长的影响，于是有了今天的化肥，使农作物产量倍增。李比希被世人认为是农业化学的开山鼻祖。

著名教育家苏霍姆林斯基说过，如果一个孩子到了十二三岁还没有自己的兴趣爱好的话，做教师的就要为他担忧，担心他将来成为一个对什么都不感兴趣、平平庸庸的人。而我国当前却缺乏这种教育思想，学生高中毕业报考大学时往往没有自己的志愿，只凭分数报志愿。这难道不值得我们担忧吗？

从小培养学生学习的兴趣，随着年龄的增长，他们就会根据自己的兴趣爱好对学习进行选择。我们要提倡高中阶段办学的多样化，目的就是创造条件和环境让学生自己选择。

过去我国教育就像计划经济一样，全国一套教学计划、一套教学大纲、一套教科书，学校、教师、学生都没有选择的余地。今天新课改的精神，除了强调培养目标中德育为先、能力为重、全面发展外，就是要破除这个"大一统"，以学生为本，给学生选择的空间，使学生个性特长得到充分的发展。尤其在高中阶段，要提倡办学的多样化，把选择权还给学生。随着高中教育的普及，更多的适龄青年进入高中学习，学生发展的差异需求越来越明显。因此，实施个性化教育，就要把选择权交给学生，发展学生的个性和特长是对高中教育的基本要求。为了学生有自主选择权，学校就要创造选择的条件。

（三）进行课程改革，减少必修课，增加选修课

笔者主张必修课要降低难度，让所有学生都能学懂学会，这样有余力的学生就可以选学自己喜爱的学科，有的学生甚至可以跳级，提前毕业，有的可以到大学选学一些课程，这样才能涌现出各种杰出创新人才。现在许多有条件的学校都能做到设置上百门选修课供学生选择，有的学校甚至只要学生提出要求，就设法开设课程。笔者认为这还不够。必修课也可以设立不同的层次。例如，美国有的学校高中数学就设有三个层次，即普通数学、高级数学、快速学习数学，供不同学业水平的学生选择。普通数学是最低要求，即每个学生都必修；对数学有兴趣的学生可以选学高级数学；有些学生数学成绩很好，但不一定喜欢数学或者不一定将来学数学，可以用较短的时间把高中必修的数学学完，腾出时间学习其他学科。我国有些学校进行分层教学、走班学习，也是为学生提供选择的好办法。

（四）改革教学方法，提倡探究性学习

学生可以在教师指导下，对课程标准规定的学习内容开展探究，培养发现问题、提出问题、分析问题、解决问题的能力。教学应摒弃注入式，采用启发式，吸引学生积极参与教学；要减轻学生课业负担，把时间还给学生，使他们有时间思考、有时间实践、有时间锻炼身体、有时间参加自己喜爱的科技或文艺活动。这样我们的教育才能生动活泼，学生才能享受到教育的幸福。

这种探究的方法也是学生自我选择的过程，其实这就是个性化学习。这里举一个例子，一位美国华裔学生写了一本书叫《我在美国读高中》，他讲了几门课的学习情况。例如，九年级的历史课，讲1895—1945年的世界史。教师布置"历史文体组合"的作业，包含以下内容：列出历史事件表、对历史人物专访、给历史人物发逝世的讣告、历史人物的颂文、一部历史电影评论、一部历史书的书评、一幅历史画的画评、"假如历史可以假设"、献辞。作业封面要求：一是采用表现美国历史的艺术形式；二是镶有历史名人的名言。两个月完成。这个学生选择的作业中历史事件是第二次世界大战时的东方战场，历史人物专访的是陈纳德，历史人物的颂文是宋庆龄等。这一堂课的作业充分体现出学生对学习内容的选择，同时培养了学生查阅资料、采集信息、探究等学习方法，而不是死记历史知识。这样获取的知识，学生不仅能深刻理解，而且记忆牢固。

（五）高等学校应参与到高中人才培养中

人才培养是一项系统工程。《教育规划纲要》提出要树立系统培养的观念，这很有道理。兴趣爱好从小就要培养，到高中阶段就不只是培养兴趣了，而是要巩固学生的兴趣，培养专业志向，培养坚持志向的毅力和不怕困难的精神。同时，为了提前让学生进入某一学科领域，高等学校的介入是非常重要的。美国在1975年开始在中学开设大学先修课程，

这就是在中学里及早发现人才、培养人才的一个非常好的办法。这种办法既有利于及早发现人才，又能及早让中学生接触大学的学习方法。

大学教师要关心中学的教学，最好能联系一些中学，经常到中学走走，举办讲座。这样大学教师不仅能了解中学生的情况，包括思想、学习、家庭等情况，同时可以把大学的情况介绍给中学生，让他们及早了解大学生的生活学习状况，将来进入大学以后就能较快地适应大学生活。

四、正确认识"超常儿童培养"与"虎妈"教育现象

对于人才培养的方式，现在议论很多，其中一个问题是要不要提前培养超常儿童。对此，有人赞成，认为可以早出人才；有人反对，认为儿童生下来差别是很小的，设置超常班有失公平。笔者的意见是，儿童的智力是有差异的，特别是智力的结构会有差异。有的学生逻辑思维比较强，有的学生形象思维比较好，有的学生动手能力比较强，教育应该为不同的儿童提供最适合的学习条件和环境。这就是笔者经常说的，为每个学生提供适合的教育就是最好的教育、最公平的教育。要做到这一点，教师就要观察、研究每个学生，发现其特点和特长，因材施教。但是学生幼年时期的智力确实差别不大，智力超常的是极少数，因此不宜过早地确定谁是超常儿童，不要人为地把儿童分成三六九等。我们应该在义务教育阶段学习过程中发现智力在某一方面超常的儿童，提供条件，逐渐培养，到了高中阶段在提供学生多种选择中使他们的才能脱颖而出。可以设置一些超常班，但不宜过早，也不宜过多。并非只有超常班才能培养天才，普通班中只要把选择权还给学生，同样能够涌现出天才。

最近还有一个热点问题是"虎妈"引起的东西方教育思想、教育

方法之争。有人宣扬中国式的传统教育优于西方教育。笔者认为这是一种误导。我们且不说"虎妈"提倡的教育方式是否可取，如果仔细读读"虎妈"写的那本书，我们就会发现，"虎妈"的教育并非只是中国的传统教育方式。虽然她确实写到中国文化传统与西方文化传统有许多不同，但其整个教育过程中渗透着美国教育方式，她女儿的音乐教师都是西方人，并非中国人，更何况她的教育是在美国那样的大环境中进行的。其实东西方教育各有优缺点，应该互相学习、互相补充。我国主张严格要求，打好基础；西方强调学生自由发展，培养创造性思维。打好基础、培养创造性思维两者在教育中都是不可或缺的，两者结合起来，一定能创造出高质量的教育。我国现在的教育已经陷入死记硬背、机械训练的泥沼，再不能盲目地自满了。有人说我们学习西方的教育理念太多了，今天该反思了。其实"真经"并未学到，反思也只是浅薄的。因此，我们只有把别人的"真经"学透了，才能真正地反思，才能真正地本土化。

为每个学生提供适合的教育，把选择权还给学生，是我国教育摆脱困境的出路。

《小学教师专业标准》说明*

　　小学教育是一个人人生发展的重要阶段。小学教师的质量关系到学生一生的成长，关系到亿万家庭的希望，更关系到国家的未来。20世纪80年代以来，通过明确教师专业标准来凸显教师职业的专业性、推进教师专业化进程，成为世界许多先进国家提高教师质量的共同战略，中国也不例外。而不断深入开展的基础教育课程改革更是从现实层面将我国教师队伍建设提上重要日程。

　　《小学教师专业标准（试行）》（以下简称《标准》）明确了一名合格小学教师的道德坐标、知识坐标与能力坐标，它是我国教师专业化进程中的重要里程碑。1994年颁布实施的《中华人民共和国教师法》在法律上第一次确认了教师的专业地位。当下，《标准》进一步对小学教师的基本素养和要求进行了细致、专业的梳理和规范，这将有力保证我国小学教师的专业地位，有效提升小学教师的专业素质。

---

* 原载《中国教育报》，2011年12月14日。

一、《标准》制定的意义与价值

（一）规范教师专业行为，促进小学教师专业发展

尽管20世纪90年代初我们就开始致力于教师专业品质的确立和提升，然而在实际教育工作中，教师尤其是小学教师的专业地位并未能获得广泛的认同。教师专业地位的体现，一方面需要外在条件的支持与保障，另一方面更需要依赖教师队伍的自身建设。为此，《标准》对小学教师的"专业理念与师德""专业知识""专业能力"进行了细致梳理和规范，厘定小学教师的从教资格。

（二）设立教师合格标准，促进教育公平

教育肩负着重要的社会使命，不但要启迪人的心智、锻炼人的品格、完善人的心性，还应在消除社会上的不平等、创造宽松和谐的社会方面发挥重要作用。《标准》中突出了"学生为本""师德为先"，这有利于引导立志成为小学教师者以及小学在职教师自觉加强修养，倡导与践行公平公正。

（三）为教师职前培养、职后培训提供目标参照

随着教师教育体系的逐步开放，《标准》将成为小学教师培养的目标参照，有利于完善小学教师培养方案、科学设置小学教师教育的课程、降低教师职前培养的盲目性和随意性、提升小学教师的培养质量，同时也为各级各类教师培训提供了基础性的要求，有利于切实促进小学教师教育的一体化，确保小学教师持续的专业发展。

（四）为小学教师的资格准入、考核与评价提供依据

《标准》的制定为小学教师的准入、考核及退出提供了相对统一、客观的依据，有利于有关部门严把小学教师入口关，确定教师管理制度，保证和维持小学教师的质量。

（五）与国际教师教育改革发展的趋势相吻合

二、《标准》遵从和倡导的基本理念

（一）强调以学生为本

小学生具有发展性、主动性等特点，在教育教学过程中处于主体和中心的位置。学生为本，就是遵循教育教学的规律，坚持学生主体的教育理念，尊重、关注和爱护学生，引发学生积极、主动地参与学习，将促进小学生快乐学习、健康成长作为教育教学的最终目标。

（二）倡导以师德为先

师德是作为教师的第一要素，小学教师面对的是成长中的小学儿童，特别要注重为人师表，重视榜样的作用。师德大到遵纪守法、献身教育事业，具体到个人修养、言谈举止。特别是在对待小学生的态度方面，本着"师爱是小学教师的灵魂"这一理念，着重要求教师要富有爱心、耐心和责任心。

（三）重视教师能力提升

教师的专业能力是教师教育理念、专业知识的载体，它直接关系到学生的学习能力、实践能力和创新能力的形成。小学教师所面对的是生动活泼、日益成长的小学生，他的能力首先体现在认识学生、了解学生、把握学生的特点和需求方面，同时还体现在教育教学的方法等实践环节上。当代教师不仅要把握学科的基本理论，还要有能力驾驭课堂，通过有效的方法、智慧来指导学生的学习，以保证学生的学习效果。

（四）践行终身学习理念

终身学习是当代社会的重要特征，教师在形成全民学习、构建学习型社会的过程中应该起到领头羊的作用。小学教师的终身学习主要体现在主动发展的意识和不断反思、制定发展规划的能力上。同时还要把握国内外教育发展的动向，跟上教育理论和知识学习的发展步伐，不断充实和完善自己，使学习成为自身生活中的一种习惯。

三、《标准》的框架结构与内容

（一）《标准》的框架结构

《标准》设置了3个维度，即"专业理念与师德""专业知识""专业能力"。每个维度下设若干领域，其中"专业理念与师德"维度有4个领域，"专业知识"维度有4个领域，"专业能力"维度有5个领域，共涉及13个领域，每个领域又设了若干"基本要求"，《标准》一共设有58项基本要求。

（二）对《标准》中"基本要求"内容的部分诠释

虽然是首次拟制《标准》，不过在此之前，也存在着一些与此相关或部分内容相近的法律或规范，如《中华人民共和国教师法》《中小学教师职业道德规范》等。这些法律和规范为我们制定《标准》提供了一些框架和元素方面的参考，但与其相比，《标准》在"专业理念与师德""专业知识""专业能力"三大部分的具体内容要求上又与时俱进地进行了增删、改进和发展。

1. "专业理念与师德"部分

《标准》从职业理解与认识、对小学生的态度与行为、教育教学的态度与行为、个人修养与行为四个领域对小学教师的专业理念与师德提出具体要求。以下四个方面体现出鲜明的时代精神和教育发展的特点。

第一，强调教师职业的专业性和独特性，要求教师注重自身专业发展。这是时代发展和教育进步对教师专业发展的诉求。

第二，突出小学生的生命教育。生命教育是这个时代的重音符，它体现出不断革新的教育观，因此，生命教育也自然成为教师对学生的一种最原初、最重要的姿态和使命。教师要"将保护小学生的生命安全放在首位""尊重小学生独立人格""信任小学生，尊重个体差异"。这即意味着，教师要服务于小学生生命成长的需要，关心小学生的生命状态，同时也关注小学生自身对生命的体验和态度。

第三，明确要求教师要积极创造条件，让小学生拥有快乐的学校生活。学校生活是教师和学生共同拥有的，以小学生为着眼点提出快乐学校生活的问题意味着要依据素质教育的要求和新课程改革的精神深入、有效地转变教学观、学生观、师生观以及学校管理思维等。外在环境的改善固然重要，但是在教师与学生交往的微观世界里，教师对教育和对学生的理解与行动将会更为直接地决定小学生是否能够拥有一个快乐的学校生活。

第四，要求教师要注重修身养性。《标准》提出了指向教师个人修养和行为方面的诸多要求。这些要求更多地反映出教师作为平凡的人，哪些心性、品质、行为是适当的，其次才将教师作为"教育者"特有的心性、品质和行为要求融入进来。

2. "专业知识"部分

《标准》从小学生发展知识、学科知识、教育教学知识、通识性知识四个领域对小学教师的专业知识提出具体要求。其中有四个方面体现出鲜明的时代精神和教育发展的特点。

第一，要求教师了解和掌握小学生发展的知识。目的在于保护小学生的身心健康、保障小学生的合法权益和促进他们的健康成长。小学教师仅仅了解小学生身心发展的特点和规律、学习特点等是远远不够的，还需要加强政策和法律层面的学习，了解小学生生存、发展和保护的有关法律法规及政策规定，需要了解小学生安全防护的知识，掌握针对小学生可能出现的各种侵犯和伤害行为的预防与应对方法，了解幼小和小初衔接阶段小学生的心理特点。

第二，对小学教师学科知识的要求体现一定的特殊性。小学教育的综合性特点要求小学教师了解多学科的知识，在此基础上掌握所教学科的知识体系、基本思想与方法；也正是综合性特点特别要求小学教师关注所教学科与社会实践的联系、与其他学科的联系。

第三，要求教师掌握小学教育与教学理论。小学教育与教学因其基础性、养成性、启蒙性等特点，使得它不同于幼儿和中学的教育教学，小学教师应掌握小学教育教学的基本理论。

第四，关注通识性知识的重要价值。通识性教育要求所关注的是小学教师作为人的整体素质的提升，它是非功利、非职业性的，同时也是教师作为专业人员必须具备的素质。

3. "专业能力"部分

《标准》从教育教学设计、组织与实施、激励与评价、沟通与合作、反思与发展五个领域对小学教师的专业能力提出具体要求。以下五个方面体现出鲜明的时代精神和教育发展的特点。

第一，对教师能力的要求处处体现"儿童为本"的理念。如要求"制订小学生个体与集体的教育教学计划""发现和赏识每一个小学生的点滴进步""引导学生进行积极的自我评价"等；同时体现出了建构主义（如要求"结合小学生已有的知识和经验"组织教育教学）、教育智慧（如要求"妥善应对突发事件"）、多元智能（如要求"灵活使用多元评价方式"）等教育新理念。

第二，对教师能力的要求尽可能跟上时代发展的新需要，如要求教师"帮助小学生建立良好的同伴关系""将现代教育技术手段渗透运用到教学中"等。

第三，关注小学教师专业能力建设过程中的独特性。如增加体现小学教师教育教学特殊性的一项新能力要求，即"设计丰富多彩的班队（教育教学）活动"，这是遵循小学教师不应该只是学科知识的传授者，每一个小学教师都应该能够做班主任，每一个小学教师都应能够结合儿童身心特点和发展需要设计丰富的活动，进而促进儿童的全面发展。

第四，十分强调教师的沟通与合作能力。这是考虑到小学教师工作依托于多角色人际互动这一活动特征，因此对小学教师如何有效进行人际沟通合作提出了细致的要求。如在人际沟通方面，《标准》中明确提出小学教师要做到"使用符合小学生特点的语言""善于倾听""与小学生进行有效沟通"等。在人际合作方面，《标准》中提出教师要"与家长进行有效沟通合作，共同促进小学生发展""协助小学与社区建立合作互助的良好关系"等。

第五，重视培养教师的反思与发展能力。这一能力领域的提出，是对全球教师专业化发展背景下的教师专业发展内在要求的回应。教师专业化的本质就是发现教师自身，让教师意识到自身在专业成长中的力量，进而在各项专业发展活动中体现出积极的自我反思意识和专业发展规划意识与能力，能主动对教育教学进行探索和研究活动。

减负需要在制度更新上下功夫[*]

    减轻学生课业负担已经喊了十几年，为什么至今减不下来，反而愈演愈烈？原因是多方面的，有社会原因，也有教育内部原因。

    社会原因是，教育是社会分层的基础，特别是当前社会分配差距太大，因而社会的激烈竞争转移到了教育上，家长总希望子女将来能找到一份体面的工作，而唯一的出路就是考上名牌大学；从群众观念心态上来讲，重学术轻技术、重干部轻职工的思想根深蒂固，再加上分配制度不公，造成了追求高学历的群众心态。这种群众心态又反逼各地官员片面追求升学率，把它作为政绩指标，再把这个指标压到学校和教师身上，最终压在学生头上。

    从教育内部来讲，首先主要原因是发展不均衡，造成择校成风。其次是教育观念陈旧，教育方法落后，许多教师不相信也不会用先进的教学方法来提高教育质量，只是依靠增加练习、增加作业来提高考试的成绩。高考、中考指挥棒及各种评价制度像达摩克利斯剑悬在头上，使得教师不敢改革创新。最后，长期以来在教育制度设计上，重普教轻职教也是造成教育过度竞争的原因。

    无论是社会原因还是教育内部原因，都有教育观念和制度设计两个

---

[*] 原载《中国教育报》，2012年7月16日。

方面的制约。教育观念的改变是缓慢的，是潜移默化的，不可能靠行政命令或者说教宣传来解决，必须在一定的物质基础上才能解决。因此，制度更新就是减负的关键。

要真正减负，需要在制度更新上下功夫，全社会努力，综合治理。

第一，加强职业技术教育的力度，在普通教育和职业教育上架起"立交桥"，取消职业学校的中考和高考，实行注册录取，同时加强职业院校的领导，提高教育教学质量；提高职业院校毕业生的就业率和起点工资。采取这些措施来吸收青年上职业院校，减轻考试压力。

第二，尽快促进教育均衡发展，用非常规的办法改造薄弱学校。例如，选调名校长和优秀教师到薄弱校任教，在薄弱学校实行小班化教学等改革举措，迅速改变学校的面貌，使家长对学校有新的印象，建立新的信任。

第三，提高教师的业务水平。教师要树立先进的教育理念，特别要树立良好的师德，关爱每一个学生；改善教育教学方法，上好每一节课，教好每一个学生，培养学生的学习兴趣；善于和家长沟通，让家长参与学校的管理，了解学校的发展，增加家长对学校、对老师的信任感，减少择校的压力。

第四，改革评价制度，用发展性评价来评价学校和教师。条件差的、生源差的学校有了进步，就要加以奖励，职称评定、奖金等向这类有进步的学校倾斜。

第五，坚持义务教育阶段学校不以各种竞赛和奖励为入学的条件，规范各种竞赛和评奖活动，规范校外补习教育市场，取缔伪劣的教辅材料。

总之，只有学校有了改善，教育发展趋于均衡，教育质量有了提高，学生有了多种渠道的出路，家长的观念才会改变，社会心态才能趋于平稳，学生的学业负担才能减下来。

为创新人才的涌现营造良好的土壤*

现在创新人才的培养成为大家谈论的热门话题，不由得使我想起刚好90年前，即1924年1月17日，鲁迅在北京师范大学附属中学的一次演讲——《未有天才之前》。鲁迅在演讲中说："天才并不是自生自长在深林荒野里的怪物，是由可以使天才生长的民众产生、生育出来的，所以没有这种民众，就没有天才。"他把民众比作"好土"，他说："譬如想有乔木，想看好花，一定要有好土，没有土就没有花木了，所以土实在较花木还重要。"今天我们天天在喊要培养创新人才，创新人才在哪里？创新人才是在大众中产生的，是在广大学生中产生的。我们把每一所学校办好，每一堂课上好，创新人才自然会脱颖而出。因此，我认为，办好每一所学校、上好每一节课、教好每一个学生，让每个学生都获得成功，就是在营造创新人才涌现的良好土壤。

鲁迅在演讲中还批评当时的社会现象：一方面要求天才，另一方面又在消灭天才，连预备的土也想扫尽。我们今天不也是这样吗？一方面在大声疾呼，我们的教育怎么没有培养出杰出的创新人才；另一方面，又让我们的儿童从小就去上这个补习班、那个培训班，从幼年就开始扼杀他们的兴趣和爱好，让他们置于"被教育""被学习"的境地，他们

* 原载《创新人才教育》，2014年第1期。

怎么能成长为创新人才？！

花木是有各种品种的，有的喜欢潮湿，有的适宜干燥；有的喜欢酸性土壤，有的适宜于碱性土壤。我曾经从广东带回香气扑鼻的米兰，但在北京不久就枯死了，因为北京太干燥了，土壤也不适宜。可见，要想有好的花木，就要有适合于不同花木的泥土。

儿童成长与花木的成长有相似之处。儿童是有差异的，有的天赋好一点，有的天赋稍差一些；有的学得快一点，有的学得慢一点；有的喜欢语文，有的喜欢数学，有的爱好体育，有的爱好科学。教育就要根据儿童的不同素质和特长因材施教，就像种养花木一样给它适合的泥土。因此，我曾说过："给每个学生提供适合的教育，才是最好的教育，也是最公平的教育。"

培养花木是需要细心照料的，但也不能过分，要让它自由生长。我养花有许多教训。花木需要灌溉，但我浇得太多了，结果好好一株盆景，根烂掉了。可见，灌溉要适度。

教育何尝不是这样，过度教育、课业负担过重会扼杀儿童的学习兴趣。我国当前的教育弊端之一就是过度教育，过早地让儿童学习书本知识，幼儿园小学化、小学成人化，给儿童造成过重的学习负担，结果导致儿童营养过度、消化不良。古代《学记》中说："学者有四失，教者必知之。人之学也，或失则多，或失则寡，或失则易，或失则止。"这就是说，教师要了解学生学习的四种失误：或者贪多，或者学得太少，或者把学习看得太容易，或者不求进取，遇到困难即停止。

要培养创新人才，公众就要甘于做好的"泥土"。地方官员、老师、家长不要急功近利，揠苗助长，急于让孩子早日成才，而要踏踏实实地做好每一步教育工作，办好每一所学校、上好每一节课、教好每一个学生。这样，在百花盛开的时候，必然会冒出几株奇葩。当然，在教育过程中发现优秀学生，做好早期培养也是必要的。但这是于大众中的自然选择，而不是拔苗助长。这就是我对创新人才教育的寄语。

攻克教育顽疾的一次突破[*]

  大城市小升初择校问题一直困扰着学生家长，也困扰着教育部门。它不仅影响到教育公平，也造成教育的激烈竞争，导致学生学业负担过重，影响学生的健康成长。虽然教育部在20世纪90年代就规定小升初不考试，就近入学。但由于学校发展不均衡、政策不配套，这个问题一直没有得到很好的解决。现在情况不同了，首先经过几年的努力，各地都投入大量资金改善薄弱学校，有些城市用集团办学的方法，由优质学校带动薄弱学校，以及采取教师流动、资源共享等举措，使得区域内的学校逐渐趋于均衡，就近入学的条件已经成熟。教育部颁布《关于进一步做好小学升入初中免试就近入学工作的实施意见》适逢其时。

  近年来，大家都在议论教育公平问题，诟病教育不公。这似乎是一件坏事，但仔细一想，这是社会发达、教育发展过程中的问题。当社会还不发达，教育还处于精英教育阶段的时期，哪里提得上教育公平的问题。只有等到教育普及以后，人人都有接受教育机会的时候，教育公平问题才提上了议事日程。

  但由于长期以来学校发展不均衡，所以出现了择校的竞争。这种竞争造成了学生学业负担过重，损害了学生的健康、挫伤了学生的学习兴

---

* 原载《光明日报》，2014年2月25日。

趣和积极性、抑制了学生的创造能力，同时耗费了家长的大量精力和财力，甚至影响到整个社会风气。因此，解决小升初的择校问题，不仅是解决教育公平问题，也是解决当前教育顽症的突破口。它使教育还原到本质——立德树人，培养全面发展的社会主义创新人才。

也许有人会说，这是治标不治本的举措，治本的办法是把每一所学校都办成优质学校。当然这是最理想的结果。现在各地政府都在努力改造薄弱学校。上海提出办好"家门口"的学校；杭州早在几年前就举办集团办学，由优质学校带动普通学校组成集团，统一领导、资源共享；北京近年来采取优质学校举办分校的办法引进优质资源。通过各种措施，区域内的教育均衡发展有了很显著的改善。但由于历史原因，均衡发展要有一个过程，绝对均衡是不可能的。因此，在目前的条件下，采取分片小学与初中对接是最可行的办法。

我建议，小学和初中对接以后，不只解决小学毕业生直升初中的问题，而且要解决小学教育和初中教育衔接的问题，小学要让学生了解对口初中的情况，做好升学准备，初中要关心对口小学的教育。特别是九年一贯的学校可以进行课程改革和培养方式的试验，使各片各校办出特色，创造新的办学经验。

在推进教育均衡发展时，应鼓励民办学校办出特色，为一些有特殊需要的家庭提供选择的机会。

幼儿园应该办成"爱心园"*

　　学前教育对人的一生发展具有十分重要的意义，是为人的一生发展打基础的教育。发展学前教育就要办幼儿园，但幼儿园是什么，为什么要上幼儿园，幼儿是怎样认识世界的，幼儿教师该怎么当，都是值得我们探讨的问题。

　　幼儿园是幼儿认识世界的重要场所。首先要了解幼儿园，幼儿园是干什么的？为什么要把孩子送到幼儿园？现在许多家长可能都不知道幼儿园是干什么的。首先，幼儿园是一个专门机构，有专业人员来对儿童进行教育，他们懂得儿童发展的规律，具有良好的、有效的教育方法。其次，幼儿园是幼儿认识世界的重要场所。当然，婴儿呱呱坠地就开始从母亲那里认识世界，但幼儿园是有计划地通过游戏等各种活动让幼儿认识周围的世界。最后，幼儿园是集体教育的场所，儿童在幼儿园可以学会与别人交往、集体生活的能力。

　　2010年公布的《国家中长期教育改革和发展规划纲要（2010—2020年）》指出，学前教育对幼儿身心健康、习惯养成、智力发展具有重要意义，要遵循幼儿身心发展规律，坚持科学保教方法，保障幼儿快乐健康成长。

---

* 　原载《中国教育报》，2014年8月31日。

教育部2012年公布的《3～6岁儿童学习与发展指南》（以下简称《指南》），明确规定了幼儿园的性质和任务。《指南》从五个领域描述了幼儿的学习与发展，这五个领域首先是健康，然后是语言、科学、社会、艺术。每个领域按照幼儿学习与发展最基本、最重要的内容划分为若干方面，分别对3～4岁、4～5岁、5～6岁三个年龄段末期幼儿应该知道什么、能做什么、大致可以达到什么发展水平等提出了合理期望。同时，根据幼儿的学习与发展目标，针对当前学前教育普遍存在的困惑和误区，列举了一些能够有效帮助和促进幼儿学习与发展的教育途径与方法，并指出了错误做法对幼儿终身发展的危害，为广大家长和幼儿园教师提供了具体、可操作的指导。

对学前教育阶段儿童来说，首要的是确保他们的安全和身体健康，包括营养充足、远离疾病、养成良好的卫生习惯、能够识别并躲避危险等。同时，儿童社会情绪发展至关重要，儿童应该在自律、情绪控制、同情心、解决冲突和道德价值方面有所发展。

幼儿教育是养成教育，最重要的是培养幼儿良好的习惯，以良好的习惯为基础，养成良好的品质，如讲卫生、懂礼貌、与小朋友合作等。在幼儿时期要注意培养孩子的良好性格，如自信、开朗、进取、乐于助人等。有了这样的性格，将来才能在事业上成功，获得人生的幸福。

幼儿是在活动与游戏中认识世界的。明确了幼儿园的性质和任务，就要研究如何来进行教育，怎样培养幼儿应有的品质。我主张，让幼儿在活动中认识世界，在活动中养成习惯、形成品质。心理学家皮亚杰把儿童发展分为感知运动阶段（0～2岁）、前运算阶段（2～7岁）、具体运算阶段（7～12岁）、形式运算阶段（约12岁以后）。幼儿处于前运算阶段，还不能进行演绎推理、使用命题逻辑，还不能把形式和内容分离。比如，幼儿对"1""2"还没有抽象的概念，对苹果是什么没有一个抽象的概念，但是他知道一个、两个具体的苹果。幼儿还不能把形式和内容分开。因此，幼儿要靠实践来感知周围的事物，在活动中形成良好的习惯，体验与他人、与同伴的关系。

幼儿一生下来，呱呱坠地，首先是用眼神与母亲交流，然后是逐渐从感觉、感知到记忆，到了两三岁就慢慢有记忆力了，之后是思维。幼儿处在一个感性认知的阶段，还不懂得多少道理。这些都需要成人在具体的活动中培养。

所以，游戏是幼儿园的重要课程。游戏是一种适合幼儿年龄特点，有目的、有意识地通过模仿和想象反映周围现实生活的一种独特的社会性活动，是幼儿喜爱的活动。它的特点是：趣味性，能引起幼儿的兴趣，符合幼儿情感和意志发展特点；具体性，有形式、有内容、有情节、有角色、有语言、有动作、有玩具；社会性，反映周围的现实生活；适应性、灵活性，适应不同幼儿的能力。

幼儿在游戏中不仅认识了周围的世界，而且知道要遵守游戏规则，养成责任心，学会和同伴交往、沟通和合作等。这些都有助于幼儿身体的发育，使他们的神经系统和各种器官得到锻炼，有利于幼儿道德品质和个性的形成，有利于幼儿克服自我中心，培养良好的情绪，促进他们的智力发展。

幼儿园还要组织其他活动，如组织远足，让孩子们到大自然中去认识自然，认识一些花鸟鱼虫。幼儿园还可以结合传统节日开展各种活动，让孩子们在活动中了解自然、了解社会、了解家庭，并在活动中学习到许多知识。

幼儿园教师要有爱心、细心、耐心。幼儿园教师要有爱心，要热爱幼教事业，热爱每一个孩子，没有爱就没有教育。幼儿园可以叫作"爱心园"。幼儿园教师要热爱每一个孩子，不能对孩子有偏爱。因为未来每个孩子都是建设国家的栋梁，他们都能成才。

幼儿园教师要树立"儿童第一"的思想。《儿童权利公约》就提出

"儿童第一"的口号。一切为了儿童,为了儿童的一切,儿童的健康成长就是我们的人生价值。为此,教师要树立正确的儿童观、教育观。

首先,教师要尊重儿童。教师不要把儿童看作不懂事的孩子,要尊重儿童的人格;要尊重儿童的学习方式和学习特点;要保护幼儿的好奇心、创造性;要最大限度地满足和支持幼儿通过直接感知、实际操作和亲身体验获取经验的需要,严禁拔苗助长式的超前教育和强化训练;要尊重儿童发展的个体差异。儿童的天资有差异,发展速度各有不同,在不同学习与发展领域的表现也存在明显差异。儿童年龄越小,个体差异就越明显。成人不应要求儿童在统一的时间达到相同的水平,应该允许儿童按照自身的速度和方式到达自己的发展"阶梯",不能用一把"尺子"衡量所有儿童。比如,就语言来说,有的孩子一岁多就能够说话,但有的孩子两岁还不大会说话。我有一个外孙,他到2岁还不大会说话,我们很担心他。他现在是一个教授,讲话讲得非常好,虽然他的语言发展晚了一点,但是并不等于他后来的语言能力不强。所以,每个孩子都不一样,我们不能"一刀切"。

其次,幼儿园教师要细心。幼儿的感情是很丰富、很细腻的,但也很脆弱。幼儿园教师要细心观察幼儿的情绪,注意保护他们的感情,不要轻易去伤害他们,特别是不能用语言或者暴力伤害儿童,要培养孩子的自尊心、自信心。

最后,幼儿园教师还要有耐心。幼儿的认知能力比较低,适应能力也比较差,一种习惯的养成要反复地教他们,要耐心地等待他们。幼儿的是非观念也比较差,有的时候会犯错误,要耐心地教育他们。3岁的儿童有逆反心理,我们要用教育的智慧教育他们。前不久,一位朋友说起他的孙子:"我告诉他地上脏,要讲卫生,结果他就用手在地上摸,摸完了往嘴里塞。"幼儿的这种逆反心理,使得你越是告诉他不要做,他越是要这样去做。我一个亲戚的孩子4岁,拿一盆水往大人睡的床上泼下去，问我怎么办？我说："你让他自己睡这个床，让他感受一下泼了水以后睡觉不舒服，问他以后还会不会把爸爸妈妈的床弄湿了。"

我们要用智慧来教育孩子。3岁的孩子有逆反心理，3岁的孩子最会察言观色，他看见姥姥对他好，他就欺负姥姥；奶奶对他严厉，他就比较守规矩一点。3岁的孩子是教规矩的时候，但是教规矩我们要耐心，不能粗暴。

加拿大哥伦比亚大学早期教育中心曾经做过一项"锚定计划"，与家长一起观察儿童的表现，研究教育策略。就是教师和家长一起在单向玻璃里面看孩子。有的孩子一会儿玩水一会儿玩沙，不稳定，而有的孩子就专注玩一样东西。教师就和家长在这个单向玻璃里面看着，看了以后就研究怎么纠正孩子的行为、怎么引导孩子、怎么正确培养他的习惯和行为，这种做法值得我们学习。为了更好地教育孩子，幼儿园教师要不断学习、不断钻研，对自己的教育不断反思，总结经验教训，不断提高。幼儿园不仅要建设成儿童的乐园，而且要建设成教师学习的家园、终身学习的共同体。教师把幼儿教育作为事业，把学习作为动力，这样就不会倦怠。看到儿童的成长，教师就会感到幸福。幼儿教师是幸福的职业！

教育领域综合改革的突破口[*]

考试招生制度常常被大家看作教育教学的指挥棒。许多校长、教师反映，考试制度不改，素质教育无法推行。所以，考试招生制度改革，是牵到了教育领域改革的牛鼻子，必然会推动整个教育领域的改革和发展。

这次考试招生制度改革方案总的目标是，要形成分类考试、综合评价、多元录取的考试招生模式，健全促进公平、科学选才，监督有力的体制机制，构建衔接沟通各级各类教育、认可多种学习成果的终身学习立交桥。根据这个总目标，方案制定几项重大改革措施。

第一，改进评价制度。高中实行学业水平考试和综合素质评价。高中学业水平考试实行学完一门考一门，不再实行百分制，而以合格和等级来评价学生的学业水平。这是一项重大的改革，体现了把立德树人、促进学生的全面发展和个性发展作为教育的根本任务。学校要重视学生综合素质的培养，努力提高教育教学的水平。结合当前高中课程改革，评价制度的改革有利于学生根据自己的兴趣和优势选学与将来高考专业有关的科目，有利于人才的成长。综合素质评价可以考查学生平时的品德表现、身心健康状况、实践能力、自我管理能力等。学业水平考试和

---

* 原载《人民日报》，2014年9月10日。

综合素质评价将分别成为将来高等学校录取的依据和参考，改变一考定终身的弊端。

第二，改革高考的方式和内容。在试点省市，保持统一高考语文、数学、外语三门，考试不分文理，外语还可以进行两次考试，将最好成绩计入高考总分。另外，学生自愿选择三门学业水平考试的成绩，供高校录取使用。这就减轻了学生在统考时的负担，重视平时的学习。它将指挥高中课程改革，高中不再分文理科，避免了偏科的现象，促进学生全面发展。

第三，实行分类考试。高等职业院校只凭高中学业水平考试成绩和必要的相关技能考核即可录取。这就使一部分学生解脱统一高考的束缚，有利于发挥他们的特长。同时，根据终身教育的理念，在顶层设计上就设计了构建衔接沟通各级各类教育、认可多种学习成果的终身学习立交桥。任何一名学生，只要他有意愿和能力，都能取得更高层次学习的机会。这项改革可以改变千军万马挤向独木桥的局面，减轻了一部分动手能力强、理论学习较差的学生的心理压力和考试的负担，也有利高中阶段的教育改革。当然，目前由于受长期世俗偏见的影响，不少家长不认可高职教育。但随着改革的深入、社会的发展，教育观念会转变，高职教育会有更大的发展。

第四，规范和减少考试加分。减少了各种不科学、不规范的加分，不仅杜绝了违规造假的行为，维护了教育公平，而且减轻了学生的学业负担，使学生以后不用再去上什么补习班、参加各种竞赛，一心一意把学校设计的课程学好，同时有时间参加自己喜爱的科学文化体育活动，改变被迫学习、被动学习的局面，能够在生动活泼主动的学习环境中成长。

考试招生制度改革方案中还有许多举措，如提高中西部地区和人口大省高考录取率、增加农村学生重点高校录取人数、完善中小学招生办法破解择校难题等，都将影响基础教育的深入改革。

考试招生制度改革的方向已经明确，改革的举措具有完整性、科学性、时代性、可行性，符合我国的国情和广大人民群众的愿望。方案经过从下到上、从上到下反复的研究，直到中央政治局审议通过，可以说是领导和群众集体智慧的结晶。在实施过程，可能还会遇到这样那样的问题，但只要大家向一个方向努力，可以在实践中不断改进和完善。

建设现代高中需要学校去实践[*]

一

    中华人民共和国成立60多年来，我们的基础教育取得了巨大成就，特别是1978年党的十一届三中全会后，基础教育发展不断加速。2013年11月召开的党的十八届三中全会，提出要深化教育领域综合改革，基础教育要坚持立德树人，增强学生的社会责任感，培养创新精神和实践能力。这是时代对教育提出的发展要求，也是新中国几十年基础教育发展的结果。

    关于基础教育，邓小平同志1983年9月为北京景山学校题词"教育必须面向现代化、面向世界、面向未来"；1985年中共中央做出了《关于教育体制改革的决定》，提出普及九年义务教育。从那时开始，国家对教育增加了投入，经过十余年的努力，到20世纪90年代后期，我国基本上普及了九年义务教育。在一些经济发达地区，中小学硬件建设已经达到现代化程度。但我们很快就发现，与真正的现代教育相比，我们欠缺的不是大楼，而是教育观念、教育目标、教育内容、教育结构和教育方法。达到邓小平同志对教育的三个期盼，我们还有更长的路要走；对

---

* 原载《人民教育》，2014年第13期。

教育的研究，我们仍然有许多工作要做。

在这个背景下，1992年我们关注了课程的改革，并于1993年第一次将"课程管理"作为课程计划的一部分独立出来。1999年，教育部《面向21世纪教育振兴行动计划》出台。这次"教育振兴行动计划"通常被视为第八次课程改革的缘起。21世纪初开始的这一次课程改革，在基础教育界掀起了国家课程、地方课程、校本课程以及活动课程、研究性学习课程研究的热潮。无论对这次课程改革的结果如何定性评价，一个不容否认的事实是，这次全方位的课程改革实验，从根本上改变了人们对教育的理解与认识。从历史上多次教育改革可以看到，课程改革永远是教育改革的核心，这是人们对教育自身规律认识的深化。这次课程改革，尽管遇到重重困难，不免有各种不同的声音，但这是我国教育迈向教育现代化理想目标的一次具体行动，这次教育现代化行动较之任何一个时期都来得具体且深刻。

我同时注意到，一线学校在落实这次课程改革的过程中，面临着巨大的挑战，遇到不少问题，产生了许多矛盾和困惑。这都是正常的，改革就会遇到矛盾，有矛盾才有进步。我认为，在一些社会问题和教育自身问题一时难以解决的前提下，中国的基础教育尤其高中教育完全有自己的作为空间，或者说，身处一线的高中学校仍然可以做出不负教育使命的努力和成绩，依然可以大踏步迈向与世界同步的现代学校建设。

正是在这个意义上，我关注"中国高中六校联盟"的现代高中教育建设，并对他们持肯定的态度。

二

十多年来，高中课程改革取得了不容否认的成就，但我们也应该看到一个严峻的事实：改革进程中羁绊太多，行走艰难。我们的基础教育尤其是高中教育，面临的压力巨大，有来自政府的、社会的、家庭的、学生的。从根本上说，应试教育今天并没有得到很好的遏制，我们走在教育现代化路途上的同时，正遭遇着强烈的反教育的干扰。从全国范围看，我们仍然处在高考指挥棒下的学校中心、课堂中心、教师中心的"三中心"和实质上的统一课程、统一教材、统一计划、统一进度、统一考试的"五统一"教育模式下。虽然我们今天有了"一标多本"的教材，虽然我们也有分省高考命题，但教育内容没有实质性的变化。尤其是"统一考试"及其派生的"统一答案""统一评分"这种考试模式，不仅严重阻碍了学校教育的发展，更与现代教育理念背道而驰，如任其发展蔓延下去，对人才培养和国家未来都将是一个重大的灾难。在这种情境下，就需要高中学校有一批有胆有识的教育者能先站出来，担当起作为教育者应该担当的责任，从自身做起，通过努力，在大环境一时无法改变的情况下，能在小环境里局部对现代高中教育起到示范的作用。

建设现代高中，我以为必须从六个方面入手。第一，建设者要有现代化的教育观念。在社会上，特别在教育工作者中要树立符合时代潮流的现代教育价值观、质量观、人才观、学生观、教学观，即以学生为本，以学生的发展为本。这是建设现代高中的思想基础。没有教育现代化的思想，是无法建设现代高中的。第二，建设者须有现代化的教育目标。我们时常会看到一些高中的所谓先进理念，其实都经不起推敲。一所学校如果把高考成绩作为办学质量好坏的唯一标准，那么无论这所学校的理念在纸面上表述得多么先进，在实践上也肯定离不开片面追求升学率的倾向。第三，学校的教育结构应该是现代化的、多元的。换句话说，就是学校应该满足每个学生个体成长发展的需要，使学校的学生都能在在校求学期间获得最适合自己的成长。第四，教育内容应该是现代化的。就是说，一所学校的教学内容要及时反映现代科学技术和各门学科发展以及人文社会科学领域的最新成果。当然，就目前来说，单凭一所学校的力量是不太能够做到的，但应该有这样的意识和努力方向。现在也有不少学校以校本课程的形式及时反映现代科技的进步，我觉得这就是不错的课程教学内容选择。第五，要有现代化的教学手段和教学方法。提到这一点，会让人立即想到眼下各学校普遍使用的一些现代教育技术设备和手段。诚然，现代信息技术正在引起教育的巨大变革，但要把握教育信息化的最基本特征，充分、准确、有效地运用信息技术，克服对信息技术的依赖性。同时，现代化的教学手段和方法并不等同于只是信息技术手段的利用，教学的组织形式、评价样式也是教学手段和教学方法的一部分。一所现代高中一定要注重对这方面的研究与实践。第六，现代高中一定要注重对教学理论和实践方法的研究，要关注脑科学的发展，关注世界范围内教育理论的发展和课程实践的经验。教育关乎人，一切对人的成长有利的理论都要运用到学校教育中，一切对人的成长有利的实践路径都要及时运用到教学中。

我认为，近十年来，一批先进的高中对素质教育的理念有了较深的认识，都在进行改革，学校面貌有了很大改变。这是十分可喜的现象。我常说："教育的发展在于改革，教育的改革在于创新，教育的创新在于学习。"当前高中改革亟须建立学习型学校。李克强总理在今年两会政府工作报告中提出全民阅读理念，这是我们国家首次在政府工作报告中对学习型社会建设做出具体回应。相应地，一所现代高中，首先就应该是一个民主的学习共同体。在强调内涵发展的今天，一所高中就应该从阅读开始，从建立各种各样的学习型组织开始，通过学习凝聚先进教育理念和学校共同愿景，通过学习提高教师自身的修养和校园文化的品位。

我关注到了"中国高中六校联盟"的宗旨表述，他们要建立一个价值联盟。这个联盟强调要在教育哲学的层面形成共同的教育价值观，自觉坚守教育的终极价值，自觉践行正确的办学理念，不断探索现代学校发展的有效途径。这正是联盟的价值所在。美国著名社会学家英格尔斯说："一个国家可以从国外引进作为现代化最显著标志的科学技术，移植先进国家卓有成效的工业管理方法、政府机构形式、教育制度以至全部课程内容……如果一个国家的人民缺乏一种能赋予这些制度以真实生命力的广泛的现代心理基础，如果执行和运用这些现代制度的人，自身还没有从心理、思想、态度和行为方式上都经历一个向现代化的转变，失败和畸形的发展的悲剧结局是不可避免的。再完美的现代制度和管理方式，再先进的技术工艺，也会在一群传统人的手中变成废纸一堆。"英格尔斯的这段话告诉我们，一切外部的先进制度和管理方式都无法保证我们能够正确地走上现代，只有人的现代化、只有人思想的现代化，才能保证我们行走的姿势不谬，行动的结果正确。这就对我们的教育提出了很高的挑战和要求。这六所学校的校长共同意识到教育的终极价值是人的成长，把人培养成现代化的人才是学校的终极历史使命。于是，他们自觉地组织起来，以联盟的形式共同促进，互帮互助，取长补短，提升彼此办学的现代性，让自己主动走向现代高中，这是教育实践者的自觉行为，也是他们应该承担的教育历史使命。

三

以我多年对基础教育的观察，在现实情境下，走向现代高中的改革路线图，应基于学校教育的现场，通过较小范围的变革慢慢积累建设的力量。暴风骤雨、大刀阔斧式的学校教育运动不但不会带来积极的结果，反而会留下更为剧痛的伤疤。在这方面，我们是有过不止一次教训的。所以，现代高中建设应基于学校实际现场，从细处开始，朝精致方向变革，同时一定要寻找到切实可行的技术路径。

"中国高中六校联盟"的价值也正在这里。他们的现代高中建设不是空中楼阁，都是从各自学校的办学细处入手，以课程建设为立足点，从现场出发，探索可靠的技术路径，努力让自己的每一个教育细节都指向自身终极的教育价值追求。这样的联盟是具有可借鉴价值的联盟范式。

仔细观察"中国高中六校联盟"的行动，我觉得有四个方面的经验值得借鉴和推广。第一，广泛的教育共识让六所学校的力量变得十分强大。在现实教育情境下，一所学校的课改行动难以形成强大的教育磁场，解决问题的最好办法就是寻求价值同盟者，大家结伴上路，遇到的一些实际问题，共同探讨，可能就比较容易解决。第二，彼此尊重并互认各自的办学个性。真正现代化的教育一定是个性化的教育，六所学校地处天南海北，它们之间虽有终极的教育价值认同，但彼此间教育的文化差异天然存在，尊重并认同各自的教育个性让这个联盟有了在共同价值追求基础上的实际联合力。第三，它们为真正的现代教育努力。"中国高中六校联盟"在《人民教育》本专辑中呈现的"学科规划"话题引起了我的兴趣。这么多年来，我第一次听到中学有人做学科建设规划，"规划"的6个维度都是极有意义的设置。我想，如果我们每一所高中、每一个学科都能结合自身特点来仔细规划学科发展的目标，那是一个多么鼓舞人心的场景！第四，它们有建设现代学校的技术路径。我在上文中也提到，在现实教育情境下，我们的高中教育不可能一步达到理想，要从细处比如先从学科规划入手，先做局部的现代变革，积聚力量向前发展。在这方面，我以为六校联盟找到了自己建设现代高中的技术路径。所以说，"中国高中六校联盟"的价值和意义就在于它们强调现代的终极教育价值追求，它们有课程载体的落实，有适切师生的校本教研机制，再加上它们真实的现代教育努力，有目前的成绩是自然的。我希望"六校联盟"不仅仅是个范例，还应该成为许多人的共识，能够让人们从中获得新的发现和启迪。

我在一些场合说过："没有爱就没有教育，没有兴趣就没有学习；

教书育人在细微处，学生成长在活动中。"这句话也可以用在现代高中建设上，这六所学校的校长如果心中没有爱，就不可能做这样的实践探索；如果他们心中没有学生为本的意识，就不可能设计出学生感兴趣的课程，他们的学子也就不会真正地学习；如果他们对学校建设没有精心的安排、对课程没有细微的设计，也不可能有学生生动活泼的自主活动，学生也不可能得到今天这样的健康成长。当下，建设现代高中，我们不要期盼一个自上而下一劳永逸地解决问题的方案，最现实也最急迫的是基层一线学校要担当起一份教育者的责任，勇敢进行局部的，哪怕是细微的变革。六校的建设成果让我们相信，现代化教育的局部实践可能最终会带来整体的变革。我们确实需要一群人共同去努力，让多方力量参与到现代高中的建设中，让千百万现代化人才在我们国家涌现。

素质教育要以学为本*

2008年7月，我参加了中央教科所在内蒙古乌丹五中召开的学本课堂教学研讨会，2010年、2012年我又先后参加了在北京市两所小学举办的现场交流会。当时，看到学校的学本课堂，感受颇深。学生和老师主持课堂学习，师生合作交流解决问题，学生无拘无束、生龙活虎地学习，绝大多数学生抬头挺胸、充满自信、语言流畅、声音洪亮、个性凸显。教师基本上退出讲台，走近学生进行智慧导学。

这些年来，我一直思考，素质教育课堂是什么样的。素质教育的精髓是十六个字，即"面向全体、主动发展、全面发展、个性发展"。细品学本课堂，感觉素质教育在那里得到了比较充分的体现。

一、基于建构师生民主、平等、和谐关系的学本课堂，做到了面向全体

学本课堂十分强调重构民主、平等、和谐的师生关系。在学本课堂上，同学们都爱称教师为"大同学"，取代了过去教师那种神圣、威严的高大形象。教师与学生建立民主、平等、人文、和谐的同伴关系，搭

---

* 原载《人民教育》，2014年第16期。

建师生共学的学习氛围，创造能够面向全体学生的真实、自然的学习环境。由于在学本课堂学习中重构了没有等级的师生关系，教师与每位同学都能建立信任、合作、共学的平等关系，师生关系是等距的，而不是与谁近谁远。反过来，学生都能与教师建立尊重、合作、交流的等位关系。这样，师生之间形成了相互信任、相互依存、相互合作的发展关系，彼此相处真实、自然、不紧张。

二、基于培养学生新学习能力的学本课堂，致力于主动发展

学本课堂特别强调学生新学习能力的培养，尤其是自主预习、合作讨论、展示对话、高级思维、问题生成和团队评价等能力，给学生提供了最大限度施展这些新学习能力的机会和空间。

在传统的课堂教学中，教师主导课堂，时间和空间几乎被教师占用，没有给学生"主动发展"的时间和空间，这也是传统课堂教学不能实现素质教育的一个主要原因。而学本课堂中，教师通过团队创建指导课、结构预习指导课和学习能力指导课等基础课型来培养学生的新学习能力。继而，在基础课型学习和拓展课型学习中搭建学生运用新学习能力的平台，使学生的新学习能力得到持续提高并日益成熟，表现出主动发展的良好态势。可见，学本课堂是致力于学生主动发展的课堂。

三、基于提高教师智慧导学能力的学本课堂，追求全面发展

学本课堂关注教师智慧导学能力的培养，强调学生的学习过程是自主合作探究的过程，学生学业成绩的提高主要靠学生的自主探究学习、合作探究学习，而不能只靠教师的精彩讲授和机械训练。

在学本课堂中，教师的智慧导学主要体现在两个方面：一是让学生

学会自主合作探究学习，尤其是培养自主合作探究学习能力；二是实现高质量的自主合作探究学习。

让每位学生学会自主合作探究学习，提高学习能力是促进学生全面发展的前提；让每位学生完成学习任务，提高学习质量是促进学生全面发展的保障。在学本课堂中，教师没有一讲到底，而是退居"二线"，站在小组中间关注学生问题解决的质量，关注潜能生的学习效果，追求学生的全面发展。

四、基于营造师生个性绽放氛围的学本课堂，促进个性发展

在学本课堂中，师生通过合作探究、展示对话来解决问题，达到知识建构、能力培养和丰富情感的目的。在长期培养学生小组讨论学习能力、展示对话学习能力的基础上，课堂中组织各学习团队积极展示、各抒己见、各显其能，使每位学生和教师的思维得到绽放、个性得到发展。

我在听初中语文《端午的鸭蛋》一课时看到，经过小组讨论后，8个小组的学生用8种不同的风格和方式进行板书，有的用括弧法、拼图法，有的用框架图法，有的用漫画法，有的用简笔画法。尤其是在展讲对话、解决问题环节，各小组更是思维碰撞、相互交流、精彩展示，使所有问题得到有效解决。通过这些可以看出，学本课堂营造了师生个性绽放的学习氛围，为促进师生个性发展奠定了坚实的基础。

总之，提倡学本课堂，是以学生为主体，同时重视教师的导学作用，师生相得益彰，极大地提高了课堂教学的效率，培养了学生的学习能力；教师也更新了观念，提升了教育智慧和教书育人的能力。

把课改落实到课堂上[*]

　　课程改革本来就是在课堂上，为什么说"把课改落实到课堂上"，听起来好像是矛盾的。我说这几句话是因为看到许多学校虽然已经进行了新的课程改革，但课堂教学还是老样子，还是用应试教育的那一套，教师灌输，学生练习，追求高分，而不是贯彻新课改的精神。前不久有位教师问我：能不能在教材中增加一些高考的内容？你看，这不是本末倒置吗？考试本应该服从教材，检查学生学习的成绩，而不是教材服从考试。这说明这位教师的思维还是应试的思维，而不是课改的思维。

　　课改的目的是什么？是通过完善教学内容、更新教学方法，更好地培养人才。新课程标准的要求是不仅要求学生牢固地掌握应知的知识，还要发展智力，增长解决问题的实践能力和创造能力，同时形成正确的世界观、人生观、价值观。因此，课程改革不能停留在课程标准的变化上或者课程内容的变动上，更应该落实到课堂教学的改革上。我曾经说过，课程有三个层次。最高层次是国家制定的课程标准，我把它叫作"理想课程"，是由许多专家研究制定的，体现了国家意志。第二个层次是教材的开发，我把它叫作"开发课程"，由教师、专家根据国家颁布的课程标准编写教材。这个层次与最高层次就可能有一个落差，要看编

教材的人的水平。有的教材编得好，符合课程标准的要求，水平比较高；有的教材可能编得不够完美，就有落差，课程标准就会打折扣。对内容的安排也会有不同的意见，如语文课本中文言文和现代文的比例多少合适，至今还在争论。第三个层次就要落实到课堂上了，落实到教师的教学上了，我把它叫作"实践课程"，是由教师根据课程标准的要求、教材的安排，设计教学方案，开展与学生一起的教学活动。这是课程改革的核心，是课改成败之所在。水平高的教师能够充分理解课程标准的要求，得心应手地运用教材，甚至能够纠正教材编写之不足；水平差的教师，可能缺乏对课程标准的正确理解，可能对教材掌握不透，就达不到课程标准的要求，会与课程标准的要求有很大的落差。还可以说有第四个层次，我把它叫作"习得课程"，就是说最终学生学到什么、学会多少。这完全取决于教师怎么教、学生怎么学了。所以我说，课堂教学是落实课程改革最关键的环节。

怎样才能做到把课改落实到课堂上？这里说的课堂不是狭义的教室里的课堂，而是完成教学过程的广义的课堂，因为有些教学活动不一定在教室里。各个学科要求不同，课堂教学进行的方式、方法也会不同，但有一些基本理念是相通的，我想有下面几点。

首先，要坚持"以人为本"，在学校里就是"以学生为本"，一切为了学生的发展，为了一切学生的发展。现在大家都在说"以学生为本"，但并不一定真正做到"以学生为本"，常常是以考试成绩为本，以分数为本。要做到"以学生为本"，课堂教学就要关注每一个学生，关注每一个学生的发展。世界上没有相同的树叶，世界上也没有相同的儿童。儿童的天赋是有差别的。按照美国心理学家加德纳的理论，每个人都有 8 种智能，但是它的组合结构是不同的，有的学生语言能力比较好，有的学生数理逻辑能力比较强。因此，教学就不能用一个标准要求学生，要提倡因材施教。要做到因材施教，就要了解学生，一方面注意充分发挥学生的优势，另一方面帮助学生弥补他的不足。例如，思维敏捷、外向积极的学生会积极主动地发言，而思维缓慢、内向的学生往往不爱发言，教师要特别注意这样的学生，鼓励他积极发言、参与教学活动。另外，教案一般是按中等水平的学生设计的，有的学生可能嫌慢，吃不饱；有的学生可能嫌快，跟不上。教师就要注意弥补差距。我曾经在法国参观过一所学校，发现有一个学生不在班上上课，独自一个人在图书馆看书。校长告诉我，因为这名学生说今天教师教的内容他都会了，就向教师申请不听这堂课了，教师就允许他自己去学习。对于学习比较吃力的孩子，要了解其困难所在，帮助他解决。2012年经济合作与发展组织曾经发布了一个报告《为21世纪培育教师和学校领导者——来自世界的经验》，提到教师要"深入了解学习是如何发生的，学生的动机、情感及其在教室外的生活"。可见，教师不仅要了解学生学习的结果，还要了解学生学习的动机和对学习的态度；不仅要了解学生在课堂上的表现，还要了解他们在课外的生活。了解这些情况，为的是帮助学生树立学习的自信心和学习兴趣，学生有了自信心和对学习的兴趣就会积极地学习，提高学习质量。

其次，要坚持"以学生为主体"。学生是学习的主人，任何教学内容和方法都要让学生获得知识、发展能力、培养思想感情。所以说，"习得课程"才是最终的课程。要知道，学生不是容器，可以让人任意灌输，也不是录音机、照相机，将教师的课全部录下来、拍下来。学生是能动的个体，他对教师的授课是有选择的，感兴趣的内容他会喜欢听，记得牢，不感兴趣的可能就没有听进去；对喜爱的教师的课他爱听爱学，对不喜欢的教师就不愿意上他的课。因此，课堂教学要以学生为主体，注意学生的学习情绪，启发学生自主学习、积极参与学习。

我提倡活动教育，就是让学生参与教学，在活动中获得知识、智慧、能力和技巧，体悟人生，形成正确的世界观、人生观、价值观，养成高尚的品质和完善的人格。课堂教学要以学生为主体，让学生积极参与教学过程。所谓参与，就是让学生积极思维，融入教学过程。新的课程改革提倡学生探究式学习，就是让学生积极思维、参与教学过程。许多有经验的教师提倡"讲讲、读读、议议""先学后教""尝试教学"等，都是为了调动学生的积极主动性，让学生参与到教学过程中，在活动中获取知识和能力。课堂教学中学生的活动主要指学生的思维活动。有些课堂搞得很热闹，学生讨论得热烈，甚至又唱又跳，但据我观察，总有少数学生并没有积极参与，似乎是一位旁观者，没有积极的思维活动。提倡学生活动，是不是教师讲得越少越好呢？不能这样理解。如果教师的精辟讲解能够启发学生的积极思维，那就是一堂好课。学习是一种思维活动，学生只有在积极的思维活动中才能获取知识和能力，才能把知识内化为智慧。

在课堂教学中启发学生的思维活动，培养学生批判性思维、创造性思维是新课改的核心，也是当前各国教育改革的重点。只有让学生在活动中开动脑筋，才能培养其解决问题的实践能力和勇于创新的精神。

最后，要在当前信息技术发达的背景下，改革课堂教学的模式和方法。教师要充分认识信息技术对课堂教学的影响。当今时代，教师已经不是知识的唯一载体，也不是知识的权威。学生可以从各种媒体获得信息。但是，信息并不等于知识，知识也不等于智力、能力。因此，教师的作用仍然不能忽视。教师要帮助学生获取有益的信息，摒弃有害的信息。

信息技术的特点是个性化、网络化、互动性、虚拟性、直观性、趣味性等。教师要利用这些特点为每个学生制订个性化的学习方案；制作直观性、趣味性的课件；开展"慕课"教学；在网上与学生互动，帮助学生解决学习中的困难等。但切不能简单化地运用技术，把课程做成程式化的课件，把教学变成简单的人机交流。信息技术只是一种技术、一种手段，而教学仍然要坚持教师与学生的人际交流，教师仍然要用自己的学识魅力和人格魅力感染学生。

教育改革关键在观念改变[*]

　　《中国教育报》最近发表了对广西教育厅厅长秦斌的访谈，讲到"MS-EEPO有效教育"激发了师生的活力。这使我回忆起2011年我在广西玉林农村学校看到的场景。一堂是小学高年级语文课，学生分组讨论课文后，在一张白纸上画出一棵知识树。学生你一言我一语地把理解的知识点填在树上。最后，各组在全班同学面前展示，互相补充、纠正，讨论十分热烈。另一堂是中学思想政治课，学生分成正反两组辩论一个问题。辩论的内容我已记不清，但活跃的场面至今难忘。看到农村中小学生如此积极地参与教学，大胆发言、勇敢提问、自信开朗，我十分震惊。我在想，如果农村学校都有这样的教学气氛、这样的教师、这样的学生，何愁培养不出创新人才。

　　"MS-EEPO有效教育"2004年率先在广西玉林试点，至今已经10年。在玉林试点的基础上，现在实验区已经由原来的12个市区县扩大到20个。为什么"MS-EEPO有效教育"在广西能够生根发芽，十年成长为枝繁叶茂的大树？因为广西教育要改革，因为那里的领导重视。正如秦斌所说："广西经济不发达，要想让广西的学校赶上东部地区的学校，是件困难的事情。我们坚定不移地选择了教育教学改革，铆足劲提升教

---

* 　原载《中国教育报》，2015年1月30日。

师的教学水平与学生的学习质量。"经过多年的实践，他们终于找到了"MS-EEPO有效教育"体系，将之作为系统改革区域性教育结构的突破口，并运用行政手段推广这种新的教育范式。

教育改革的关键在于教育部门的领导和教师观念的转变。当初玉林推广"MS-EEPO有效教育"时，阻力是很大的。教师们习惯了传统的教学方法，要换一套全新的教学方法，不但要打破原有的教学思维，还要重新学习新的套路。尤其那些年龄大一点的老师，在教改面前难免有抵触情绪。但经过10年的实践，教师们终于看到了教育改革的实效，改革由被动变为了自觉。

教师转变教育观念，就是用学生发展的思维代替以考试成绩为标准的思维，用相信学生能力的思维代替教师权威的思维，真正做到以学生为主体。当前的教育现状是教师教育观念陈旧，课堂比较沉闷，学生思维不太活跃。孩子本来就有求知的天性，但应试倾向却在无形中压抑了孩子的天性，折断了他们想象的翅膀。因此，冲破应试教育的樊篱，要靠改革，还学生一个自由的心灵与开放的思维。以学生为主体，绝对不是弱化教师的作用，而是提高对教师的要求。教师不能只抱着课本照本宣科，而是要研究学生、启发学生、帮助学生，和学生共同学习。

广西教育厅把培训教师放在重要的位置，把多所师范院校纳入这场教育改革的洪流。教师队伍的建设为教育改革持续健康发展奠定了坚实的基础。我想，这些做法对全国其他地方也是有参考意义的。

浅谈语言与教育[*]

说实话，我小时候并不太喜欢语文课，原因是那时学校的语文课就是要求学生背书。上小学三年级时，刚好遇到抗日战争爆发，为逃避战火，流离失所，辗转城乡南北，没有正规学校好上，只好去读私塾。私塾老师是一位乡村郎中，收了四五名学生，初入学的读《三字经》，有一名十来岁的大孩子读《孟子》，让我读《大学》。老师也不讲解，就是让我们背诵。当时似乎都背熟了，但今天也只记得"大学之道在明明德在亲民在止于至善"这开篇第一句。等到上了初中，日本沦陷区的奴化教育为了标榜他们的"王道"，让我们读《孟子》，天天背"孟子见梁惠王曰"，等等。这些不求甚解的背诵把我带到厌烦语文课的境地。但是我爱阅读，爱写作。可是那个年头却没有什么儿童读物可读。还是在四年级的时候，有一次比我大三四岁的邻居金懋鼎同学，给我讲起三国的故事，我听了很有兴趣，于是就向他借《三国演义》来阅读。虽然很多字不认识，但我产生了极大的兴趣。以后又读了《西游记》，更是爱不释手。这时候我才开始对语文逐渐地感兴趣。抗战胜利后，我才读到鲁迅、巴金、冰心的作品。到了高中，我们的语文老师李成蹊先生（中华人民共和国成立后任徐州师范大学文学系教授）给我们讲《文心雕龙》，

---

* 本文写作于2016年6月30日。

讲文艺评论，这时候我对文学才有所了解。在高中，为了参加民主运动，我们办起了壁报、油印小报、杂志，开始写点小文章，逐渐地我也学会了用文字表达自己的思想。从以上的经历可以看出，我的语文基础没有打好，现在在工作学习中常常感到是个缺憾。所以，我常常劝告青少年朋友们，要从小重视语文学习。

这里就要说到语言和教育的关系了。

语言是人类交流的工具，教育是在交流中进行的，所以教育和语言分不开。但人类语言产生得比较晚，可能人类最初的教育是通过肢体动作进行的，也就是在这种教育的交流（也包括劳动和生活中的交流）中逐渐产生了语言。那么，教育就成为语言产生的源头了。语言一旦产生，教育就离不开语言了，语言就成了教育的工具。

语言又是知识的载体，特别是有了文字以后，就有了书面语言，知识记录在各种书籍中。为了学习各种知识，就先要学习知识载体的语言，语言就成了教育的内容。语言又可分为口头语言和书面语言。中国的母语教育把它合称为语文。语文成为我国学校教育中最重要的基本课程。这样，语言和教育就分不开了，小学中学12年都设有语文课程。

识字（书面语言）教育是我国语文教育的基础，也是整个教育的基础。不识字，就是文盲，就谈不上学习文化科学知识。因此，任何国家和民族都把识字作为人的基本权利来看待。所以说，学文化是从识字开始的，这是毫无疑义的。但是如何识字，如何进行识字教育，却有许多学问，而且颇有争议。从20世纪60年代开始，在我国语文教学中就有集中识字与分散识字之争，今天更有先学拼音还是先识字之争，甚至还有要不要学生识繁体字之议。众说纷纭，莫衷一是。我对语文教育没有研究，很难判断哪种说法最科学、最合理。我想从另一个视角来说几点看法。

第一，识字教育要抓住我国的汉语文的特点。汉语文第一个特点是语与文有差别。古代使用文言文时，语文与语言是不一致的。自从通用白话文以后，文与言基本上一致，但仍有某些差别。著名语言学家吕叔湘说过：语言和文字既是一回事，又不是一回事。语言指的是口语，文字则是书面语。从历史发展来看，先有语言，后有文字。吕叔湘说："口语和书面语，一个用嘴说，一个用手写，用眼睛看，当然不是一回事。可是用嘴说的也可以记下来，用手写的也可以念出来，用的字眼基本上相同，词句的组织更没有多大差别，自然也不能说完全是两回事。"[①]这里吕叔湘说口语和书面语在今天已经基本上没有差别了。但是细细考究起来，还是有些差别，特别是有些地方的口语与书面语就有很大差别，例如广东话就是。这就给中国的语文教学增加了难度。使用拉丁文等拼音文字的国家和民族，只要认识几十个字母就可以读书看报。但中国人不行，必须识字1600个以上才能做得到。

汉语文的第二个特点是，汉字不仅有声，而且有形。汉字有音序、形序、义序。因此汉字是声、形、义的组合。这一方面增加了学习的困难，但另一方面也便于识记。为什么识字教学中有集中识字的方法，也就是利用汉字的声形义的结合。外国语就不行，不能集中识字。汉字有四声，许多字音相同，而形不同，意不同；还有些字形相同而声不同，意就会不同，如果单字不和别的字连起来，就读不出声来。这就与下一个特点有关。

汉语文的第三个特点是，字与词是独立的，一个字可以有单独的意义，也可以与其他许多字组合成完全不同意义的词。识了字并不一定读得懂书，尤其是古书。其实拉丁文拼音的语言，许多词也是拼合起来的，有词根、词首。词根、词首原来也是单独的字，但拼合起来以后就扯不开了。汉语可以把词中的字扯开，单独存在。有的学者讲，汉字

---

① 《吕叔湘自选集》，395~396页，上海，上海教育出版社，1989。

需要整体认识、记忆，以后读书就可以一目十行。其实外语对一个字也需要整体认识、记忆，才能很快地阅读，如果每次阅读还要把音节拼起来，恐怕只有半文盲的人才这样。

汉语文的第四个特点是，汉字是单音节，词语绝大多数是双音节，由两个字拼起来，当然也有由三个字、四个字拼起来的词，但许多已经成为一句成语，而不是词了。也就是说，汉语的词音节很少，不像外语，大多数字或词都是多音节的。这个特点也便于汉字的认识和记忆。

我对汉语没有研究，因此，可能还有另一些特点，我就说不全了。

第二，汉字识字教学要了解我国的国情和特点。我国地缘广阔，民族众多，各民族大多有自己的语言。就是汉语，方言也很多，有北方语系、吴越语系、湘蜀语系、闽粤语系。这些语系不仅语音很不相同，有些在语法上、语序上也不一致，但是使用的都是统一的汉文。正是这种统一的汉文及其蕴含的文化传统，使中华文明能够延续几千年而不衰。因此，我国汉语文识字教育应该从这个国情出发。为什么要推行汉语拼音，就是因为这个国情，为了推行普通话，把口语和书面语结合起来。20世纪30年代许多学者推行拉丁化，以及50年代推行汉语拼音，目的就是要统一口语，民国时期叫国语，中华人民共和国成立后叫普通话。语言是交流的工具，在全国范围内口语都不统一，怎么交流？同时当时推行拉丁化也还有便利大众学习、使汉语走向国际化的意义。当然近几十年来由于信息技术的发展，汉字国际化，即汉字的输入、处理、印刷等问题已经基本解决。但并不能否定汉语拼音对汉语发展和汉语教育的意义，特别是对于少数民族和外国人学汉语，汉语拼音是最好的手段。至于拼音什么时候学，是先识字再学拼音，还是先学拼音再识字，这都是方法问题，当然也有哪种方法更科学的问题，更符合儿童认知规律的问题。但要经过实验，才能得出科学合理的结论。我没有实验，没有发言权。但从经验来看，城里的孩子到上学时一般都能通过电视等媒体识一些字，所以不存在先学拼音的问题。农村孩子又有所不同。但即使是说先学拼音，也不能把它说成先学洋文，再学汉字。汉语拼音并非洋文，只是用了外国的符号为我所用，就如数学阿拉伯字符一样。至于少数民族孩子学汉语，恐怕又是一个样。我说这些话，丝毫没有肯定哪一种方法或否定哪一种方法的意思，只是想说，识字教育也可百花齐放，不必一刀切，一种模式、一种方法，要允许试验。

第三，语文教育的任务是什么？语言是交流的工具，同时又是文化的载体、传承文化的工具。传承文化也是交流，纵向交流，与古人交流。因此，语文教育有着育人的功能，立德树人。我国古代教育基本不分科，就是读经典，既学语文，也学做人。今天语文教育的任务仍然是既要让学生掌握语文的基本知识和技能，又要理解课文的文化内涵。语文教育界常常有工具论和文化论之争。其实这两者是不可分的。语文是交流的工具，只有掌握语文的基本知识和技能，才能准确地表达自己的思想感情，但是，语文只是思想的外壳，每篇语文总会有思想感情的内核，只有理解了这些内核，才能更好地掌握运用语文的技能。语文教育就是通过对课文的分析理解来掌握语文的知识和技能的。语文还是传承文化的重要载体，弘扬中华优秀文化，语文是不可或缺的工具。因此，要把语文教育的工具性和文化性结合起来，掌握工具，传承文化，立德树人，提高素养，成为语文教育不可分割的任务。为此，编写好语文课本，选择优秀的范文就十分重要。

语言本身就是一种文化，它承载着民族的文化。俄罗斯著名教育家乌申斯基特别重视民族语言，他在《祖国语言》一文中写道："民族的语言是远在史前就开始了民族的全部精神生活的一株最美的、从不凋谢、永远重新开放的花朵。"又说："语言是最有生命力，最丰富和牢固的联系，它把过去、现在和将来的各代民族联结成一个伟大的、历史性的、有生命力的载体。它不仅表现民族的生命力，而且正是生活本身。

民族语言一旦消失，民族也不复存在！"①

语文既是交流的工具，也是思维的工具，掌握了语文，才能正确地思维，正确地表达，才能和他人交流。因此，语文教育要重视学生思维的培养，增长他们的智慧。语文是学习其他学科知识的基础，掌握了它，才能学习其他学科知识。

学好语文，光靠学校课本的内容是远远不够的。因为学校语文课虽然是最主要的课程，但毕竟课时有限，每学期只有几十篇课文，对语文感兴趣的学生拿到新书，一天就读完了，语文课本不能满足他们的要求。再加上过去语文教学的僵化模式，课上老师把课文肢解开来，分节分段地挖掘段落大意、中心思想，把活生生的课文弄得支离破碎，使对语文感兴趣的学生都觉得语文课索然无味，因而许多学生都不爱上语文课。语文新课标力求改变这种状况，以学生为主体，强调学生对课文的自我体验。同时在学好课本中的课文外，提倡学生自己阅读。通过阅读来补充教材之不足，使语文课丰富起来。

阅读不仅有助于学生学好语文课，而且会激发学生学习的兴趣，满足学生的求知欲。因为书中有丰富的知识、有趣的故事，可以引起学生学习的兴趣，启发学生去思考和探索，发展学生的智力。对于不喜欢语文课或者学习困难、不喜欢学习的学生，可以通过阅读来纠正他。苏霍姆林斯基在《给教师的一百条建议》中说过："学生的学习越困难，他在脑力劳动中遇到的困难越多，他就越需要多阅读。"老师可以带着他一起读一本有趣的书，来激发他对学习的兴趣。我为什么说这些？是想说明阅读对学生的重要性。其实它对任何人都是重要的，它给人的生活带来丰富的内容，它应该成为人的生活的重要部分。

---

① ［苏］康斯坦丁诺夫：《苏联教育史》，吴式颖等译，273～274页，北京，商务印书馆，1996。

阅读如此重要，但读什么书呢？图书浩如烟海，而且良莠不齐。所以阅读要有所选择，要选择代表世界文化遗产的图书。语文的课外读本就要选择文学历史领域中最具代表性、最有艺术价值、最能启迪智慧和提高语文修养的图书。

最后我概括三句话：

语文是工具，有了它，才能思维，才能表达，才能交流。

语文是基础，有了它，才能学习，才能生活，才能工作。

语文是文化，有了它，才有精神，才有智慧，才有品格。

再一次说明，语文教育我是门外汉，以上一些也就是"门外谈"吧。

劳动技术是培养创新能力的基础[*]

教育部、共青团中央、全国少工委于2015年8月联合发布了关于中小学加强劳动教育的意见，很有必要，很及时。当前，由于应试教育的干扰，学校只重视知识教育，家长只重视考试成绩。学生整天埋头于作业中，不知道劳动是什么，甚至有的连生活都不能自理。这样怎么能培养出符合时代要求的创新人才？

劳动是人的本源，也是物质财富和精神文明的源头。大家知道，人是从猿猴变来的。猿猴通过劳动，能够直立起来，解放了双手，学会了制造劳动工具，同时在社会劳动中，人们互相交流，逐渐产生了交往的工具——语言，于是猿猴就逐渐演变成人。因此，劳动是区别人与动物的界限。猿猴已经知道使用树干去采摘果实，但它不会制造劳动工具，因此还算不上有劳动的能力和劳动的表现。只有人能够制造劳动工具，并用劳动工具通过劳动，利用自然资源，改变自然。

科学技术的发展，减轻了人的体力劳动，增加了人的脑力劳动。因此，劳动和技术结合起来了，所以我们现在叫劳动技术教育。但是，不管技术多么先进，要生产实体产品，不仅最基本的劳动不能少，而且还

---

* 原载《新教师》，2016年第10期。本文是2015年作者在北京劳动技术教育论坛上的一次讲演。

要掌握先进劳动技能。现在我们都在讲缺乏高级技工，还提到要培养国家工匠。这些国家工匠都是在艰苦困难的条件下劳动锻炼出来的，体现了体力和智力的结合。我们的先进的火箭、高级的电脑，无一不是在工匠手上制造出来的。因此，不能以为今天我们进入了信息社会、智能时代，就用不着体力劳动了。

当今时代是知识经济时代，是创新时代。新的知识、新的技术，不是靠读几本书凭空想出来的，是在艰苦的劳动中创造出来的。正如习近平总书记说的："社会主义是干出来的。"干，就是劳动，这里说的既包括脑力劳动，也包括体力劳动。

我们过去教育方针的表述，讲德、智、体、美、劳五育全面发展，现在只提德、智、体、美等全面发展，把劳动教育放到等里面去了。于是学校就不重视劳动教育了。特别是受应试教育的干扰，学校重智轻德、重智轻体，更谈不上劳动教育了。

劳动教育其实对一个人的发展极其重要，是一个人得以发展的基础。首先，劳动能使儿童的机体充满活力，改善机体的各种生理素质，包括呼吸、血液循环、新陈代谢等机能，促进儿童的身体发育。

其次，劳动，不论是体力劳动还是脑力劳动，都要做出努力、耗费精力，要做出劳动成果，需要有顽强的意志和精神，因而劳动可以培养儿童的自信心、责任心、情感和意志等思想品质。从小培养儿童的自信、自强，就要从劳动教育开始。过去许多家训里讲，"黎明即起，洒扫庭院"，就是培养儿童自己动手的劳动习惯，养成我能做、我会做的自信心、自强心。

再次，认识劳动是产生财富的源泉，从而培养起尊重劳动、热爱劳动、尊重劳动人民的品质。劳动没有贵贱之分，只要是劳动，就能为社会增加财富，就是为社会服务，从而养成劳动光荣、不劳为耻的思想品德。

最后，劳动是创造的基础。孩子在劳动中既要动手，又要动脑，劳动是一种创新的活动。我去年（2014年）参观了芬兰的教育。大家知道，芬兰教育在世界上名列前茅。芬兰是一个创新型国家，他们除了森林以外没有什么资源，他们的发展就是靠人才，靠创新。所以学校非常重视儿童的劳动教育，认为劳动是培养儿童创造能力的基础。一个孩子在木工车间一学期做成一件产品，或小板凳，或小书架，他就要自己设计、自己制作，在老师的帮助下克服困难。这就培养了孩子的创造意识和精神，同时他们需要掌握一定的科学知识和工程技术知识。我们访问了芬兰一所培养教师的教育学院，他们领我们参观教育技术实验室。我们以为都是先进的信息技术设备，看了才知道，原来都是木工车间、金工车间、缝纫、刺绣等手工车间。他们要求师范生都有这些劳动手艺，将来能够去教学生，在劳动教育中培养学生的创新思维和创造能力。近年来，西方国家兴起STEAM课，把科学、技术、工程、美学、数学结合起来，培养学生的综合思维能力和创造能力，这值得我们借鉴。

因此，劳动教育不仅能培养学生的生活技能，而且能促进人的体力发展和智力发展，培养学生的创新精神和实践能力。许多学校老师怕学生参加劳动而影响知识的学习，影响升学率，其实劳动不仅能提高学生的智力，而且把教育和劳动结合起来，体脑结合，还能够提高学生学习的效力，提高学习的质量。

学生是非常喜爱劳动技术活动的。我参观过许多学校，看到学生在劳动技术课上饶有兴趣地设计、制作各种作品。特别是机器人的制作、3D打印机等先进技术吸引着众多学生参与。

开展劳动技术课可以多种形式，除了课堂活动外，学校可以组织学生走出去，参观工厂、农场，让学生了解工农业生产，增强学生尊重劳动、创造劳动的观念。

从教到学，教师如何应对[*]
——顾明远、佐藤学面对面，深入探讨怎样激励学生"好好学习"

顾明远

没有爱就没有教育，没有兴趣就没有学习。儿童既是教育的客体，又是教育的主体。对学习来讲，学生是主体。

愉快学习和刻苦学习没有矛盾。

学习要有一个共同的环境，学生需要互相启发、讨论，在集体学习中学到谦虚、合作精神。合作学习要顾及学生的想象力和能力。

佐藤学

看待教育问题，要有三种眼：第一种是"蚂蚁的眼"，第二种是"蜻蜓的眼"，第三种是"鸟的眼"。

在小组学习中，不能去定小组组长，每个人都应该成为学习的主人公，每一组3~4人。低年级的学生最好是集体学习，或者一对一对地两两学习。

教师的共同成长需要构建起一种"同僚性"。

---

* 原载《中国教育报》，2016年11月17日。

近日，在明远教育书院成立大会上，中国教育学会名誉会长、国家教育咨询委员会委员顾明远教授与日本教育学会原会长佐藤学教授就"从教到学——学校需要哪些改变"进行深入对话。

对话主持人、北京师范大学教育学部高益民教授就学习的主体、本质、特征，如何进行合作学习等问题，请教了两位教育专家。

怎样转到以学为中心的研究

高益民：顾老师是我国最早把"终身学习"概念引入中国的学者。顾老师和佐藤老师每月甚至每周都去学校。20世纪80年代，顾老师就开始强调学生的主动发展，您当时是怎么想到这个问题的？

顾明远："文化大革命"后，我国恢复了中等师范教育，教育部要我编一本中师教科书，讲到学生这一章时，我想到，教育的最终目的是让学生成长，把知识内化为自己的知识。但我们的学生一直是在被动地学，那么学生到底应该处在什么地位？我在这本教科书中就提出，学生是教育的主体。学生不是被动的留声机、相机，可以把老师讲的都录下来。学生有主观能动性，老师讲得好，他就记住了；老师讲得不好，他就记不住；感兴趣的他会用心听讲，不感兴趣的可能就不听了。

当然，对此也有很多争论，强调学生的主体地位，那么教师的主导作用在哪里呢？教的作用很重要，但教师一定要启发学生自主学习，让学生有学习的愿望，把所学内化为自己的知识。孔子讲："不愤不启，不悱不发。"从学习的角度看，学生绝对是主体，通过主动学习而不是靠灌输来获得智慧和能力。

高益民：佐藤老师是怎样以学为中心进行教育研究的？

佐藤学：我经常说，没有国际目光和历史目光的交错，就不可能解决教育的问题。我认为，看待教育问题，要有三种眼：第一种是"蚂蚁的眼"，要看得非常细，小草、小微粒都看得到。教师观察学生怎么学习，就是要观察得非常细。第二种是"蜻蜓的眼"，会从各个角度观察事物。第三种是"鸟的眼"，能够俯瞰大地。看待教育问题时，这三种眼要结合起来。没有这"三种眼"也是教育问题难以解决的原因。

我对学校开始实际考察是在36年前的1980年。1980年是一个非常重要的年份。1975年，日本从工业社会向后工业社会转变，初中升高中的升学率达到96%，高中升大学的升学率达到40%。当时，从明治维新开始的高速增长开始停滞了，学校问题涌现出来，一是校园暴力到处呈现，二是离婚率增高，不愿去学校的孩子增多。也就是说，日本上百年教育现代化过程开始破产。

可是这个时代，正是世界上终身学习时代来临的时代。当时，我的研究对象主要是欧美教育，我想到了两个问题，一个是现代教育体系性的解体、破产，另一个是亚洲模式的教育到了转折期。这是我当时把学习当作思考问题核心的原因。前面是黑板，黑板前面是课桌，这种课堂模式是工业革命兴起后形成的。19世纪后半期，日本在亚洲最早引入了西方的这种教育模式。随后，亚洲的其他国家也纷纷学习西方。日本以竞争为基础而形成的现代化教育系统，帮助解决了一件事，那就是谁学习好，谁在社会上的地位就高。以这种竞争文化为基础，日本用100年甚至是50年时间完成了西方用两三百年完成的现代化进程。但到了20世纪七八十年代，这个体系撑不住了。同时，世界和世界教育也在发生变化，比如，原来摆得整整齐齐的课桌椅摆成"U"字形，以前的教育系统是一个教的系统，现在要转变为学的系统。如何改变？这就是当年我的课题。

我先讲到这里。我想请问顾老师，你是怎么想到以学为中心的？

顾明远：20世纪50年代，我在北京师范大学附中当教导处副主任。我发现，学校教学如果不把学生放在重要地位，就很难提高教育质量。

1980年，我提出以学生为中心，也跟学习西方教育思想有关。当然，我也受到陶行知教育理论的启发。所以，我提倡教师要学一点教育史。杜威等许多教育家，都是主张以儿童为中心的。重新审视"文化大革命"后的教育，我结合自己的教学经验提出，没有爱就没有教育，没有兴趣就没有学习，要把学生放在重要地位。我当时提到，儿童既是教育的客体，又是教育的主体。对学习来讲，学生是主体。

佐藤学：我也有相同的经历。我二十几岁以后当教师，就开始学教育学。我开始学的是维果茨基和列宁夫人克鲁普斯卡娅的教育学著作。那时，他们的作品已经翻译成日语了。我读不懂，就学俄语，用俄语读这些著作。维果茨基说，苏联教育出现了问题，让学生一个人独立学习是不行的。克鲁普斯卡娅参考了很多杜威的思想，所以我读了克鲁普斯卡娅之后又开始学杜威。虽然他们是19世纪的教育学者，但眼光很高远，眼睛始终看着世界。

高益民：佐藤老师去过2000多所学校，而且是从改造薄弱校开始的。请您谈谈这方面的体会。

佐藤学：我去改造薄弱校的第一个理由是，如果没有外在保障，那些有学习困难的儿童、贫困的儿童就没有未来。所以，对于他们，一方面要有教育保障体系，另一方面又要激发他们的学习热情，以保障未来生活。教育也许不能消灭贫困，但能帮助儿童从贫困里解脱出来。第二个理由是，日本有很多我很尊重的老一辈教师，他们都访问了很多学校。他们的一个方法就是为老师们做报告，但不向老师学习。我想我要向老师学习，不然教育学不会丰富起来。我所尊重的那些前辈去的都是好学校，是有钱人去的学校。我要去他们没去的另一半，在那里产生新的教育理论。

中小学生怎样进行有效的合作学习

高益民： 关于学习的本质及特征，各国有很多争论，如学习要不要快乐，学习和快乐能不能统一，为什么这个时代要强调合作学习、自主学习，为什么中小学生要进行探究式学习，等等。教师把考虑好的内容教给学生，不是更快吗？

顾明远： 学习是学生自己的事，愉快也好，刻苦也好，都是学生的事，都应该在学生身上表现出来。30年前，北师大附小等7所学校提倡快乐教育、愉快教育，我很赞成。愉快学习不等于不要学习、大家打打闹闹。所谓愉快，不是老师给学生一块糖让学生感到愉快，而是让学生获得成功的喜悦，在学习中获得成就感。有了成功的喜悦，学生对学习就有兴趣了，有了兴趣才会刻苦学习。愉快学习和刻苦学习没有矛盾。但当时很多人不同意"愉快学习"的提法。从心理学的角度说，愉快是一种情感，是感情表现；刻苦是一种毅力，是意志表现。有丰富情感，就会有坚强的毅力。布鲁纳说，学习最根本的问题是学生对学习内容本身的兴趣。所以我提出，没有兴趣就没有学习。有了兴趣，学习就愉快了，刻苦学习后获得成功，更增加了他的愉快。

佐藤学： 我到过很多所中国学校，几乎每所学校的墙上都写着要学会学习。这里面包含着两个意思，可以理解为学习是痛苦的，但无论多么痛苦都要坚持。当然还有一个意思，那就是，学习海洋里有很多宝藏，再苦也要学。

关于什么是学习，学习有什么特点，我读了很多西方的、日本的著作，发现它们都用旅行比喻学习，我就明白了，学习是一种旅行，从一个已知世界到未知世界的旅行。学习是一种相遇，是对话，与陌生世界、他人相遇，与自己相遇；与新的世界对话，与新的他人对话，与新的自己对话。康德写过一篇文章《什么是学习》，福柯也写过一篇文章

《什么是学习》，他们都认为学习是与客观世界的对话，与他者的相遇和对话，与自己的相遇和对话。学习了这些理论，我就形成自己对学习的理解——学习是旅行。

不管东方还是西方，任何学习都需要谦虚，对什么都要虚心。我经常把这两方面当作学习的本质，所以，学习者在学习过程中特别需要相互倾听。只有相互倾听了，才能共同行动。

刚才主持人问，为什么要共同学习？我说，一个人的学习不叫学习，教师必须改变。"学"的繁体字，上面的部首表达文化传承，就像祖先的灵，下面的部首像学习的同伴，两边的部首像教师的手。我上次到山东师范大学，有人说，他们对"学"的繁体字的解释与我不一样。他们认为，学习上面的"爻"，代表的是鞭子。

顾明远：学习需要共同学习，学习是在一定环境下进行的，不能一个人关在屋子里学，学习要有一个共同的环境，学生需要互相启发、讨论，在集体学习中学到谦虚、合作精神。当前的时代已经是一个合作的时代，创造发明都要靠集体。互联网时代更需要合作学习。

现在，人们对探究式学习、合作学习存在一些误解，实践中没有产生很好的效果。比如，小组讨论，我观察了很多课堂，发现小组讨论也存在一些问题。在一个小组里，总有几个孩子很积极，但也有一两个一句话也不说。

再如，探究式学习需要学生自己去探究、自己去思索、自己去找资料，不是自己做了练习就是学习了。对"学而时习之"有两种解释，一是学了之后要复习，二是在适当的时候复习才有效果。

高益民：还有一些教师提出，学生那么小，怎么合作、怎么探究？探究哪有老师教来得快？

佐藤学：听了顾老师对"学而时习之"的解释，我很有同感。我小时候身体不好，特别害羞，在人面前几乎不能说话。爸妈非常担心我，觉得他们不在了我就活不下去了，他们就想让我学修表，因为修表不用跟人说话。但现在时代不一样了，完全由自己学习的情况已经不存在了。

10年前，我看到过中国学校的小组学习。这次来中国，小组学习似乎成了浪潮。在小组学习中，不能去确定小组组长，每个人都应该成为学习的主人公。这种学习小组成功的做法是每一组3～4人。一讨论起来，就会有特别强的人，但还要有能倾听的人。中国小孩善于合作学习，也善于探究，一定要让他们善于探究。要让学生有挑战、有跳跃，只有共同探究地学习，才有快乐。很多表面很快乐的课堂，其实不快乐，因为没有探究活动。

低龄段的学生怎样进行合作学习呢？说实话，当年我也很苦恼。低年级的学生最好是集体学习，或者一对一地两两学习，而且教师要关照全班的学习。这里有两个要点，第一个是桌椅的摆放。大家都知道日本的露天温泉，大家都在里面泡，太舒服了。一年级孩子情绪特别不稳定，要像泡温泉一样，让大家静下来，才能倾听，才能学习。第二个是，老师要让学生一对一地学习。我发现，用了这两招，无论在什么学校都能促进低龄段的学习。

顾明远：我非常同意佐藤学先生的观点。合作学习要顾及学生的想象力和能力。我和彼得·圣吉对话时，他也强调，学生的想象力和能力往往是被我们低估了，让学生自己发言，他可以有很多想法。合作学习，不一定人很多，要小班化，教育现代化很重要的一点是小班化。

教师需要构建起"同僚性"

高益民：为促进真正学习，学校管理、学校教研怎样改革？学校应该构建什么样的文化？

顾明远：国内外教育界都在讨论学习是怎么发生的。教师不仅要关心学生课堂上的学习，还要关心学生的课外生活，这样才能了解学习是凭兴趣发生的，还是教师、家长让他学习的。中国急需要改变的就是"被学习""被教育"的状况，解决了这个问题，真正的学习就发生了。

佐藤学：我对中国教育满怀希望。你们想想，我年轻时中国是什么样的？我做梦也想不到，中国经济、教育发展能发展成现在这样。这10年，我亲眼看着中国教育日新月异地发展，一定要对中国教育充满希望，我对中国教育工作者满怀敬意。

学校要创设一种文化，为骨干教师、年轻教师发挥才能创造条件。一个人很难成长，一个人的学习称不上学习，教师成长也是这样，没有一个人的成长是孤立的，教师的共同成长需要构建起一种"同僚性"。中国在创造教师的学习上很有创意，在创造"同僚性"。我到美国去，发现每位教师都是孤立的。

希望每位教师都是开放的，不是学习知识和技巧，而是研究孩子、研究什么样的学习是成功的，把孩子的学习当成教研的中心。

不能任由培训机构"绑架"学校[*]

校外培训机构确有存在的必要，但也要加以整顿。教育培训机构应该是学校教育的补充，不应是教育竞争的推手。教育培训机构也应推进素质教育，不应把学生培养成考试机器。

不久前，我在某市与几位小学校长座谈，校长们向我诉苦，说学校都被培训机构"绑架"了，几乎全市的小学生都在课后上培训班，参加小升初的竞争。我觉得奇怪，小升初不是就近入学，不用考试了吗，为什么还有这样的竞争？校长们告诉我，虽然小升初不用考试，但有一个口子，即可以招收少量的所谓特长生，于是家长们都想通过特长生的渠道进入所谓优质学校。另外，民办中学不受区域限制，可以跨区招收优秀学生，也造成考试竞争。再有，许多优质中学都设有实验班。这种实验班是在学生进校以后，通过考分确定的，成绩优秀的上实验班，成绩一般的上普通班，实际上是过去快慢班的翻版。

一位家长告诉我，必须让孩子上补习班，否则到初中被分到普通班，学校对普通班不重视，没有好老师。培训机构就这样乘虚而入，"绑架"了学校，"绑架"了家长，增加了学生的负担，搅乱了素质教育。因此，推进素质教育，必须破解培训机构"绑架"学校的困境。为此，

---

* 原载《中国教育报》，2016年12月28日。

教育行政部门要有所作为，出台一些政策，抑制教育的无序竞争。

首先要大力推进学校的均衡发展，加强薄弱学校的建设。教育竞争最主要的根源，还在于教育发展的不均衡。每位家长都想让自己的子女进入优质学校，这是可以理解的。只有教育均衡发展了，才能从根本上破解教育恶性竞争的难题。

同时，要堵住优质学校招收特长生的口子。为什么普通学校就不能培训特长生？开这个口子还是教育不均衡思维在作祟，认为优质学校才能培养特长生。特长生不是揠苗助长出来的，而是凭着个人的天赋和从小培养兴趣爱好以后逐渐形成的。就像鲁迅90年前在师大附中演讲《未有天才之前》中所说的，培养好花，先要有泥土。在恶性竞争的生态环境中是培养不出天才来的。

此外，初中学校应取消以成绩优劣而分的实验班和普通班。学生的学习能力和学习水平是有差异的，教学应该因材施教，促进每个学生的发展。但用成绩来分班，会给普通班的学生造成心理上的失落感，而给实验班的学生造成优越感，不利于学生的健康成长。学校可以用选课制的办法来因材施教。学校当然可以设立实验班，名副其实地开展某方面的实验研究，让学生自由选择参加实验班，而不是变相分高低班、快慢班。

师德建设也要进一步加强。教师要有高度的责任感，上好每一节课、教好每一个学生。有个别教师不认真上课，让学生去上校外补习班，对这样的教师要严肃处理。

其实，学校也可以在课后开展多样的课外小组活动，使学生在活动中发展，抵消学生去培训班的枯燥学习。现在教育部门规定，小学一般在下午3点半就放学。放学以后学生到哪里去？许多家长尚未下班。学校应把孩子管起来，组织一些孩子喜爱的活动，包括特长生的活动。但有些地方教育部门为了不增加老师的负担，补贴经费让学校到外面请辅导老师来校辅导。这就难为了校长，到哪里去请校外辅导老师？校外有那么多合格的老师吗？我弄不明白，我问校长，为什么不能请校内自己的老师来辅导？校长回答说，因为不能给本校老师发补贴。这种政策让人觉得不可思议。校外培训机构确有存在的必要，但也需要加以整顿。有些特长生需要特殊的培养训练，在某门学科学习困难的学生也需要个别辅导，但教育培训机构应该是学校教育的补充，不应是教育竞争的推手。教育培训机构也应推进素质教育，注意培养学生的品德，关心学生的身心健康，启发学生的创新思维，不应把学生培养成考试机器。

总之，全社会都应该关心下一代的健康成长，转变教育观念，理性地对待孩子的学习，采取多种举措，破解培训机构"绑架"学校的困境。

图书在版编目(CIP)数据

顾明远文集／顾明远著． —北京：北京师范大学出版社，
2018.10
ISBN 978-7-303-23976-4

Ⅰ．①顾… Ⅱ．①顾… Ⅲ．①教育理论－理论研究－中国－现
代－文集 Ⅳ．①G52-53

中国版本图书馆CIP数据核字（2018）第176353号

营　销　中　心　电　话　　010-58805072 58807651
北师大出版社高等教育与学术著作分社　http://xueda.bnup.com

GUMINGYUAN WENJI

出版发行：北京师范大学出版社 www.bnup.com
　　　　　北京市海淀区新街口外大街 19 号
　　　　　邮政编码：100875
印　　刷：北京盛通印刷股份有限公司
经　　销：全国新华书店
开　　本：710 mm×1000 mm　1/16
印　　张：27.25
字　　数：350 千字
版　　次：2018 年 10 月第 1 版
印　　次：2018 年 10 月第 1 次印刷
定　　价：1980.00 元（全 12 册）

策划编辑：陈红艳　　　　　责任编辑：鲍红玉
美术编辑：李向昕　　　　　装帧设计：王齐云　李向昕
责任校对：段立超　陶　涛　责任印制：马　洁